李 飞◇著

跨越产学合作的鸿沟

创业导向的产学"协同关系"管理

Crossing the Gap of Industry - University
Collaboration : Management of Entrepreneurship
Oriented Collaborative Relationship

ZHEJIANG UNIVERSITY PRESS
浙江大学出版社

图书在版编目（CIP）数据

跨越产学合作的鸿沟：创业导向的产学"协同关系"管理 /
李飞著. —杭州：浙江大学出版社，2019.9
ISBN 978-7-308-19557-7

Ⅰ．①跨… Ⅱ．①李… Ⅲ．①产学研一体化—研究
Ⅳ．①G640

中国版本图书馆 CIP 数据核字（2019）第 204704 号

跨越产学合作的鸿沟
　　——创业导向的产学"协同关系"管理

李　飞　著

责任编辑	李海燕	
责任校对	虞雪芬	
封面设计	雷建军	
出版发行	浙江大学出版社	
	（杭州市天目山路 148 号　邮政编码 310007）	
	（网址：http://www.zjupress.com）	
排　　版	杭州好友排版工作室	
印　　刷	浙江省良渚印刷厂	
开　　本	710mm×1000mm　1/16	
印　　张	16.25	
字　　数	310 千	
版 印 次	2019 年 9 月第 1 版　2019 年 9 月第 1 次印刷	
书　　号	ISBN 978-7-308-19557-7	
定　　价	49.00 元	

序　言

克里斯托弗·弗里曼（Christopher Freeman）在 1987 年《技术和经济运行：来自日本的经验》中首次提出国家创新系统的概念，他认为公共部门和私人部门共同组成了国家创新系统的网络结构，这些机构的相互作用促进了技术开发、引进、改进和扩散。在一国的创新体系中，政府、企业、高校以及其他机构各尽其责，在推动创新能力建设和社会经济发展方面均发挥着重要作用，是该系统的重要组成部分。国家创新系统理论的提出，让今后的创新理论研究越来越关注不同主体间的相互作用，以及这些作用对创新绩效的影响，这当然也包括了大学与企业间的协同创新作用。

国家创新系统理论的提出，源于弗里曼对经济增长理论的观察以及对科技创新规律的深刻认识，其本质是科技进步带来的生产力显著提升。随着 20 世纪 60 年代信息技术革命的推动，知识扩散和科技创新的速度越来越快。在新一轮国际竞争格局中，加快提升创新能力已成为各国面临的迫切性战略任务，争夺发展制高点的科技创新竞赛已进入白热化阶段。从美国、德国、法国、韩国、日本等发达国家的成功经验来看，企业与大学的良性互动和紧密合作，是提升创新能力的一种有效途径，是破解我国当前创新困境的重要手段。我国自 20 世纪 90 年代实施"产学研联合开发工程"以来，从"科教兴国""创新型国家"，再到"协同创新"，逐步将大学在国家创新系统中的地位提高到空前重要的水平。纵观全球经济社会发展环境，中国崛起过程中与世界强国之间的摩擦与对抗已呈常态化，以技术创新为核心的竞争态势日趋激烈，我国迫切需要通过全面技术追赶和局部技术赶超的战略来提升自主创新能力。

我国高校近几年研发支出显著提高，大学已经成为国家科技能力与科技人才的重要资源储备库,高层次的科技人力资源相对集中在大学。大学作为企业技术创新可利用的最重要的外部创新源,已成为推动创新能力提升的核心支撑。近年来我国愈发重视产学合作,各级政府纷纷出台鼓励大学科研人员创新创业的相关政策,2015年全国人大通过了《中华人民共和国促进科技成果转化法(2015年修订)》,其根本目的也是充分释放高校院所的科技创新活力。然而,长期以来产学合作效率偏低一直成为制约技术转移转化和提高技术创新绩效的症结,与此同时并存的矛盾现象是:大多数企业研发能力还非常薄弱,研发资源的投入也非常有限,对大学的技术消化吸收能力较低;企业与大学的合作活动日趋活跃,但协同效应尚不明显,大学对企业的创新支撑作用还不显著,科技与经济"两张皮"的问题仍十分突出;在创新与创业联动的机制下,大学与企业合作还存在一些政策和制度障碍,如知识产权转移方式、科技成果的收益安排、科技人员的流动;等等。世界经济论坛(WEF)发布的《2017—2018年全球竞争力报告》指出,我国"高等教育和培训(higher education and training)""企业研发投入(company spending on R&D)"等指标近几年呈现稳步上升趋势,然而"产学合作研发(university-industry collaboration in R&D)"指标却呈现缓慢下降趋势。亟须跨越产学研合作过程中存在的障碍"鸿沟",构建产学研深度融合的技术创新体系。

在国家创新驱动发展战略和"大众创业、万众创新"的时代感召下,企业愈发重视技术创新投入,表现出"创业导向"的战略态势,产学合作的障碍得到有效缓解。企业与大学签订的技术合同额呈现逐年增长的发展趋势,连续多年保持10%以上的增长速度,尤其是近两年企业与大学的技术转移转化合作有所突破。据不完全统计,2017年高校院所技术交易额突破100亿元、技术合同额突破1000亿元。基于此背景,进一步提高企业在产学合作过程中的技术创新绩效,提高产学协同创新效率,这其中需要关注两个关键问题:第一,企业与大学合作是通过一系列制度和活动的复杂性、多元性联结,是异质性组织间的联系,如何建立更为高效的联系,开展技术创新活动;第二,在产学合作联结过程中,创业导向对企业技术创新绩效具有怎样的影响以及作用机制,是否能够破除产学合作障碍、提升产学协同创新效率。

本书通过文献分析、案例研究、问卷调研、数据建模等研究方法,对大量文献材料进行研究梳理以及对典型案例企业进行比较分析,在国内首次提出"协同关系"的理论构念,并运用此理论框架对177家样本企业的问卷调研和实证分析,剖析创业导向的产学协同创新机理。本书重点探讨回答三个科学问题:第一,从企业与大学的协同关系管理的视角,分析提出不同类型产学协同关系对创新绩效影响的概念模型;第二,以智力资本为中介变量,剖析产学协同创新机理;第三,在创业导向的战略态势下,如何管理产学协同关系,提升产学协同创新绩效。通过对这三个科学问题的探讨,试图找出能够跨越产学合作"鸿沟"的路径、方法与建议,以期为企业开展校企合作实践提供启示与指导,给予政策制定者有益的思考与借鉴。由于作者水平有限,文中难免有疏漏不当之处,还请各位读者批评指正。

李　飞

2019 年 6 月 18 日

杭州,浙江大学

目　录

图 目 录

表 目 录

第一章 绪 论

第一节 科技追赶与赶超的创新战略

新中国成立以来,我国经济基础薄弱、科技底子差,科技进步对经济增长的贡献率远低于发达国家水平。自我国实施改革开放的政策以来,虽然加快了与国外先进科技体系的对接,然而对创新能力建设的战略部署与制度设计不足,没有从根本上解决创新能力提升的问题。通过对我国各省份 1999 年至 2002 年的相关数据分析得出,外商直接投资在整体上对我国的企业研发与创新能力没有明显的溢出效应(马天毅等,2006)。不可否认的是,以要素驱动为主的经济增长方式为我国实施自主创新战略积累了宝贵的基础资源,目前我国经济体量已经跃居世界第二,同时有若干所高校跻身世界名校行列,一批科技成果居于世界领先水平。然而,当前世界经济持续动荡,国际竞争日趋白热化,尤其是处在第四次科技革命爆发前夜这一关键机遇期,必须通过创新体制机制的调整与重构,在战略全局上进一步接近或达到国外先进技术产业的创新水平,同时在战略局部上凝聚创新资源、发挥相对优势实现"赶超发展",推动社会经济的持续健康增长和把握战略性新兴产业的发展机遇。

从科教兴国战略到创新型国家建设战略,我国对科技投入的总额逐年增加,为实施科技创新战略奠定了资源基础。

20 世纪 80 年代邓小平提出科学技术是"第一生产力",带来了科技界的春天,社会对于科技引领经济发展的重视程度日益增加。近几年随着党的十七大、十八大、十九大连续提出创新型国家建设和创新驱动发展战略,在战略层面上充分保证了对科技创新的资源投入。

从 2000 年到 2017 年我国研发投入的增长幅度均与 GDP 的增幅保持同步或略高水平。我国 2017 年的社会研发总投入达到了 17606 亿元(如图 1 所示),比上年增长 12.3%,研发经费总额占到了 GDP 的 2.13%。与此同时,由于我国地区间发展不均衡,研发投入的差异很大,广东、江苏、北京、上海、山东和浙江六个省市的研发经费支出占到全国研发经费总额的 60% 左右。从另一个视角来看,我国部分地区的研发投入强度已经达到发达国家水平,如 2017 年北京研发投入占 GDP 比重为 5.64%,创新资源的保障有了坚实基础。

图 1　我国研发经费投入增长情况(2000—2017 年)

资料来源:中国科技统计网站(www.sts.org.cn)。

企业作为技术创新的主体,其对研发经费的投入在很大程度上代表了创新活跃度,2017 年我国各类企业研发经费支出达到了 13660 亿元,占研发经费投入总额的 78%,比上年增长了 12.5%(如图 2 所示)。这充分说明,我国企业科技研发的投入活跃度在提升,无论在企业研发平台建设还是科技人员储备上都做了大量准备,越来越重视通过科技创新来增强企业的核心竞争力。

近几年,我国科技人力资源的总量和每年投入研发活动的研发人员规模已经稳居世界第一。2017 年我国科技人力资源总量达到 8705 万人,其中大学本科及以上学历为 3934 万人,比 2016 年增长 7.1%;2017 年投入研发活动的劳动力人数达到 621.4 万人,其中博士学历 41.7 万人、硕士学历 90.2 万人、本科学历 271.2 万人。

据科技部 2017 年第 19 期《科技统计报告》显示,2017 年我国科技人力资源总量继续增长。R&D 人员总量有所增长,达到 403.4 万人年,万名就业人员中 R&D 人员为 52.0 人年。R&D 研究人员总量达到 174.0 万人年,万名就业人员中 R&D 研究人员为 22.4 人年。研发人力规模仍居全球首位,研发人力投入

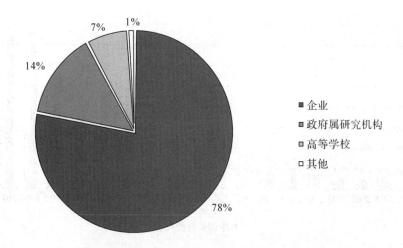

图 2　2017 年我国研发经费支出按执行部门来比较分析
资料来源：中国科技统计网站（www. sts. org. cn）。

强度仍低于西方发达国家，但差距有所减小。

自 2000 年以来，全球研发人员总量总体在稳步增长，但受到 2008 年金融危机影响，增长速度有所下降，从 2007 年的 5.2% 下降到 2010 年的 3.5%。根据最新数据计算，中国 R&D 研究人员全时当量数占全球总量（44 个国家地区合计数）的比重从 2009 年的 18.5% 上升到 2017 年的 22.5%，美国的比重则从20.1% 下降到 17.7%。我国研发人力投入强度保持着逐年稳定增长态势，万名就业人员中 R&D 人员数从 2010 年的 33.6 人年上升到 2017 年的 52.0 人年，年均增长 6.4%。万名就业人员中 R&D 研究人员数从 2010 年的 15.9 人年上升到 2017 年的 22.4 人年，年均增速 5.0%，比同期万名就业人员中 R&D 人员年均增速低 1.4 个百分点。

从国际比较看，我国研发人力投入强度指标在国际上仍处于落后水平。2017 年，在 R&D 人员总量超过 10 万人年的国家中，我国每万名就业人员的R&D 人员数仅高于巴西，多数发达国家的每万名就业人员的 R&D 人员数量仍然是中国的 2 倍以上。

我国研发投入的绝对值逐年增加，推动创新能力较以往有了明显提升，然而通过国际比较分析来看，在科技创新的竞争优势方面依然面临严峻形势。

随着近年来我国科技投入的增长，科技产出有了显著成绩，专利申请受理及授权数量稳步增加，2017 年共申请 369.8 万件专利，获得授权专利 183.6 万件（见图 3），总量上连续多年居于世界首位。

在科技文献方面，2017 年中国发表 SCI 论文 236.1 万篇，连续第九年排在

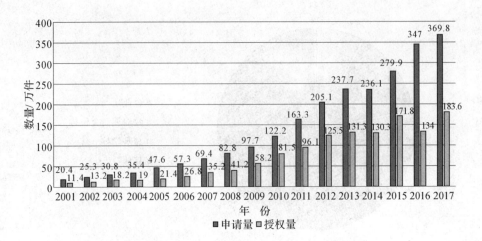

图 3　国家知识产权局专利申请受理和授权量（2001—2017 年）

资料来源：国家知识产权局网站，www.cnipa.gov.cn。

世界第 2 位，占世界总量的 18.6%，所占份额比上年提升了 1.5 个百分点。材料科学、化学、工程技术、计算机科学和物理学占世界份额均超过 20%。2017 年我国科研人员通过国际合作产生的论文数为 9.74 万篇，比上年增长 16.6%，占到我国发表论文总数的 27.0%；其中我国作者为第一作者的国际合著论文共计 67902 篇，占我国全部国际合著论文的 69.7%。

随着创新资源的累积和创新成果的转化，我国科技进步对经济增长的贡献率已从 2001 年的 39% 提高到 2018 年的 58.5%，科技进步对经济增长的贡献度明显提升，在三峡工程、高速铁路、西电东输等国家重大工程中发挥着重要作用，我国的水电装备、高速列车、特高压输变电等产业发展水平已位居世界领先水平。

然而，创新能力的评价不能仅靠总量数字，从"绝对值"到"相对值"的国际比较分析来看，我国在创新能力建设上面临的形势依然非常严峻。

我国研发投入强度还不高，2017 年我国 R&D 经费投入强度达到 2.15%，比 2016 年提升了 0.03 个百分点，比 2010 年上升 0.44 个百分点。我国研发投入强度已经连续四年超过 2%，且呈现出持续上升的态势。从国际上看，我国研发投入强度已超过欧盟 28 国 1.96% 的平均水平，达到中等发达国家 R&D 经费投入强度水平，但与部分发达国家相比还有差距，低于韩国（4.55%）、瑞士（3.37%）、日本（3.2%）、丹麦（3.06%）、美国（2.79%）、比利时（2.6%）等。根据 OECD《主要科学技术指标（2018/2）》的报告数据显示，我国研发人员总量位居世界第一，然而每万名就业劳动力的研发人员数仅为 52 人，远低于其他发达国家。例如，同一时期世界其他主要国家的数据指标为：德国 154 人/万人，韩国

177.5 人/万人,日本 131.9 人/万人,法国 155.8 人/万人。

2011 年我国高新技术产业[①]的利润率仅为 6%,比全国规模以上工业平均利润率(7.2%)还低 1.2 个百分点,这在一定程度上说明我国在产业发展过程中对外技术依存度还很高,缺乏核心技术能力,短期内还将处在国际产业链分工的低端环节。另外,我国研发活动的投入配比也不尽合理,2017 年我国的基础研究经费为 975.5 亿元,应用研究经费为 1849.2 亿元,试验发展经费为 14781.4 亿元,占 R&D 经费比重分别为 5.5%、10.5% 和 84.0%。试验发展经费投入占到总的研发投入的 80% 以上,而美国、日本、俄罗斯、韩国等国家的试验发展经费占比在 60% 左右,进一步说明我国在基础研究和应用研究上的投入不足,核心技术能力的建设方面存在短板。

世界经济陷入科技创新驱动不足的困境,抢夺科技创新制高点的国际竞争日趋激烈;面对战略性新兴产业发展的关键机遇期,加快实施全面技术追赶和局部技术赶超的创新战略迫在眉睫。

近几年全球经济发展滞缓的根本原因在于科技创新驱动不足,自第三次科技革命以来科技沉寂已经 50 余年,世界处在第四次科技革命爆发的前夜,随时可能引发新一轮国际分工的布局调整。世界各国都在加大科技投入和加强创新能力建设,抢夺科技创新的制高点,争取更多的国际发展空间。

据美国国家科学基金会公布的一份报告显示,2011 年和 2012 年美国的研发投入分别为 4282 亿美元和 4526 亿美元,增长速度分别达到了 2.8% 和 3.8%,超出两个年份各自的 GDP 增速。这组数据充分说明美国的研发投入又重新回归投入增速超过 GDP 增速的历史发展模式。2013 年美国政府预算中进一步提高了科技投入总量,达到 1400 亿美元,其中优先资助清洁能源、基础能源科学、生物与环境、先进科学计算、纳米制造和材料基因等项目。这些经费还被用于提高制造技术水平,确保新产品是"美国发明、美国制造、全球销售"。受到经济危机的困扰,英国政府在预算削减的压力下,仍旧坚持 2013 年至 2016 年每年投入 46 亿英镑的核心科研经费,支持先进制造、数字经济、低碳经济、能源与资源的高效利用等高技术产业发展。韩国政府 2013 年研发经费投入 110529 亿韩元,重点资助了 395 个战略性研发项目,并在《新动力规划及发展战略》中将绿色技术产业列为重点发展领域,若干重点发展的产业研发投入增速明显,如生物资源项目"Golden-seed 计划"在 2013 年度研发投入增加 860%。

---

① 目前国内对高新技术产业门类还没有明确的界定。根据 2002 年 7 月国家统计局印发的《高技术产业统计分类目录的通知》,中国高技术产业的统计范围包括航天航空器制造业、电子及通信设备制造业、电子计算机及办公设备制造业、医药制造业和医疗设备及仪器仪表制造业等行业。

过去 30 多年,模仿创新、二次创新、颠覆式创新是我国技术追赶创新战略的重要举措,通过引进国外先进的生产制造经验以及合作进行产品开发,我国创新能力有了明显提升,然而产业核心技术的引进与合作已然越来越困难,必须对创新的体制机制进行调整与重构。随着美国政府实施"制造回归"战略以及发达国家对我国先进技术的限制,我国在实现全面技术追赶战略和推动产业经济的可持续发展方面面临挑战和危机。与此同时,处在战略性新兴产业发展的关键时期,若干产业创新能力已居世界前列,部分地区的创新活力也接近或达到世界先进水平,如 2016 年部分省市研发投入强度中北京为 6%、上海为 4%,更需要凝聚创新资源和发挥相对优势,在战略局部加快实施技术赶超的创新战略,推动我国在新的国际分工布局调整中实现和平崛起和赢得国际发展空间。

党的十八大报告提出,到 2020 年我国进入创新型国家行列,即科技创新对经济发展的贡献率达到 70% 以上,研发投入占 GDP 的比重超过 2%,技术对外依存度低于 20%。中共中央、国务院 2012 年 9 月印发的《关于深化科技体制改革、加快国家创新体系建设的意见》提出,到 2020 年我国要建成中国特色的国家创新体系:原始创新能力明显提高,集成创新、引进消化吸收再创新能力大幅增强,关键领域科学研究实现原创性重大突破,战略性高技术领域技术研发实现跨越式发展,若干领域创新成果进入世界前列。这意味着必须通过实施全面技术追赶和局部技术赶超的创新战略,保护和放大过去几十年积累的创新成果,并在局部相对优势区域取得重大突破,这是提升我国自主创新能力的重要举措和关键路径。

第二节 大学在国家创新系统中的地位

在我国现代高等教育制度的设立之初,高校与国家民族的命运、实业兴国的战略便紧紧联系在一起,我国近代史上第一所大学北洋大学堂的校训就是"科教救国、实业兴邦"。世界经济发展历史经验表明,大学作为知识生产、传播的重要机构,在推动社会经济发展和加快科技创新方面发挥着关键作用,尤其是处在当前这一国际分工布局调整和抢占科技创新高地的历史时期中,高校在国家创新系统中的作用空前重要。党的十九大报告中提出,要"加快一流大学和一流学科建设,实现高等教育内涵式发展"。

社会经济发展的需求赋予了现代大学教学、科研和社会服务三大职能,社会对高校的投入持续增长,大学成为国家科技和人才储备的战略性资源库。

大学职能正伴随时代发展而发生变化,除了具备传统的教学与科研功能以外,随着科技和人才对社会经济增长的贡献率显著提升,大学的社会服务功能也越发突出,形成了教学、科研、社会服务三大职能架构。美国国家科学基金会的报告显示,在 2008 年经济危机爆发前的 8 年中,也就是 2000 年到 2008 年美国有 6 个年度的研发投入增速高于当年的 GDP 增速,尤其是在经济陷入衰退时奥巴马政府更是推出大幅度增加对高校的研发投入以刺激经济增长的财政政策。受到近几年经济衰退的影响,各国财政预算大幅度削减,对高校的财政投入也在相应缩减,但是高校研发经费的支出仍然占据全社会研发总支出经费的较大比例。这充分说明世界各国在当前这一特殊历史时期,对高校推动社会经济可持续增长的空前重视。

我国近几年对高校的投入逐年增加,高校研发支出经费增速明显,2017 年经费总支出为 1266 亿元,比 2016 年增长 18.1%(见图 4)。值得注意的是,我国研发经费支出在活动类型分类上,基础研究和应用研究的占比不高,仅占全社会研发支出的 15% 左右,而高校的研发经费支出的逾 60% 用于基础研究,进一步说明高校在关键核心研发活动中承担着重要作用。2017 年,高等学校 R&D 人员全时当量为 38.2 万人年,比 2016 年增长 6.1%,占全国 R&D 人员全时当量的比重为 9.5%,与 2016 年基本持平。目前,全国高等学校在校本科生人数达到 1300 多万人,研究生人数超过 160 万人,每年有逾 300 万名大学培养的高素质人才走向社会工作岗位,为国家经济建设和社会发展源源不断地输送宝贵的科技人力资源。

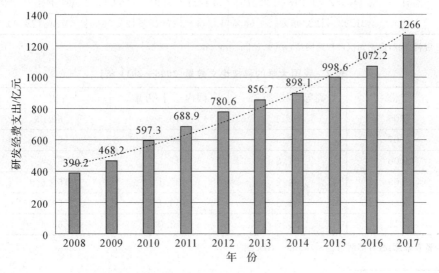

图 4　高校研发经费支出(2008—2017 年)

资料来源:根据全国科技经费投入统计公报整理。

在推动内涵发展的目标导向下,高校综合办学实力明显提高,已经积蓄相当体量的技术能力与科技人力资源,在国家创新系统中发挥着基础支撑作用。

在后学院科学时代,大学与国家、区域、产业的联结更加紧密,互动作用更加强烈。国际经验表明,如斯坦福大学、麻省理工学院、剑桥大学、东京大学等高校都在国家或区域经济发展中扮演着重要角色,在国家创新系统中发挥着基础支撑作用。我国继续推动实施高等教育改革,大学越来越重视内涵发展,近几年办学质量有了明显提升,在 QS 世界大学排名组织[①] 2019 年最新颁布的世界大学排名中,有清华大学、香港大学、北京大学、香港科技大学、复旦大学、香港中文大学等 6 所中国高校跻身世界前 50 强。

在 2008 年金融危机之后,我国大学在发明专利产出和科技论文数量方面进步明显(如表 1、表 2 所示),已经成为国家科技供给侧的主力军。2017 年高等学校专利申请量达 33.6 万件,比上年增长 6.7%。其中,发明专利申请数为 18 万件,占高等学校全部专利申请量的比重为 53.4%,高等学校发明专利申请量占全国发明专利申请量的比重为 14.4%。2017 年高等学校专利授权量为 17.1 万

表 1　我国大学的发明专利产出(2008—2011 年)　　　　单位:件

	申请专利数				授权专利数			
	2008 年	2009 年	2010 年	2011 年	2008 年	2009 年	2010 年	2011 年
高校	30808	37965	48294	63028	10265	14391	19036	26616
总计	140452	172181	223754	324224	36955	52265	66149	95069
占比	21.93%	22.05%	21.58%	19.44%	27.78%	27.53%	28.78%	28.00%

资料来源:国家知识产权局网站,www.cnipa.gov.cn。

表 2　我国大学的科技论文数量(2006—2011 年)

年份	高等学校/万篇	国内总计/万篇	占比/%
2006	24.3	40.5	60.0
2007	30.6	46.3	66.1
2008	31.8	47.2	67.4
2009	34.2	52.1	65.6
2010	34.3	53.1	64.6
2011	33.6	53.0	63.4

资料来源:教育部网站。www.moe.edu.cn。

---

① QS 世界大学排名组织的英文全称是 QS World University Rankings,是与泰晤士高等教育世界大学排名、世界大学学术排名共同被公认为是世界三大最具影响力的全球性大学排名。

件,比上年增长 14.0%。其中,发明专利授权量为 7.6 万件,占高等学校全部专利授权量的比重为 44.4%,高等学校发明专利授权量占全国发明专利授权量的比重为 23.1%。

近几年我国大学研发成果产出数量和质量逐年提升,大学每年获得的各项专利授权数占全国总量的 28% 左右,科技论文数量占全国总量的逾 60%,大学研发人员占全国总量的 10% 左右。与此同时,我国科技人力资源总量连续多年稳居世界第一,大学自然功不可没。这些数据至少表明,大学作为国家科技和人才的重要战略资源基地,在我国企业科技创新能力尚未建构完善的历史时期中,是企业可利用的最重要的外部创新源,必将是近期以及今后相当长一段时间内推动科技创新的生力军,在国家创新系统中发挥着基础支撑作用。

站在新的历史起点和面对民族繁荣复兴的重大机遇,大学在国家创新战略中正承担着空前重要的使命责任。

习近平 2018 年在北京大学师生座谈会上强调,"教育兴则国家兴,教育强则国家强。高等教育是一个国家发展水平和发展潜力的重要标志。今天,党和国家事业发展对高等教育的需要,对科学知识和优秀人才的需要,比以往任何时候都更为迫切"。胡锦涛在清华大学百年校庆上的讲话中指出,"当前和今后一个时期是全面建设小康社会的关键时期,是深化改革开放、加快转变经济发展方式的攻坚时期",从人才培养、科学研究、社会服务、文化传承等四个方面对提升高等教育质量提出了要求,要通过体制机制创新大力推动协同创新,"鼓励高校同科研机构、企业开展深度合作",不断增强服务社会经济发展能力。

在知识经济飞速发展的今天,大学与企业的合作越来越紧密,自 2000 年到 2018 年高等学校来源于企业的研发经费逐年上升,虽然政府对大学的基础研究和应用研究投入仍占据了高校科研经费的大部分,而企业投入已经超过了 1/3,表明大学在研发活动上已经与企业建立了比较稳固的联系,基本形成了以政府为主导、企业为主体、高校为核心支撑的国家创新系统。

弗里曼的国家创新系统理论提出至今,大学在国家创新战略中的地位从没有像今天这样如此被重视。这也正验证了 Etzkowitz 所提出的"政府—大学—产业"三螺旋理论,即大学、政府和企业均作为创新主体,在不同的区域、不同的历史阶段三者对创新的推动能力有强弱差别。世界正处在大发展大变革大调整时期,各国为掌握国际竞争主动权,纷纷把深度开发人力资源、实现创新驱动发展作为战略选择。我国创新能力的提升空间还非常巨大,在机遇和危机面前仍大有作为。大学作为科技第一生产力和人才第一资源的重要结合点,在国家发展中具有十分重要的地位和作用,在推动社会经济发展和实现民族繁荣复兴的伟大实践中,大学必将肩负起历史使命和时代责任。

第三节　破解当前创新困境的路径

在推动实施创新型国家建设和创新驱动发展战略的政策顶层设计之前,国家已经在持续关注和重视创新能力建设,然而创新目标凝练不足、创新资源割裂发展、创新成果支撑不力、创新型人才缺乏等现象困扰和阻碍着我国自主创新事业发展,需要面对和解决当前遇到的创新困境。

创新困境一:在国家竞争力与国家创新能力的国际地位上不匹配,创新对我国经济发展的驱动作用仍显不足。在 2018 年 5 月瑞士洛桑管理学院(简称 IMD)发布的全球竞争力排名中,中国位列第 13 名,且近 5 年来我国在全球竞争力排名中一直稳定在第 15 名左右。然而,在 2017 年 7 月由康奈尔大学、欧洲工商管理学院(INSEAD)和世界知识产权组织(WIPO)联合发布的"2017 年全球创新指数"(GII,Global Innovation Index)中,通过考察比较 142 个经济体的数据,中国在国际创新能力排名中位列第 26 名,瑞士、瑞典、英国、荷兰和美国位居前 5 名。这两组排名的对比说明,我国经济增长仍然以投资驱动和贸易拉动为主,经济总量的快速增长积累了一定的国民财富,但经济发展质量不高,可持续健康发展中遇到的环境、资源、劳动力成本等问题将会愈发严重,创新对经济发展的驱动作用仍明显不足。

创新困境二:部分区域和若干产业的创新能力已经具备国际竞争力,但局部相对优势尚没有对社会经济发展形成突破带动性引领作用。近几年我国部分城市的创新能力提升明显,香港在"2017 年全球创新指数"排名中位列第 6 名,研发经费投入超过千亿元的省份有 6 个,分别为广东(占 13.3%)、江苏(占 12.8%)、山东(占 10%)、北京(占 9%)、浙江(占 7.2%)和上海(占 6.8%)。研究与试验发展(R&D)经费投入强度超过全国平均水平的省份有 7 个,分别为北京、上海、江苏、广东、天津、浙江和山东。从区域发展格局看,短期内还是呈现创新资源向中心城市集聚的趋势,对周边地区的创新能力提升的辐射影响力有限,没有形成具有较高创新能力的城市集群。在一些主导产业发展中,对生产要素驱动的路径依赖严重,在艰难地探索从"中国制造"到"中国创造"的战略转型路径。若干产业形成了一批关键核心技术,如通信设备、高速铁路、水电设备等已经具备国际竞争力,然而从产业链和关联产业发展看,重大原始创新成果还不足,对经济的突破带动性作用不够明显。处于国民经济基础地位的中央企业,2006 年到 2017 年科技投入年均增长 40%以上,发明专利授权量年均增长 50%以上,在科技创新能力稳步提升过程中还缺乏重大突破性科技创新成果的引领发展。

创新困境三:鼓励创新的社会环境持续改善,创新投入逐年增加,而企业创新能力的提升速度、增长空间仍非常有限。随着国家和各个地方大力实施创新驱动发展战略,大力鼓励科技创新和科技投入,创新的环境得到持续改善,创新的资源进一步累积放大,然而从整体上来看我国企业创新能力的提升速度和增长空间仍非常有限,与推动实施创新型国家建设的紧迫性不相适应。一方面,我国企业科技投入明显增多,但科技经费的配置不合理,技术引进的费用在90%以上,消化创新的费用不足10%,而发达国家技术引进和消化吸收的经费投入比例一般为1:3。另一方面,我国企业创新投入的资源基础薄弱,包容创新失败的空间有限,陷入"创新能力不足就害怕投入、投入不足能力更差"的恶性循环,对关键核心技术研发投入信心不足。总的来说,人口红利的发展蜜月期还未完全消退,企业还未充分感受到改革发展已进入攻坚克难的阵痛期,企业创新能力建设的路径规划还不清晰、重视程度尚不足,目前创新能力的增长空间还很有限。

创新困境四:科技人力资源总量稳居世界第一,而人均产出效率远落后于发达国家,创新型人才仍非常短缺。根据世行数据显示,2017年我国人均GDP为8827美元,略高于中等偏上收入地区的水平,在世界排名中位于第71位。相比美国(人均GDP 59501美元)、加拿大(人均GDP 45677美元)、德国(人均GDP 44550美元)、英国(人均GDP39735美元)、日本(人均GDP38440美元),仍存在较大的差距。2018年我国每万名劳动力拥有研发人员数量为52人,远低于日本、韩国、德国、俄罗斯等国家。在世界经济论坛(WEF)发布的《2013年全球竞争力报告》中,我国劳动力效率仅排在第34名。根据麦肯锡《新兴市场人才报告》的数据表明,我国工程和金融方面的毕业生只有10%左右具备全球化企业雇佣的价值,本土的MBA毕业生能够胜任管理工作的不到20%。以IT服务行业为例,由于缺乏创新型人才支撑,我国IT服务业总收入中65%来源于附加值较低的日本市场,高附加值的跨国服务收入只占总收入的10%,而印度的这一比例为75%。钱学森曾多次提到,创新型人才不足是现行教育体制的严重弊端,也是制约科技发展的瓶颈。

随着知识经济时代的到来,大学不再仅仅是提供教育和科研的场所,作为知识生产和人才培养的重要基地,正在经济发展中发挥越来越重要的作用,是国家创新系统的基础支撑力量。受到世界经济不稳定因素持续增多、全球市场逐步萎缩的影响,各国经济竞争格局已成水火之势,加之知识生产、传播和扩散的速度越来越快,加快知识的整合集成和提高科技创新的速度是获得竞争优势的关键路径,将决定在此轮国际分工深度调整中能否赢得主动地位和发展空间。在全面技术追赶和局部技术赶超的战略紧迫性要求下,必须打破创新资源割裂发展的困局,鼓励国家创新系统中的不同主体间协同,提高创新资源的集成利用效率,加快实现国家创新能力的全面提升和重点领域的突破创新。企业作为技术创新主体要善于利用大学、科研机构、用户等重要的外部创新资源,通过开放式创新提升创新能力(Chesbrough,2003;陈钰芬,陈劲,2008)。世界经济的发展经验已经表明,大学与产业的协同创新将大大提高创新的效率和加快提升创新能力,如麻省理工学院在 20 世纪 80 年代大大促进了美国生物技术产业的发展,剑桥大学通过科技转移机制创新催生和支撑了大学周边 1000 余家高科技企业的快速成长。

综合分析我国创新战略实施中面临的主要困境,关键在于创新目标凝练不足、创新资源割裂发展、创新成果支撑不力、创新型人才缺乏,导致创新能力的提升速度和空间有限。推动产学协同创新,有利于打破创新资源孤立配置,让大学与企业这两大创新力量围绕战略目标形成发展合力,在国家创新系统中实现资源的高效配置,提高科技进步和人力资本在经济增长中的贡献率,破解我国当前遇到的四大创新困境。

第四节　产学合作中的科技成果转化

高校、科研院所无疑是推动社会经济创新发展的重要力量,但经常有人诟病我国大学科技成果转化率只有 5% 到 10%,所以过去十几年一直在探讨解决高校院所科技成果转化的症结。国内诸多学者对美国硅谷、日本"官产学研"等案例剖析研究,却学了"皮毛"、弃了"精髓",也许当时学习这个"精髓"的条件还不具备,导致很多学者说的都是实话,但没把实话说全、说透。

面上的统计数据,不能客观地、完整地说明我国产学研合作以及科技成果转化率的问题,我们在这个问题上纠结了太久,却始终没找到破题的路径。以往,我们过度关注产学研合作的活动、形式、模式,忽视了最为关键的问题,就是我国与其他国家高校、科研院所建设运行的体制不同。社会经济活动的基本原理都建立在制度体系上,必须从制度层面上去寻求破解产学研合作困境的办法。

2015 年 8 月 29 日全国人大常委会通过了关于修改《中华人民共和国促进科技成果转化法》的决定,据上一次对该法的修改过去了整整 19 年。长期以来,高校院所科技成果转化缺的不是"效率",而是激励和保障科技成果转化的"制度",不仅要对科技工作者施以人才评价的政策引导,更要充分释放和激励科技创新的积极性。《中华人民共和国促进科技成果转化法(2015 年修订)》实施以来,高校院所科技成果转化的制度性障碍得到根本性破除,通过国家法律、地方条例、激励政策、技术交易规则等制度体系的设计,较好地约定了科技成果的处置权、收益权、定价权,充分体现了新时代思想下依法治国的理念。虽然科技成果转化过程中仍存在一些细枝末节的问题,一直在打"政策补丁",但总算找对了方向、走对了路。

促进科技成果转化,要遵循技术创新规律

技术创新有其自身规律,从技术发现、发明,到技术商业价值挖掘,再到技术开发以及技术成果产业化,一般需要 3 至 5 年,甚至更长的时间。我们在促进科技成果转化的具体工作中,又进入一个误区:科技成果的商品化。科技成果商品化的误区,是一方面认为可以对科技成果进行估值,另一方面认为科技成果可以像"淘宝"网站上的商品一样即时交易。科技成果是可以转化为现实生产力的知识资产,转化过程中存在诸多不确定性,科技成果只有依靠市场去发掘,依靠市场去转化。

目前,国内高校院所的技术转移转化主要依赖职务发明人"自己卖技术"或者自己实施转化,缺乏专业化、市场化的技术经纪机构或技术运营机构为高校院所科技成果转化提供服务。以山东省为例,2016 年省内注册开展技术运营服务的机构有 60 家左右,但能够正常开展技术运营业务的只有 2 家,且这 2 家只是开展技术服务合同为主的研发外包业务。随着产学研合作的制度体系建立和完善,我国科技成果转化应该也会很快进入 PE 模式,即通过"professor＋entrepreneur"科学家和企业家合作促进科技成果,这是一条符合市场规律的转化路径。

促进科技成果转化的技术交易 CI 模型

我国知识产权局重组后是世界第一大知识产权局,根据全球五大知识产权局的统计数据显示,自 2015 年以来我国专利申请量是美国的 2.4 倍,近年来专利授权数量上也是在全球领先。高校、科研院所是知识生产的重要场所,我国高校、研发机构每年获得的专利授权量占国内专利授权总量的 30％ 左右,解决"科技经济两张皮"的问题,是要把这部分知识资产加快转化成现实生产力。因为企业是创新主体,高校院所的知识资产只有转移到企业中去,才能实施转化,这中间就需要"交易"(exchange)。

高校院所科技成果的交易,从我们所掌握的诸多现实案例分析来看,可以归结为技术交易的 CI 模型,即组合型交易(combined exchange)和集成型交易(integrated exchange)。

组合型交易,是指"专利＋技术服务"的组合型交易模式,企业不仅是需要专利技术,更需要的是知识(knowledge)。这是因为:一方面,专利所呈现的信息往往不能完整地表述科技成果,专利发明人还有很多"know how"的信息没有呈现;另一方面,企业需要继续跟高校院所的发明人团队合作,对技术系统进行开发完善。这种交易模式,往往是以解决企业技术问题为导向的,或者是以技术投资为驱动的。技术作价入股也是这类模式下典型的技术交易方式,根据现行法律框架,发明团队可以持有企业部分股权,这就使得企业与专利发明人深度合作、利益捆绑,继续为企业提供技术服务便是很自然的事情了。

集成型交易,是指"专利交易+X",这个"X"可以是政策,也可以是专利技术。先说 X 是政策的情形,这也是当前非常普遍的技术交易的现象,一些企业购买高校院所的专利技术是为了集成利用政策来申报补贴或者项目,在这类模式中专利交易的价格往往也比较低,少则几千元、多则几万元。另外,X 是专利技术的情形,是企业出于专利布局的需要,购买高校院所的专利技术,从而与已有技术集成构建成更为完善的技术体系。这种情形下的企业往往具有较强的研发实力和较高的技术能力,有清晰的技术研发规划和专业的知识产权管理队伍,也会与专业的技术经纪机构保持良好的合作关系。

总的来说,促进高校院所科技成果转化,本质上是服务于企业的技术创新,必须处理好两个"市场"的问题。第一,是面向市场需求做科技成果转化。企业是创新的主体,是科技成果转化实施的单位,无论是解决企业技术问题,还是满足技术发展以及投资的需要,都要从需求出发来进行科技成果的交易。在这个过程中,不能忽视"人"的作用,只依靠技术去解决技术交易的问题是不现实的。这里的"人"包括三类人,即,专利发明人、技术投资人、技术经纪人。第二,是建立市场机制做科技成果转化。国内高校借鉴美国高校技术转移办公室(TTO)的设计,也纷纷成立了大学技术转移中心,现在很多高校对这类机构职能定位是管理抑或是运营,还是分不清楚。只有依靠市场机制才能解决好科技成果转化的效率问题,让专业的技术运营机构来服务于高校院所科技成果转化。这种建立在体制内的技术转移中心,缺乏市场化机制,难以吸引到专业人才,效率低下那便是很自然的事情了。高校、科研院所设立科技成果转化管理的职能部门是需要的,但实行科技成果转化运营的工作,还是应该要放手让市场去做。通过政府设立的技术交易市场,建立好科技成果转化交易的体系,让服务高校院所科技成果转化的技术运营机构有利益保障、有政策激励,就会集聚更多的聪明智慧以及社会资源来推动高校院所的科技成果转化,在专利发明人、技术投资人、技术经纪人三者之间形成良性循环的价值链条。

第五节 创业导向与产学协同创新

我国产学合作的历史由来已久,起源可追溯到 20 世纪 90 年代国家经贸委、教育部、中国科学院联合实施的"产学研联合开发工程"。1999 年 8 月中共中央、国务院颁布的《关于加强技术创新、发展高科技、实现产业化的决定》强调,根据优势互补、利益共享的原则"加强企业与高等学校、科研机构的联合协作",提高技术自主创新能力。20 余年来产学合作取得了一定的成效(见表 3),如浙江省 2004 年至 2007 年的产学合作经费突破 40 亿元。另据 2008 年初步统计,"产学研联合开发工程"共实施了 520 多项国家级重点产业化项目,实现新增销售收入 1000 多亿元,创汇、节汇累计达 460 亿元(姚威,2009)。2017 年浙江省高校和院所共签订产学研合作项目 26071 项,转化金额 40.5 亿元,平均每个项目实现科技成果转化金额 15.5 万元,其中,转化金额 1000 万以上项目 26 项,转化金额 4.1 亿元,占产学研合作项目的 10%。

表 3　浙江省企业与浙江省高校科技合作统计表(2004—2007 年)

	2004 年	2005 年	2006 年	2007 年
产学合作项目数/个	7198	8440	8650	8040
产学合作经费/万元	97862	95622	104088	113337

资料来源:叶伟巍.产学合作创新机理与政策研究[D].杭州:浙江大学,2009.

大学和企业作为异质性组织,在战略、组织、资源等层面上还没有形成高效协同,传统产学合作模式对创新的贡献度仍有限,产学协同创新的瓶颈尚未突破。

虽然我国产学合作取得了一些成效,但从投入与产出效率上分析看,产学合作的效率还比较低,高校与产业的双轨制发展导致科技与经济脱节严重,没有真正实现产学协同创新的战略格局。世界经济论坛(WEF)《2013 年全球竞争力报告》中的几个数据指标可以清晰地看出(见表 4),我国大学与企业在协同创新体系建设上与国外发达国家存在较大差距,如:大学与企业的技术转移效率偏低,技术转移的指标排在全球第 78 位;重大科技成果的研发绩效不高,科学研究机构的质量排在全球第 41 位;产学合作研发的质量还有待提升,产学合作研发指标排在全球第 33 位。

中共中央、国务院 2012 年 9 月印发的《关于深化科技体制改革、加快国家创新体系建设的意见》指出,"面对新形势新要求,我国自主创新能力还不够强,科技体制机制与经济社会发展和国际竞争的要求不相适应,突出表现为:企业技术创新主体地位没有真正确立,产学研结合不够紧密,科技与经济结合问题没有从根本上解决,原创性科技成果较少,关键技术自给率较低;一些科技资源配置过度行政化,分散、重复、封闭低效等问题突出,科技项目及经费管理不尽合理,研发和成果转移转化效率不高;科技评价导向不够合理,科研诚信和创新文化建设薄弱,科技人员的积极性创造性还没有得到充分发挥。"该《意见》一针见血地指出了我国产学合作中存在的要害问题,这些问题已成为制约科技创新的重要因素,影响我国综合实力和国际竞争力的提升。

表4 2013年我国产学协同绩效的有关指标数据国际比较

指标数据	得分	全球排名
Availability of latest technologies 新技术有效性	4.4	105
Firm-level technology absorption 企业技术吸收能力	4.7	71
FDI and technology transfer 外商直接投资和技术转移	4.5	78
Availability of research and training services 高等教育研发与培训服务的有效性	4.4	62
Quality of scientific research institutions 科学研究机构的质量	4.3	41
Industry-university collaboration in R&D 产学合作研发	4.4	33
Capacity for innovation 国家创新能力	4.2	30

资料来源:世界经济论坛《2013年全球竞争力报告》。

以"创业导向"为特征的创新体制机制,是提高大学和企业创新资源集成利用效率的有效方式,也是应对国际竞争、响应创新战略的必然选择。

面临新的经济形势逼迫和国际竞争压力,传统的产学合作模式和"消极被动"的创新机制无法满足国家创新战略的需要。在经济动荡、竞争加剧、创新加快的环境下,Ireland 等(2003)指出企业更倾向于表现出"创业导向"的组织特征,采取更加积极主动的竞争策略、加大创新投入、承担经营风险等战略性创业行为。"创业导向"的战略选择是企业组织在竞争环境下表现出的主动积极的性格倾向,是加快获得持续竞争优势的组织行为(刘磊磊,周亚庆,陈学光,2007)。

2012 年 GEM(Global Entrepreneurship Monitor,全球创业观察组织)发布的《全球创业观察 2011 全球报告》数据显示,全球创业大潮已经来临,在 54 个国家的创业者数量已经达到 4 亿人;该报告的第一作者 Donna Kelley 表示创业者并非只是在创业企业,而是遍布在已经创建的公司或组织、家庭企业、特许经营行业等等,他们在新产品开发、新业务创造等方面发挥着关键作用。

2002 年到 2017 年的 15 年中,中国创业活动的质量在提高,但与 G20 经济体中的发达国家相比,仍存在差距。2006 年市场认为创业企业提供的产品和服务是新颖的且企业在市场上没有或只有较少竞争对手的比例仅为 7%,2017 年这一比例增长到 27%。虽然中国创业企业的创新能力有提高,但无论是创新能力还是高技术创业比例,与 G20 经济体中的发达国家相比仍然落后,也低于 G20 平均水平。2006 年我国超过 40% 的新创企业能提供的就业岗位很低甚至为零,而这一比例 2017 年下降到 1.3%。同时,2006 年可提供 6 个及以上就业岗位的高成长企业比例为 20%,2017 年这一比例增长到 27%。与 G20 经济体对比,中国高成长创业企业的比例处于 G20 平均水平以上。中国创业企业中约三成拥有海外客户,这一比例与 G20 经济体中的发达国家相比差距明显,例如美国创业企业拥有海外客户的比例超过 80%。

在这种创业氛围浓厚、知识经济膨胀发展的特征环境下,大学作为科技与人才的重要基地和知识创新的重要源泉,也催生和推动了"创业型大学"的兴起与发展,如斯坦福大学与产业的紧密协作,大大提高了高校知识转化效率以及推动了高科技产业的发展,这类创新实践对提升创新能力和带动经济增长方面具有非常重要的影响和作用。

我国仍在创业导向的产学协同创新实践中进行新的探索和尝试,在《全球创业观察 2018 全球报告》中提到我国创业活动指数已经高于全球平均水平,且处于增长趋势。中国创业者中最为活跃的群体是 25～34 岁的青年,创业动机以机会型为主,大部分创业者选择在以批发或零售为主的客户服务业创业,在具有高附加值的商业服务业中创业的比例低。平均来看,中国创业活动中机会型动机占到总体的 60% 以上,并持续提高。我国的创业环境,还存在内在需求不足、体制机制不顺、合作环境不佳等诸多问题。亟须加强对这类实践案例的归纳总结,从理论层面上解构创业导向的产学协同创新机理,为指导大学与企业的协同创新实践提供有价值的意见建议,加快制定有利于促进产学协同创新绩效提升的政策框架。

第六节 新时代下亟须解决的科学问题

国内外学者对产学研合作的相关研究文献已经非常多,然而在新形势下大学与企业的合作面临新的环境、新的要求、新的问题,加之世界的产学合作呈现出一些新的发展趋势,如创新与创业的联动、知识的快速转移、大学组织的变革等等,对创业导向的产学协同创新的理论研究不足,尤其是我国仍处在创业导向的产学协同创新实践摸索阶段,亟须厘清在产学协同过程中影响创新绩效的关键变量、剖析其创新机理,并为指导我国创新实践提供政策建议。因此,本书提出了新时代下促进产学深度合作,亟须解决的若干科学问题:第一,从企业与大学的协同关系管理的视角,分析提出不同类型产学协同关系对创新绩效影响的概念模型;第二,以智力资本为中介变量,剖析产学协同创新机理;第三,在创业导向的战略态势下,如何管理产学协同关系,提升产学协同创新绩效。

问题一:从企业与大学的协同关系管理的视角,提出不同类型产学协同关系对创新绩效影响的概念模型。以往产学协同创新研究主要聚焦在产学合作方式、产学合作模式等组织结构和合作机制设计,以及不同产学合作模式对企业创新绩效的影响等问题上。几乎没有研究从跨组织关系管理的视角,探讨企业与大学之间建立了怎样的一种联结(linkage),是什么类型的协同关系(collaboration relationship)。本书结合产学协同创新以及开放式创新的相关研究,从企业与大学的协同关系视角,提出关联型产学协同关系和交易型产学协同关系的定义,分析其对企业创新绩效影响的概念模型。

问题二:以智力资本为中介变量,剖析产学协同创新机理。很多学者从知识管理、资源观、交易成本理论、开放式创新等视角探索了协同创新机理,然而对产学协同作用的关键中介变量却鲜有研究,或者对该中介变量的提炼不够准确。随着智力资本理论的发展和成熟,智力资本作为大学和企业之间联结的最宝贵创新资源,以其为中介变量解剖产学协同创新机理变得非常有价值。本书通过文献研究、探索性案例研究、实证分析,建构以智力资本为关键中介变量的产学协同关系对企业创新绩效的作用机理,揭示产学协同创新实践的一般性规律。

问题三:在创业导向的战略态势下,如何管理产学协同关系,提升产学协同创新绩效。在新的全球化竞争格局和知识经济快速膨胀的时代,无论是企业还是大学所表现出的"创业"倾向,都是加快知识成果转化、提升科技创新能力的重要战略。国外的成功实践给了我们很好的启发,然而对这种创新、创业联动下的产学协同创新路径和机理的理论研究严重不足。在创业导向的战略态势下,如何管理产学协同关系，提升创新绩效？对创业导向战略态势下的产学协同创新机理进行剖析，结合现有产学协同创新政策体系的文献研究，对影响创新绩效的关键要素进行讨论，给出提高创业导向产学协同创新绩效的政策建议。

本书将创新、创业较好地结合起来，既符合解决现实问题的实际需要，又弥补了在该领域理论研究的不足。产学协同创新研究忽视了对"创业导向"的关注，产学协同创新与创业导向相结合的研究文献很少，大多数是从知识角度研究高校知识创业、知识商业化的模式，以及中介机构对高校知识创业、知识商业化的关系影响。本书解释"创业导向"下如何管理好产学协同关系，对产学协同创新能力提升和剖析产学协同创新机理有很高的理论价值，进一步丰富了创新创业理论。同时，对于破解中国当前的产学协同困境和指导产学协同创新实践也具有很好的实践意义。

如何推动创业导向的产学协同创新是目前创新政策研究面临的重要问题，但同时也是创新政策研究的短板与不足，本书在政策方面的建议将对我国制定协同创新政策体系具有非常重要的借鉴价值。创新赋予创业的内涵、创业提升创新的效率，创新、创业联动的实践活动越来越被证明是应对知识经济、全球一体化和迎接新一轮科技革命的有益探索和重要举措，大大提升了国家、区域的创新能力和促进了社会经济发展。在创业导向产学协同创新机理的实证分析讨论基础上，本书结合创新政策分析框架，对如何提升协同创新绩效给出了针对性政策建议，有益补充了当前有关加快提升我国自主创新能力和推动创新驱动发展战略的关键政策研究。

本书依据提出问题、分析问题、解决问题的路径，通过文献研究、探索性案例分析、实证研究等研究方法对创业导向产学协同创新机理进行研究设计，其研究的技术路线如图5所示。

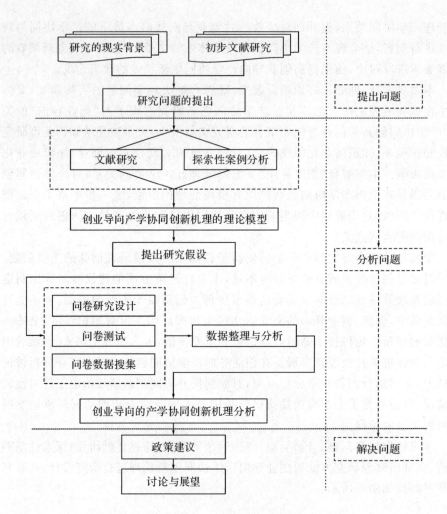

图 5　创业导向产学协同创新机理研究的技术路线

第二章　产学合作的研究概览

　　教育与创新是推动人类社会进步最重要的两项事业。大学作为高等教育机构，是知识生产、知识传播最重要的源泉，其职能也伴随着社会经济发展和创新事业的需要而被赋予了更多的内涵与解释。最早的大学可追溯到 11 世纪初期，当时创立的意大利博洛尼亚大学和巴黎大学是欧洲大学的先祖，前者更被誉为欧洲的"大学之母"。现代意义上的大学通常是指将教学与研究相融合的大学，1810 年威廉·冯·洪堡①建立的柏林大学被认为是这类大学的始祖，该种大学模式在美国最早被约翰·霍普金斯大学效仿，随后世界各国的大学也开始广泛采用这种模式。成立于 1895 年的北洋西学学堂②是中国近代史上的第一所大学，这所大学的建设模式参照了当时的美国哈佛大学和耶鲁大学。诞生于洋务运动这一特殊历史背景的北洋西学学堂，开创了大学对中国近代史产业革命中的深远影响及重要作用。

　　公司作为现代企业组织形式和产业基本单元，其萌芽和产生可以追溯至 2000 多年前，张仁德和段文斌（1999）认为现代公司制度之所以首先发起于西欧，是因为其具备了贸易的发展、信用制度的出现、商品经济的意识与文化环境这三个基本条件。15 世纪末以海上贸易发展起来的贸易公司揭开了公司制的历史③，随后伴随着海上贸易、交通运输、金融、制造业、信息业的产业发展脉络而不断丰富完善。从历史的维度观察大学与企业

---

　　①　威廉·冯·洪堡（Wilhelm von Humboldt，1767—1835），生于德国波茨坦，是柏林大学的创始者，也是著名的教育改革者、语言学者及外交官，是比较语言学创始人之一。

　　②　北洋西学学堂，由有"中国实业之父"和"中国商父"之称的盛宣怀创办，1896 年更名为"北洋大学堂"，几经更名为北洋大学。1951 年 9 月北洋大学与河北工学院合并，定名为天津大学。

　　③　1602 年成立的荷兰东印度公司被认为是全球第一家永久性公司，虽然其影响力没有英国东印度公司大，但是已具备了公司的一些基本特征。

的互动发展,无论是从"内生性""外生性"维度来看待大学的演化发展(上官剑,李海萍,2007),还是从国家创新系统、区域创新系统中对大学与企业的诠释来研究相互作用机制,都不难得出这样的结论,大学与产业的协同创新是推动近现代史人类文明与社会进步的重要动力和力量源泉。

三次科技革命使得科学技术对经济增长的贡献率不断提升,由 20 世纪初的 5%～20%上升到 20 世纪 80 年代的 60%～80%,2015 年以来我国东部沿海部分省份科技对经济增长的贡献率已经超过 50%。企业作为技术创新主体,大学作为企业的主要外部创新源,政府、产业界、学术界越来越关注大学与产业的协同创新,从战略、模式、机理、组织、绩效、政策等角度对产学协同创新做了深入研究。第二次世界大战以后,知识经济的迅猛发展大大提升了产业活跃度,尤以美国硅谷产学合作缔造的创业奇迹为突出案例,创业问题尤其是产学协同创新中的创业问题逐渐成为研究热点。关于创业导向的定义、构念、测量以及与组织绩效的关系等相关研究已经很多,但将产学协同创新与创业导向相结合的研究则鲜见。将创新问题研究与创业问题研究相结合,对创业导向及产学协同创新这两个领域的理论研究都是非常有益的完善。

第一节　理论概念与基本内涵

关于"产学协同"的英文释义有 university-industry interaction, university-industry cooperation, university-industry collaboration 等,这三个英文单词在 20 世纪前后几乎同时出现,国内学者一般将其翻译为产学交互作用、产学合作及产学协同,在早期的国内研究中用"产学合作""产学合作创新"称谓较多,自 2011 年胡锦涛清华大学百年校庆讲话后,国内研究开始更多地关注"产学协同创新"的理论概念。

什么是产学协同创新

产学协同是跨组织合作的一种形式,Williams(2005)通过对跨组织合作的文献研究,总结提出跨组织合作是组织间通过交换关系、一致或互补的目标,以及相互合同和社会关系联结在一起,这种联结的可持续性在很大程度上是由合作者对合作收益的预期决定的;也有文献从战略、资源、技术能力、竞争优势获取等视角对跨组织合作进行了诠释(Gulati,1999;Miotti,Sachwald,2003;Liu,Shou,2004;童亮,2006)。然而目前为止,国外还没有形成对"产学合作创新"或"产学协同创新"的统一概念定义。

从国内学者早期对"产学合作创新"的研究看,傅家骥(1999)将合作创新定义为企业间或企业、大学、研究机构之间的联合创新行为;罗炜和唐元虎(2000)将合作创新解释为以共同利益为基础,以资源共享或优势互补为前提,有明确的合作目标、合作期限和合作规则;余雅风(2002)将其定义为大学与企业为了实现共同利益,以技术转移为纽带,将技术成果转化为现实生产力的过程;叶伟巍(2009)结合国内外学者对产学合作的研究,提出产学合作创新是大学和企业双方以重新配置和组合各自的创新要素共同建立熊彼特所言的新生产函数为目的,按照一定的机制和规则进行结合,形成合作创新关系的复杂过程;姚威(2009)认为产学合作创新是以产业界(或企业)、大学为基本主体,与其他相关主体合作从事研究、开发、产业化等创新活动,不断进行知识传递、知识消化、知识转移、知识创造的非线性复杂过程,以实现技术创新、成果转化、人才培养、社会服务等功能。

对于产学协同创新的理论概念大多从产学合作创新衍生而来,例如:何郁冰(2012)将协同创新定义为合作各方以资源共享或优势互补为前提,以共同参与、共享成果、共担风险为准则,为共同完成一项技术创新所达成的分工协作的契约安排;陈劲和阳银娟(2012)认为协同创新是以知识增值为核心,企业、政府、大学、科研院所、中介机构和用户等为了实现重大科技创新而开展的大跨度整合的创新组织模式。目前研究对产学协同创新的定义还没有跳出近20年来对"产学合作""产学合作创新"研究的理论框架,也没有满足创新理论发展对创新内涵的丰富解读。

结合创新、协同等概念定义,整理了对 university-industry interaction, university-industry cooperation, university-industry collaboration 的部分文献资料,产学协同创新的概念内涵经历了从静态交互、动态合作、融合协同的过程(Klofsten, Jones-Evans, 1996;Vedovello, 1997;Meyer-Krahmer, Schmoch, 1998;Caloghirou, Tsakanikas, Vonortas, 2001;Siegel, Waldman et al., 2003;Perkmann, Walsh, 2007),如图6所示。

由此,我们认为产学协同创新是指:基于共同战略愿景下的多元目标框架体系,大学和产业(或企业)这两类主体为实现战略总目标,联合对组织内部、组织间以及与组织外部的资源要素的生产函数进行动态优化的过程(如图7所示)。

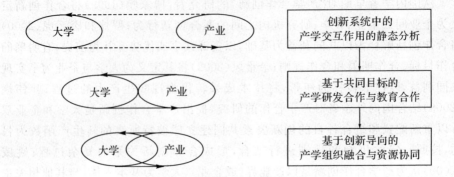

图 6　产学协同创新概念内涵的演化发展

$$\underset{\text{(innovation strategy)}}{Y:\text{创新战略目标}} = \sum (Y_1, Y_2, Y_3, \cdots Y_M) \begin{cases} \text{创新子目标集合} \\ Y_1 = a_1 X_1 + b_1 X_2 + c_1 X_3 \cdots + z_1 X_n \\ Y_2 = a_2 X_1 + b_2 X_2 + c_2 X_3 \cdots + z_2 X_n \\ Y_3 = a_3 X_1 + b_3 X_2 + c_3 X_3 \cdots + z_3 X_n \\ \cdots \\ Y_m = a_m X_1 + b_m X_2 + c_m X_3 \cdots + z_m X_n \end{cases}$$

图 7　产学协同创新定义的函数表述

（图注：Y 表示创新目标值，X 表示资源要素，a、b、c、z 表示权重系数，其中 $a_1 + a_2 + a_3 + \cdots + a_m \leqslant 1$）

　　从该定义出发，产学协同创新具有两大关键特征：第一，产学协同创新的战略性，即产学协同创新不是追求多元目标框架下的每个子目标（Y_m）都达到利益最大化，而是以实现战略总目标（Y）的利益最大化为根本目标。第二，产学协同创新的包容性，即大学和产业共同参与每个子目标，并且每个子目标的值（Y_m）均应大于产学协同创新活动开展前的相关创新子目标的值。

什么是产学协同关系

　　跨组织合作的形式有长期合同、战略联盟、非正式交流以及工会等，跨组织间也存在不同的联系方式，如结构联系、资源联系、制度联系、管理联系等（Simonin，Helleloid，1993；Goes，Park，1997）。可以看出，产学协同创新是跨组织合作的一种特殊表现形式。关于产学协同创新的表现形式，Liyanage（1995）较早研究了产学合作研发对创新的影响，并将产学合作的主要形式总结为技术许可、生产或营销协议、技术合同、人员交流、合作共建企业。Santoro 和 Chakrabarti（2002）提出了产学合作的四种模式，即研发资助、合作研究、知识转移、技术转移，其中知识转移是比技术转移更广阔的知识互动，包括了人员交流、合作教育等，但没有形成契约关系的知识交易（技术转移）。鲁若愚等（2012）通过对广东省与教育部的合作实践研究,总结提出基于技术转让的五种产学协同创新模式(见表5)。

表 5　基于技术转让的产学协同创新模式

技术转让	技术转让校企合作模式
委托研究	不定期招标模式
联合攻关	用户参与的产学合作模式、基于创新需求的联盟模式、核心企业激发的创新模式
内部一体化	分阶段研发的产学研合作、产学研协同创新、全面校企合作
共建基地	研发专利池中继站、创新创业园
共建实体	创新产学研合作、技术互补融合

资料来源:鲁若愚,张鹏,张红琪.产学研合作创新模式研究[J].科学学研究,2012(2):186-193.

李廉水(1997)提出组建经营性的经济实体(产学研联合体)是产学协同创新的主要方式,这种联合体形式使得研发、生产、销售等若干环节紧密相连,提高了科技转化效率。马宁和王立(2005)分析了产学协同创新的问题、绩效、动机及表现方式,提出四种企业主导型的产学协同创新模式,即共建经济实体、完善产业链体系、科技资源服务、技术并购。王娟茹和潘杰义(2001)将产学合作模式分为技术协作型、契约型和技术一体化型,叶伟巍(2009)又将其拓展为四类模式,并且存在着逐步演化到企业内部化创新模式的协同创新机理(见图8)。

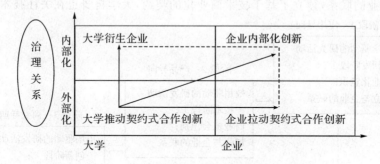

图 8　产学协同创新的四种模式

资料来源:叶伟巍.产学合作创新机理与政策研究[D].杭州:浙江大学,2009.

Perkmann 和 Walsh(2007)结合开放式创新的研究设计,第一次提出"协同关系"理论概念的设想,并将产学协同关系(university-industry links)进行了分类梳理,归结为关联型、移动型和转移型三类(见表6),他们同时还在该研究中指出这种分类存在一定的缺陷,例如移动型关系中的学术创业活动存在直接的知识交易行为,属于转移型关系中的行为。同时,Perkmann 和 Walsh(2007)的研究对"人力资源交流"的分类较为模糊,在移动型协同关系中存在的人力资源交互活动,在关联型协同关系中同样也会存在,而且应该更倾向于将人力资源交流活动归结为关联型的产学协同关系。

表6 大学与企业的关系类型

关系参与的范围		
高:关联型	中:移动型	低:转移型
研发合作伙伴 研发服务	学术创业 人力资源交流	IP商业化(如技术许可)
科技出版、学术会议以及科技网络等产学关系可以涵盖上述三种类型		

资料来源:Perkmann M,Walsh K. University-industry relationships and open innovation:Towards a research agenda [J]. International Journal of Management Reviews,2007,9(4):259-280.

　　Tijssen(2006)通过研究不同国家的高校与企业间的协同创新行为,以创业导向为目标,将产学协同关系的演化发展划分为了应用导向、产品导向、商业导向等三个阶段,定义为大学基于科学的创业导向(science-based entrepreneurial orientation)(见图9)。在第一阶段,高校与企业的合作中存在技术商业化的意识,但其产学合作的目的是为了自身的科研需要;在第二阶段,大学以技术的实用性为目的开展研发活动,已经关注到技术商业化机会的识别;在第三阶段,大学与企业的联系,建立了基于技术商业化的契约,大学自身也在关注技术商业化

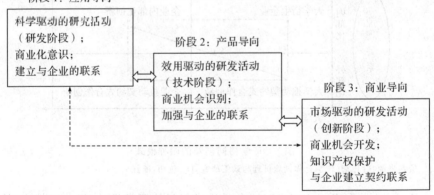

图9 大学"基于科学的创业导向"模型

资料来源:Tijssen R J W. Universities and industrially relevant science:Towards measurement models and indicators of entrepreneurial orientation [J]. Research Policy,2006,35(10):1569-1585.

机会的开发和知识产权的保护。这一模型从学术资本化(或称之为技术商业化、技术创业)的角度将产学协同关系类型进行了三阶段划分,对产学协同关系的剖析有很好的借鉴意义。

产学协同关系的分类与内涵

在 Tijssen(2006)三阶段关系模型演化中,第一阶段和第二阶段的界限并不是十分清晰,应用导向和产品导向都是基于技术的效用化要求,在 Perkmann 和 Walsh(2007)的理论模型中可以将这两个阶段定义为大学与企业建立了"关联型"关系。总的来说,产学协同创新从表现方式上,可以归结为契约性和非契约性(见表7)。

表 7 产学协同创新的几种表现方式

	契约性	非契约性
知识层面	技术转移(包括技术许可、技术交易、联合研发、委托开发等)	学术交流(包括国际会议、联合发表文章、技术交流会等)
个体层面	雇佣、联合培养、培训	非正式交流
组织层面	新建经济实体、共建联合研发中心	捐赠

资料来源:根据相关文献整理。

Bonaccorsi 和 Piccaluga(1994)通过分析企业与大学合作的动机以及知识转移的规律,将大学与企业这种跨组织合作的关系又分为结构维度和程序维度,即:制度安排(insitutional arrangement)的关系,是基于一系列协议或合同所建立的正式产学合作联结;协同程序(coordinating procedures)的关系,是在产学的互动过程中发生的行为准则。这些产学协同创新的表现形式,从创新活动的周期来看契约性方式更接近于技术商业化阶段,或者说更符合产学协同创新的活动本质需求。然而,这些方式在创新活动的实施主体、获得创新资源的方式上也存在着显著不同。结合前期文献研究,在借鉴 Tijssen(2006),Perkmann 和 Walsh(2007)等研究成果基础上,可以将产学协同创新划分为两种关系类型(见表8)。

第一类,关联型关系(related relationship),是基于跨组织知识交流和效用化知识生产为目标的协同关系,处于 Tijssen(2006)中"基于科学的创业导向"模型中的第一阶段和第二阶段。企业和大学基于技术商业化的战略目的共同投入资源实施研发活动,并通过组织联结促进知识交流(包括人才流动),从而达成一定的创新目标,例如合作研发、委托开发、学术交流、人才交流、联合培训、共建合作机构等。其中,因为委托开发过程中大学并没有直接参与技术商业化的阶段,

表 8　产学协同关系的类型

类型	主要特征活动		"基于科学的创业导向"模型阶段
	契约性	非契约性	
关联型	合作研发、委托开发、联合培训、共建合作机构	学术交流、人才交流	第一阶段和第二阶段
交易型	技术许可、技术交易、学术创业	/	第三阶段

资料来源：根据相关文献整理。

研发行为的主体是高校，并不是基于创新导向的研发。所以委托开发虽然也是高校为主实施的活动，但其后端还需要与企业技术系统结合才能实现技术商业化，因此也划分为关联型关系的特征活动。

第二类，交易型关系（transactional relationship），是基于组织间知识商业化为目标的协同关系，处于 Tijssen（2006）所阐述的"基于科学的创业导向"模型中的第三阶段。企业和大学之间合作实施创新活动或直接参与技术商业化，存在为了直接技术商业化目的而建立的交易关系，例如技术许可、技术交易、学术创业等。

结合产学合作模式的相关文献研究，从合作战略、合作行为、活动周期、商业化参与程度等方面对比分析关联型和交易型这两类产学协同关系的不同特征（Bonaccorsi，Piccaluga，1994；Santoro，Chakrabarti，2002；Tijssen，2006；Perkmann，Walsh，2007），参见表 9。在关联型协同关系下，大学和企业的合作战略是应用导向和产品导向，大学本质上并没有开展基于技术商业化驱动的创新活动，而是通过产学合作获得支持研发和教育活动的资源。在交易型协同关系下，大学或者其雇员直接参与了技术商业化活动，其主要目的是获得知识转化的经济效益，大学和企业都是基于创新导向的产学合作关系。

表 9　关联型和交易型产学协同关系的对比分析

比较维度	关联型	交易型
合作战略	应用导向和产品导向	双方都是基于创新导向
合作行为	研发活动、知识交流、人才交流	技术交易、技术创业
活动周期	较长（指合作项目的实施周期）	较短（指从知识甄选到知识转移这一过程的周期）
大学参与创新的积极性	一般	较高

续表

比较维度	关联型	交易型
大学(或其雇员)从合作获得的收益	一般	较多
商业化参与程度	大学间接参与商业化,主要目的是从产学合作中获得支持研发和教育的资源	大学直接参与商业化,主要目的是获得技术商业化效益
知识特征	大学和企业的知识交流,是以显性知识与隐性知识相结合的方式,偏重于隐性知识的交流	大学与企业的知识交流以显性知识为主,便于在知识交易过程中对知识产权进行评估定价

资料来源:根据相关文献整理。

第二节　产学协同创新理论的源起与发展

创新理论的研究起始于约瑟夫·熊彼特(Joseph Alois Schumpeter),但在他创立创新理论的时候,对创新主体指代的是企业家,显然这个定义过于狭隘。熊彼特认为创新是企业家建立的一组"新的生产函数",从而提升生产要素组合的效率。1987 年经济学家弗里曼首次提出"国家创新系统理论",进而将创新理论的研究视角扩大到从国家体系、区域体系、产业体系中不同性质组织之间交互作用对创新绩效的影响。Mark Dodgson 和 Roy Rothwell 所著的《创新聚焦——产业创新手册》(陈劲译)一书将创新理论演化发展划分为三个阶段。

第一个阶段,以约瑟夫·熊彼特为代表,提出了对"生产函数"优化的"企业家创新模型",强调了企业与企业家的交互式创新。

第二个阶段,以埃里克·冯·希普尔(Eric von Hippel)为代表,提出了企业之间以及企业与用户之间的交互作用的创新,这个时期的研究者关注到了企业与供应商、合作企业、竞争企业以及用户之间的信息交流对创新的影响,并指出"领先用户"[①](lead users)是产品创新的重要源泉(Eric von Hippel,1986)。随后研究中更加强调创新的民主化问题,提出了以用户为中心的创新系统(埃里克·

[①]　领先用户,该概念是由麻省理工学院的埃里克·冯·希普尔提出,特指那些对产品或服务有特殊需求的用户,其主要特征包括:领先用户处于重要市场趋势的前沿位置;领先用户有强烈的动机去寻求新需求的解决方案。

冯·希普尔,2007);

第三个阶段,以弗里曼为代表,结合经济增长理论首次提出了国家创新系统(national innovation system),熊彼特的创新思想与德国著名经济学家弗里德里希·李斯特(Freidrich Liszt)的"国家体系"思想[①]是该理论的两块重要的思想基石(柳卸林,1999),从此开启了从系统角度研究技术创新问题的序幕,相比新古典经济学与熊彼特学派,使得创新研究又向前迈进了一大步,产学协同创新的研究也逐步得到关注。

对产学协同创新的研究,首先是要突破传统的企业组织创新框架,从系统角度研究创新问题,其次是随着社会经济发展对大学内涵与功能的要求,使得大学组织也在不断发生跃迁。因此产学协同创新理论源起与发展主要依托于两条主线:一个是创新系统的深化研究,另一个是大学使命的演化发展。接下来围绕这两条主线,继续探讨产学协同创新理论的发展脉络。

创新系统与产学协同创新

国家创新系统(national innovation system,NIS)关注创新系统中的不同组织之间的交互作用,可以视为大学与产业协同创新理论研究的开端,接下来从三大创新系统理论的研究视角,即国家创新系统、区域创新系统、产业创新系统,来探索梳理产学协同创新研究的演化阶段。

第一,国家创新系统与产学协同创新研究。

国家创新系统理论提出后,诸多学者开始从系统角度研究创新问题,在弗里曼基础上,Lundvall Bengt-Ake、Richard Nelson、Patel、Pavitt、Michael Porter 等进一步对国家创新系统理论开展了相关研究(陈劲,2000),弗里曼和纳尔逊认为国家创新系统是一组制度安排和设计,影响着系统中的不同主体间的相互作用,决定了该系统的运行效率。OECD 从知识经济发展的角度,提出了系统内的知识流动,以此构建了基于知识流动的国家创新系统结构(见图10)。

国内这方面的代表学者有:路甬祥,1998;陈劲,1999;柳卸林,1999;胡志坚,金吾伦,2000;等等。在这个阶段,大学、科研院所、政府、中介组织与企业之间的交互作用的研究开始增多,产学协同创新的研究以产学合作研发的组织模式以及如何通过产学合作提升企业技术能力、加快知识流动作为研究焦点,这是产学协同创新理论发展的萌芽时期。这个时期,国内学者基于国家创新系统理论基

---

① 弗里德里希·李斯特(Freidrich Liszt)在其 1841 年发表的《政治经济学的国家体系》一书中提出了"国家体系"这一概念,分析了"国家专有因素"如何对国家的经济发展绩效以及对后进国家的技术政策选择等问题产生影响。

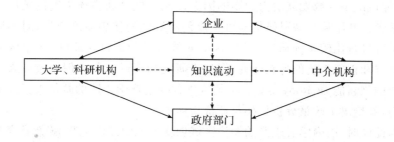

图 10　OECD 于 1996 年提出的基于知识流动的国家创新系统结构

资料来源:刘力.产学研合作的历史考察及本质探讨[J].浙江大学学报(人文社会科学版),2002,
109-116.

础,就产学合作的国际案例比较研究、跨组织合作等视角开展了相关研究,以研发合作、人才联合培养为主要问题,提出了产学合作的相关政策建议(黄新昌,1990;廖宗明,1994;许庆瑞,郭斌,陈劲,1996;张进江,李云峰,1996)。

　　第二,区域创新系统与产学协同创新研究。

　　区域创新系统研究的兴起,源于当时非常重要的案例背景,即美国硅谷和美国波士顿 128 公路,这使得对创新系统中的大学、企业这两类组织的交互作用理论研究进一步深化。英国卡迪夫大学的库克(Philip Cooke)结合区域经济学与国家创新系统理论于 1994 年首先提出了区域创新系统(regional innovation system,RIS)的概念,他将区域创新体系定义为一定地理空间上相互分工与关联的企业、大学、科研机构等构成的组织体系,通过这些组织间的交互作用(interactive innovation)、系统性学习能够提高区域创新能力(Cooke et al.,1997)。随后国外学者阿希姆(Asheim,Isaksen,1997)、魏格(Wiig,Wood,1997)、卡西奥拉托(Cassiolato,Lastres,1999)等从不同角度也对该理论进行了论述。国内对该理论概念具有代表性的研究是冯之浚主编的《国家创新系统的理论与政策》、胡志坚和苏靖执笔的《关于区域创新系统研究》,以及学者周亚庆(周亚庆,张方华,2001)和潘德均(潘德均,2001)等的相关研究。

　　在该阶段最著名的产学协同创新理论研究当属 Henry Etzkowitz 和 Loet Leydesdorff 两人于 1995 年所著的《大学和全球知识经济:大学-产业-政府关系的三螺旋》,在三螺旋模型中大学、产业和政府都可以作为创新主体,也可以作为创新要素的提供者,在不同的区域、不同历史阶段,三者对创新的推动能力有强有弱(王向华,2012)。由于区域创新系统划定了特定的地理边界,因此国外学者对该问题开展较多的实证比较研究,这也成为当时非常流行的研究范式。例如 Saxenian(1996)比较研究了美国硅谷与波士顿 128 公路两个区域的创新优势;Sternberg(2000)通过对欧洲的斯德哥尔摩、巴塞罗那等 11 个区域创新系统的调研,探讨决定区域发展潜力的影响因素以及不同创新主体之间的关联性。国外的学者也开始从公共科研机构对企业创新活动的作用角度出发,对不同城市区域系统进行比较实证研究。如 Asheim 等(2003)通过对北欧 13 个区域中小企业集群和创新系统的比较研究,聚焦于研究如何通过区域创新政策来提升中小企业的创新能力;Looy 等(2003)研究如何通过产学协同的政策来提升区域创新能力,并给出了政策分析框架与评价指标。

与此同时,国内学者也开始关注区域创新系统的知识生产、传播及商业化过程,并提出高校是技术创新的铺路石,应提供知识、技术、人才等创新资源(黄鲁成,2000)。丁焕峰(2001)指出系统中各主体交互作用构成创新网络,在创新能力构建上,战略创新是前提、技术创新是核心、制度创新是基础、营销创新是内容。此后,国内学者继而对区域创新能力、绩效评价体系、主体间的互动模式、系统的运行机理、系统内的知识转移等相关问题开展了相关研究(顾新,2001;柳卸林,胡志坚,2002;刘顺忠,官建成,2002;彭灿,2003;范旭,方一兵,2004;陈广胜,许小忠,徐燕椿,2006)。自此,"官产学合作""政产学合作""产学研合作"等成为学术界研究的热门名词,也从刚开始的关注大学教育对产业的贡献角度,将研究焦点转变为大学的科学研究与企业的互动以及产学合作对创新的贡献。

第三,产业创新系统与产学协同创新研究。

20 世纪 90 年代,Malerba 和 Breschi 在国家创新系统理论基础上,结合演化理论和学习理论提出产业创新系统(sector innovation system,SIS)的概念(Breschi,Malerba,1997;Malerba,2002),认为该系统由知识与技术、参与行为者与网络、制度等三个模块组成(Malerba,2005)。Melerba 对产业创新系统中行为主体(actor)的两个假设前提非常重要,这对今后研究产学协同创新具有非常重要的启示意义。Malerba(2005)认为创新系统中的行为主体特征存在两个基本前提:

第一,系统中的行为主体是异质的,即这些行为主体的历史、信念、目标、期望和能力各不相同,造成这种异质性的原因是由于各个行为主体长期学习和知识积累。

第二,所有行为主体是有限理性,在追求自身利益和效用最大化的同时,由于环境动荡性造成的高度不确定性以及信息的不对称,行为主体很难在静态分析中做出最优决策。

产业创新系统的提出,进一步推动了产学协同创新理论研究的发展,并提出了"产学技术联盟"的概念,通过研究技术联盟的构建与运作机制,论证了产学技术联盟合作创新系统对发展产业共性技术、提升技术创新能力有非常重要的现实意义,还提出了产业与学科协同发展的开放合作模式(陈培樗,屠梅曾,2007;

陈宝明,2007;陈劲,张学文,2008)。张万宽(2008)结合交易成本理论,从资源观角度分析了产学技术联盟的绩效;张睿和于渤(2008)结合知识转移过程理论,从知识管理的视角提出了产学技术联盟知识转移的影响因素;陈劲(2008)通过西门子与德国慕尼黑大学、亚琛工业大学的产学合作模式分析,提出了知识与资本互动的产学战略联盟新模式。

大学使命与产学协同创新

大学自创立至今,其使命也跟随着组织内生性需求以及来自社会经济发展的外部需求而不断演化发展。目前,通常认为大学使命具备三项内涵,即教学、科研、社会服务。本书简单从大学使命的内涵演化发展,从另一个视角来探讨产学协同创新研究的源起与发展。

在第一次工业革命之前,大学使命单纯强调"教学",产学协同创新的理论与实践都尚在酝酿中。 欧洲是公司组织形式的发源地,也是大学的诞生地,但从11世纪初一直到19世纪初这漫长岁月中,大学一直被认为是提供博雅教育(Liberal Education)的机构。牛津大学特别研究员纽曼(John Henry Newman)认为大学在于"传授"知识,而不是"发展"知识。受到这种思想影响,那个时期英国大学的很多管理者认为,大学不是为了某种特定的职业或专业而存在,而是为了造就社会的绅士,使其具有高雅的品位、和谐的心灵、开化的心智、优雅的举止(夏清华,2013)。当时的大学,其使命与其说是传授"知识"不如说是传授"文化"更为贴切,大学与产业的合作还存在鸿沟。

"教学与科研相结合"的现代大学制度,揭开了产学协同创新实践的序幕。 尽管纽曼对于自由教育的捍卫至今仍具有深远意义,但随着第一次工业革命使得科学知识对经济增长的贡献度显著提升,已经不可阻挡地推动着大学顺应社会经济发展需要进行变革,欧洲出现了一批新大学和技术学院。威廉·冯·洪堡以普鲁士内政部教育司司长的身份全力支持建立了第一所现代大学——柏林大学,并提出了大学的三项原则,即"大学自治、学术自由、教育与科研相结合"。被赋予了科学技术研究的功能后,大学作为知识创造、知识传播的组织,与产业的联结越来越紧密,但关于产学协同创新的理论研究尚鲜有见闻。

"社会服务"的大学使命,推动产学协同创新理论与实践的快速发展。 1862年通过的《莫里尔赠地法》(Morrill Land Grant Act)赋予美国高等学校一项新的使命——社会服务,使得大学承担起满足农业机械化、制造工业化发展需求的现实责任。第二次科技革命和第三次科技革命如同催化剂,使得产业与大学发生着剧烈化学反应,随着研究型大学、综合型大学的概念出现,大学与产业的联结已非常紧密。尤其在20世纪下半叶,大学逐渐成为促进社会经济发展的原动力,涌现出很多研究型大学和综合型大学利用科技成果进行转化、孵化、创建企业的现象(亨利·埃茨科威兹,2007)。具备"社会服务"功能的大学,除了"科研"所赋予的"创造"(即知识创造)内涵外,逐步被赋予"创新"的时代含义。对知识商业化应用的实践,使得产学协同创新的研究从大学与产业的人才培养合作、技术研发合作,发展到产业创新、企业技术创新等创新领域。

我国大学自创办之日起即承担着实业报国的社会责任与历史使命,第一所大学就是由著名的实业家盛宣怀所设立。但由于大学建设基础薄弱,加之后来对基础研究功能的过分关注,产学协同创新实践只是在国外大学的案例实践以及理论研究的启示下缓慢发展,产学协同创新的理论研究始终滞后于欧美以及日本学者。1992年原国家教委、原国家经贸委和中科院等部门组织实施的"产学研联合开发工程"被视为我国产学研合作的起点,为产学协同创新的理论研究与实践探索打造了良好开端。随着国内现代大学制度与功能的日趋完善,以及市场经济体制的建立,社会经济发展对产学协同创新的需求不断提升。

"社会服务"使命的衍生内涵,启发产学协同创新研究的新方向。继"创造""创新"进一步丰富大学使命的内涵后,也有学者认为,斯坦福大学、麻省理工学院以"硅谷模式"对地区及产业的贡献,使得大学社会服务的使命具有新的衍生含义——创业。Etzkowitz(2004)认为将教学、基础研究和产业创新结合在一起的斯坦福、MIT模式,正在推动大学走向"创业范式",即创业型大学(entrepreneurial university)。社会对创业问题的关注,使得产学协同创新理论研究又有了新的发展趋势。在现实问题的情境推动下,越来越需要解剖产学协同创新机理,了解如何通过产学协同创新来提升创新创业能力,这对深化创新理论研究和指导我国的创新实践都具有非常重要及深远的意义。

第三节　产学协同创新的机理

国内外研究中,对大学与产业的合作动机主要归结为:政府政策的导向安排,大学发展需要获取来自产业界的资源,大学知识成果具有较高的外溢性和扩散性,企业创新过程中高度依赖大学积累的研究成果、研发设备、人力资本,大学和企业拥有的创新资源具有很强的互补性等等(Mansfield,1998;Senker,1998;Cohen,Nelson,Walsh,2002;鲁若愚,2002)。以交易成本的经济学理论解释,大学与产业的合作的动机是提高各自组织资源的资产回报率,降低组织间资源交易成本,以及提升组织运行的效率(Oliver,1990;Pisano,1991;Sobrero,Roberts,2002)。总的来说,产学协同创新的动机是大学与企业具有互补性优势的异质性资源,基于组织自身发展需要,获取有利于目标实现的创新资源。值得强调的是,国内的大学与国外大学存在较大的主体性差异,即国内大学受到政府政策的影响很大,大学发展目标从一定程度上反映了政府意志。

早期对产学协同创新的研究从现实问题着手,对产学协同创新的问题根源、运作模式、政策建议等研究较多,且大多从研发的视角切入,这也是国外较多的理论文献发表于 *Research Policy*、*R&D Management* 等期刊上的原因。随着研究深入,国内外学者开始将研究焦点转到对产学协同创新机理的剖析,研究产学协同的组织结构、内在运作机制与影响因素,并结合资源观、交易成本、知识管理、开放式创新、三螺旋理论等理论对该领域进行了研究。

从资源观来分析产学协同创新的机理,主要是基于大学和企业所掌握的创新资源的"异质性"。Oliver(1997)提出企业在获取和配置资源的异质性决定了其获得高额经济回报的可能性,这种战略和结构上的相对持续差异性,可能产生持续的竞争优势。反之,对于大学亦是如此。由于信息的不完全、要素的不完全,在获取、模仿、替代关键资源方面就存在障碍,这些障碍提高了竞争门槛(Amit,Schoemaker,1993;Barney,2001)。魏江(1999)从可持续竞争优势的角度分析了企业获取难以模仿的资源的重要性;鲁若愚(2002)指出大学和企业拥有的资源具有很强的互补性或相互依赖性,产学合作最能体现要素的互补优势、规模优势、重组优势。余雅风和郑晓齐(2002)指出促成大学和企业合作的资源应具有四种特征,即能够为合作双方创造效益、资源差异性、不易模仿和替代、不完全流动等等。

从交易成本理论来分析产学协同创新的机理,核心观点是产学合作的交易成本是产学合作模式选择与决策的决定因素。Gooroochurn 和 Hanley(2007)通过8000多家英国企业的数据分析,指出交易成本和产权是企业利用外部资源创新的两大驱动因素,交易的主导结构决定了交易总成本,交易成本的最小化原则又指导了交易行为的管理方式。King(2007)用交易成本理论分析了不同性质的组织间合作的合作架构及协同机理;Kim(2007)的研究发现,相关利益主体的行为方式直接或者间接地影响着跨组织合作的交易成本。苏敬勤(1999)根据交易成本的概念提出了产学合作组织模式的内部化、外部化、半内部化三种模式,并在不同条件下分析了三种模式的交易成本高低,同时探讨了政府介入有助于促成内部化的措施;杨怀珍(2002)指出产学协同创新中的交易成本主要涉及沟通成本、谈判成本与履约成本,通过研究发现建立战略联盟和信任关系是降低交易成本的最有效途径;顾佳峰(2008)以北京大学为例,通过环境不确定性、资产专属性、结果可衡量性等三个方面来测量交易成本及其对产学合作科层管理机制的影响。王晟和陈松(2008)的研究则通过交易成本和专业化分工,对国家创新体系进行了很好的经济分析(见图11),包含大学和企业等相关主体的国家创新体系,通过系统内部调整来降低专业化分工带来的交易成本,这也正是产学协同创新的根本动机所在。

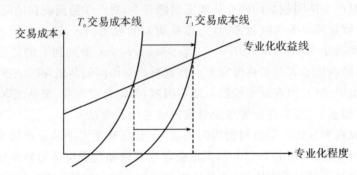

图 11　国家创新体系的内部协同导致的交易成本曲线变化

资料来源:王晟,陈松.专业化与交易成本:国家创新体系的经济分析[J].科学学研究,2008(1):210-214.

基于知识管理的产学协同创新机理研究在相当一定时期占据了主流,这源于大学是知识生产和传播的重要机构,以及知识经济的快速发展。Carayannis(1994)较早提出了跨组织合作过程中知识共享机制,这其中还包括了与学习过程/学习社区、社会资本的互动关系,强调了跨组织知识生产需要各成员共同创造一个共享的社会情境。从企业创新活动研究发现,企业竞争优势的获得,在很大程度上也是来源于企业对于知识的创造、扩散和运用能力(Drucker,1999)。

随着产学协同创新研究的深入,国内外学者将研究重点放在产学协同过程中的知识转移、生产和商业化过程,Carayannis 等(2000)认为产学合作的重点在于灵活的跨组织知识界面的设计,以此来确保最大程度的知识共享(见图12)。Koschatzky(2002)通过对斯洛文尼亚的产学合作实证研究,提出大学与企业的技术转移本质上是一种知识转移,并且这种知识转移往往发生在大的研究机构与大的企业之间,而小企业几乎没有开展产学合作的实践。Doutriaux(2003)通过研究产学合作知识对加拿大 11 个产业集群的影响,指出高校在产业集群发展中起着重要的催化剂作用。一些国外学者对产学协同过程中知识转移的相关文献做了系统研究,指出出版物、专利、咨询是知识转移最主要的三种渠道(Agrawal,2001),还有一些国外学者对产学协同过程中知识转移的特征、影响因素等进行了研究,从专利分析中寻找产学合作中知识转移的规律,研究如何通过提升产学协同的绩效来加快大学知识的商业化,以及为大学与企业之间如何提高知识转移的绩效进行了政策方面的研究(Siegel et al.,2003;Kremic,2003;

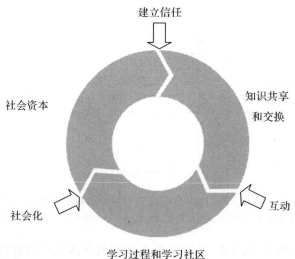

图 12 跨组织合作中知识共享、学习和社会资本的关系

资料来源：Carayannis E. The strategic management of technological learning：transnational decision making frameworks and their empirical effectiveness [D]. Troy, NY：School of Management, Rensselaer Polytechnic Institute, 1994.

Leydesdorff, 2004；Arvanitis, Kubli, Woerter, 2008）

　　用中国知网（www.cnki.net）的文献分析工具对国内学者在产学协同创新与知识管理理论相结合的研究文献进行了分析，用"知识"和"产学"两个关键词搜索并筛选了 33 篇相关文献，发现研究文献离散程度较高（文献互引率较低），没有形成系统的研究范式。一些国内学者对产学协同过程中知识转移的机理、影响因素、绩效评价等相关问题进行了研究（张力，聂鸣，2010；杨洪涛，吴想，2012；郭朝晖，李永周，2013）；杨秀芬（2010）将知识创造作为创新协同创新机理中的中介变量，提出组织学习、社会资本对产学协同创新过程中的知识创造（包括知识分享、知识应用两个维度）产生影响，从而影响创新绩效；陈劲和阳银娟（2012）提出协同创新是以知识增值为核心的价值创造过程，企业和大学都是该过程的参与主体，知识增值的过程可以为相关主体构建一致性的利益目标框架，从而实现协同创新的战略（见图 13）；还有一些学者以产学协同创新机理为研究主题，结合知识管理理论研究了产学知识联盟对创新能力的提升机制、产学关系对知识转移的嵌入作用机制、产学联盟内企业成长机制、知识耦合与产学合作的内在机理、产学合作的组织边界与实现路径、产学合作的知识创造机理等（陈士俊，柳洲，2007；吴玉鸣，2009；姚威，2009；张学文，2010；文小科，2010；李世超，苏竣,蔺楠,2011)。

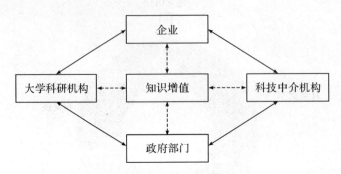

图 13　知识增值为核心的协同创新系统结构

资料来源:陈劲,阳银娟.协同创新的理论基础与内涵[J].科学学研究,2012(2):161-164.

三螺旋理论将大学、企业、政府都作为国家创新体系中的创新主体,强调了大学与产业紧密联系的重要性以及两者间交互作用的增强。在 Gibbons 提出的"模式二"中,增强了大学与企业的联系程度及提出了联系的多元化模式,这体现了知识的规模与多样性增加的重要性,所以在生物医学等这些特定领域中产学交互作用显得更为明显(Gibbons et al.,1994)。Etzkowitz 和 Leytesdorff (1997)提出的"三螺旋"(triple helix)强调了在工业化国家的创新系统内大学与企业的交互作用增加,大学、企业与政府具有平等的创新主体地位,在不同阶段发挥的作用强度不同。并且,Etzkowitz(1998)进一步指出除了交互作用增强,大学与产业的责任也发生重叠,如大学承担了企业家营销知识开发和创建企业的任务,企业开始承担大学的学术研究功能。周春彦和亨利·埃茨科维兹(2008)基于非线性网状创新模型提出了"三螺旋循环"的理论概念,认为产学协同创新是以人员流动、信息流动、产品流动为特征的,并揭示了大学、企业以及与政府之间相互作用和运行机制(见图 14)。王向华(2012)提出在"三螺旋"结构中,大学、企业、政府的创新目标是一致的,从而产生混合型组织和制度,如大学衍生公司、公司间的技术联盟、政府实验室等。也有学者认为三螺旋理论对于大学更"产业化"作用的强调可能是正确的,但这些框架缺乏一套清晰的、能够评定产学之间联结强度的准则以及数据收集的指标,对实证研究的指导价值还非常有限(法格博格,莫利,纳尔逊,2008,P213)。

开放式创新理论的提出,进一步丰富了如何通过产学协同提高企业技术创新绩效的相关研究。Chesbrough(2003)认为企业在创新过程中利用内部与外部资源具有同等重要的地位,企业应平衡内外部资源进行创新活动。基于开放式创新机理,很多文献开始关注企业如何与大学建立关系,利用大学这一最重要

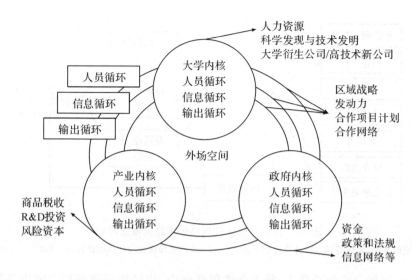

图 14　产学协同创新机理(横向的三螺旋循环)

资料来源:周春彦,亨利·埃茨科维兹.三螺旋创新模式的理论探讨[J].东北大学学报(社会科学版),2008,10(4):300-304.

的外部创新源开展协同创新。

　　Cohen 等(2002)通过对企业研发主管的调查,分析了与企业创新有关的大学外部创新渠道,这些渠道包括专利、非正式信息交流、出版物、公开会议、雇员交流、联合研发、咨询等;Schartinger 等(2002)从知识资源的内外部协同视角出发,提出了四种产学知识交互的模式,即联合研发、合同研发、人员交流、培训;Cooke(2005)从区域创新体系的视角,研究发现开放式创新模式对大学和企业所在区域的知识转移与聚集具有促进作用;Perkmann 和 Walsh(2007)提出在开放式创新下,大学与产业的跨组织合作在创新过程中起到了非常重要的作用,并从大量的文献与实证中分析了大学与产业关系的类型,指出开放式创新条件下产学协同创新研究可以重点关注大学与产业如何建立和管理协同关系;Chesbrough 等(2008)提出大学和产业的开放式创新可以遵循如下研究路径:首先是两个组织间的信息与资源搜索和匹配过程,然后是大学与产业协同关系的组织与管理。

　　开放式创新条件下,大学是企业可利用的重要外部创新源,国内学者从创新要素对创新绩效的影响、整合与相互作用的过程等对产学协同创新机理进行了研究(见图 15)。朱朝晖(2007)研究了开放式创新环境下,企业利用大学等外部资源的技术学习机理,指出探索性技术学习与挖掘性技术学习应平衡协同。叶伟巍(2009)认为主导设计是产学协同创新成功的分水岭,从创新能力的研究角

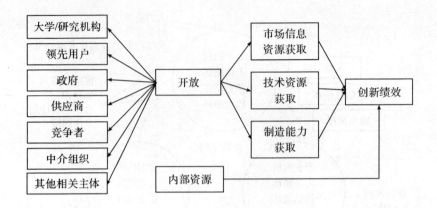

图 15　开放式创新机理与作用路径概念模型

资料来源:陈钰芬,陈劲.开放式创新促进创新绩效的机理研究[J].科研管理,2009,30(4):1-9.

度提出,市场合作创新能力、技术合作创新能力、协同把握创新机会能力是评价产学协同创新能力的三大指标。秦玉萍(2011)对日本官产学合作案例进行了研究,指出"产"向"学"的知识与人才流动同样重要,应构建双向型的产学开放创新模型(西村由希子,2011);该研究认为在产学合作的多元化模式下,知识产权的管理处于核心地位。殷辉等(2012)运用演化博弈的方法分析了开放式创新条件下产学合作策略选择的影响因素,这些因素包括战略、组织规模、吸收能力、研发强度、组织架构、文化和信任等;指出产学合作双方不断地根据对方的行为选择调整各自的策略,是持续动态演化的过程。

综合上述视角研究产学协同创新,还存在一定的局限性,主要表现在:结合资源观对产学协同创新机理的研究,强调了大学与产业异质性资源的整合对创新能力提升的重要性,但没有进一步深化对大学与产业资源联结机理的研究;交易成本理论更加偏重于从经济学视角研究大学与产业合作的组织结构,对该结构内的运行机制研究很少;结合知识管理对产学协同创新的研究逐步揭开了大学与产业的协同机理,但还是简单以"研究型大学"的主体地位去联结产业,忽视了其他要素对产学协同创新的重要作用;"三螺旋"的提出是基于国家和区域创新系统,该理论强调了大学与产业联结对创新的重要作用,但理论框架本身对深化产学协同创新机理研究还缺乏理论贡献,一些国内外学者仅将其视为未来重要的研究方向。

开放式创新视角下的产学协同创新深化和丰富了"知识"视角下的理论研究,但过分偏向于以企业为研究主体,从研究结论及政策建议方面都对"大学"这一研究对象弱化了很多。Chesbrough,Perkmann 和 Walsh 等人的观点更加强调,国内外学者应该关注开放式创新条件下产学协同前的搜索与匹配过程、产学协同关系管理,这是非常值得进行理论探索的领域,可以作为今后开放式创新和产学协同创新的研究重点。

第四节 产学协同创新绩效的影响因素

Bonaccorsi 和 Piccaluga(1994)结合技术创新理论和组织合作理论,从合作结构和合作过程两个维度提出了一个评价产学合作绩效的模型(见图 16),该模型指出影响产学合作绩效的影响因素主要包括企业的合作动机、知识转移的过程;知识转移过程影响了合作结构与合作过程,合作结构与合作过程及两者之间的协同又影响了合作绩效。Bruneel 等(2010)认为影响产学协同创新绩效的障碍因素主要是导向障碍和交易障碍,即大学和产业有不同的目标导向,并且在合作的利益机制上存在分歧。Barnes 等(2002)通过对英国华威制造集团(Warwick Manufacturing Group)多个产学协同研发项目案例实证研究,指出合作伙伴选择、项目管理、合作机制的公平性、文化差异是影响产学协同研发绩效的最

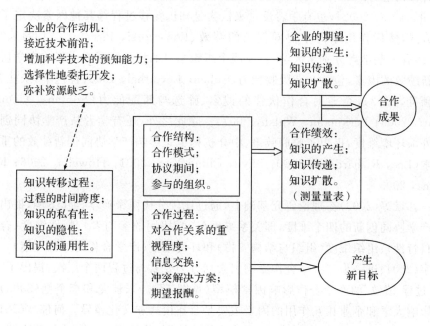

图 16 大学-产业合作绩效评价理论模型

资料来源:朱桂龙,李奎艳.大学-企业合作创新绩效影响因素分析[J].科技管理研究,2008,4:90-91.

重要因素。也有一些学者对此持不同意见,Lee 通过对美国 115 所大学的 986 名教师调查发现,大学崇尚学术自由的文化氛围并不影响其对企业合作的追求 (刘力,2002);López-Martínez 等(1994)的研究也印证了这一点,该研究通过对墨西哥产学协同案例分析,指出如果存在良好的沟通方式,大学与产业组织间的文化差异并不会影响合作绩效。

结合组织间关系理论(inter-organizational relationship),一些学者也指出大学与企业间的关系紧密度以及信任关系,决定了产学协同创新的绩效,关系越紧密、信任感越强、价值观趋同,产学协同创新绩效也就越高(Geisler,1995;Davenport,Davies,Grimes,1999;Santoro,Chakrabarti,2002)。如同 Bonaccorsi 和 Piccaluga(1994)研究中提出的,有些学者认为产学合作中知识管理是核心,合作双方的知识结构、知识特性、知识转移的方式会影响产学协同创新的绩效(Carayannis,Alexander,Ioannidis,2000;Koschatzky,2002;Cummings,Teng,2003)。一些学者支持产学合作方式间接影响了产学协同创新绩效的观点,因为产学合作方式决定了知识转移的效率、利益分配机制等问题,并且良好的合作沟通方式也有益于提高产学组织间合作效率(Santoro,2000;Koskinen,Vanharanta,2002),也有学者反过来认为是知识转移过程等其他因素决定了合作方式,然后作用于产学协同创新的绩效(Bonaccorsi,Piccaluga,1994)。同时,还有一些学者分别从大学、企业两个组织本身的特性维度提出影响产学协同创新绩效的因素,包括企业吸收能力(Cohen,Levinthal,1990;曹达华,朱桂龙,邓颖翔,2013),企业对合作伙伴的搜索、筛选与匹配能力(Fontana,Geuna,Matt,2006;Perkmann,Walsh,2007)。除此之外,还有学者从产学协同创新的外部环境维度,提出了政府政策、中介机构也是影响产学协同创新绩效的重要因素(Lee,Richardson,1990;Shyu,Chiu,Yuo,2001;Howells,2006;Kodama,2008)。

郭斌等(2003)在理论研究基础上,通过比较分析两个产学合作案例,提出影响产学协同创新的四个维度,即关系维度(产学协同的参与者)、特性维度(合作项目特性)、组织维度(组织与结构安排)和环境维度(产学合作的外部环境)。谢志宇(2004)进一步将产学合作影响因素划分为要素与过程两个层次,提出了"要素-过程-绩效"的产学合作影响因素模型(见图17)。朱桂龙和李奎艳(2008)认为影响大学和企业相互作用的因素主要是合作模式和文化差异。何郁冰(2012)将影响产学协同创新绩效的因素划分为战略协同(价值观/文化、信任和交流、风险与利益观念)、组织协同(结构与过程、协调机制、组织网络化)、知识协同(隐形/显性知识、组织间学习、知识界面)等三个方面。

根据相关文献整理,影响产学协同创新绩效的因素大致可以划分为战略维

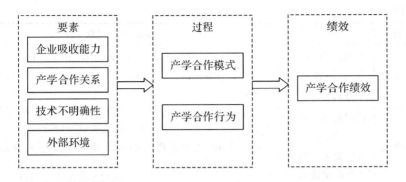

图 17　产学合作绩效影响因素的概念模型

资料来源:谢志宇.产学合作绩效影响因素研究[D].浙江大学,2004.

度、结构维度、知识维度、组织维度和环境维度等五个方面(见表 10)。第一,战略维度,即大学和企业组织的价值观、文化、战略,包括导向目标和合作动机;第二,结构维度,包括产学合作方式的设计、制度的安排,产学合作的模式从一定程度上也体现了大学与企业之间的紧密度和信任关系,这也是影响产学协同创新绩效的重要因素之一;第三,知识维度,包括产学合作所处知识领域的结构、特征,以及知识转移的过程与方式;第四,组织维度,该维度体现了合作主体的组织特性,如大学的科技开发能力、企业的吸收能力、产学合作关系的管理能力等,这些因素对产学协同创新绩效起到显著的调节作用;第五,环境维度,这些外部环境因素包括产学合作的政府政策、社会文化,还包括了影响产学合作绩效的其他参与主体的行为,如金融机构、科技中介、人才中介等。

表 10　产学协同创新绩效的影响因素研究

维度	影响因素	主要研究文献
战略维度	目标导向、价值观、文化	López-Martínez et al. (1994);Barnes et al. (2002);刘力(2002);朱桂龙,李奎艳(2008);Bruneel et al. (2010);何郁冰(2012)
	产学合作动机	Bonaccorsi 和 Piccaluga(1994)
结构维度	产学合作方式与制度安排	Bonaccorsi & Piccaluga(1994);Santoro(2000);Koskinen & Vanharanta(2002);谢志宇(2004);朱桂龙,李奎艳(2008);何郁冰(2012)
	关系紧密度及信任关系	Geisler(1995);Davenport,Davies,Grimes,1999;Santoro & Chakrabarti(2002);郭斌等(2003);何郁冰(2012)

续表

维度	影响因素	主要研究文献
知识维度	知识结构、知识特性、知识转移过程及方式	Carayannis，Alexander，Ioannidis，2000；Koschatzky（2002）；Cummings & Teng（2003）；郭斌等（2003）；何郁冰（2012）
组织维度	组织特性（企业吸收能力，大学科技开发能力，搜索、筛选与匹配能力等）	Cohen & Levinthal（1990）；谢志宇（2004）；Fontana，Geuna，Matt，2006；Perkmann & Walsh（2007）；曹达华，朱桂龙，邓颖翔（2013）
环境维度	外部环境（政府政策、中介机构）	Lee & Richardson（1990）；Shyu，Chiu，You，2001；郭斌等（2003）；谢志宇（2004）；Howells（2006）；Kodama（2008）

资料来源：根据相关文献整理。

第三章 产学合作的重要变量

第一节 产学合作的中介变量——智力资本

智力资本的定义

美国学者加尔布雷思(Galbrainth)首次提出智力资本的概念，他指出智力资本不仅仅是纯知识形态的静态资本，还包括有效利用知识的动态资本，是一种与组织目标密切相关的动态的知识性活动(Feiwel,1975)。智力资本概念的提出，将智力的概念从个体层面拓展到组织层面，用于描述支撑组织发展、提升组织能力的无形资产。此后，很多研究者对智力资本的概念进行了界定，从不同纬度提出了对智力资本不同的概念定义(见表11)。

智力资本与知识的联结非常紧密，有的研究者可能也会混淆这两者概念，Dosi、Malerba、Orsenigo 等人从技术创新角度研究了知识的性质，提出可接近性(accessibility)、专有性(proprietary)和积累性(cumulativeness)是知识的三个最主要的性质(叶伟巍,2009)。(1)可接近性是指创新的机会，如知识转化为创新成果的难易程度，技术变化的快慢和性质等；(2)专有性是指创新保护的难易程度，专有性与知识产权制度和知识本身的性质有关，高的专有性意味着创新很难扩散；(3)积累性是指新技术对企业原有技术的影响，技术互补的积累性会加强创新企业的优势，反之如果新技术对企业原有技术是替代性或破坏性的，则企业由于"技术轨道"的"锁定"效应会影响创新绩效。

表 11　智力资本的定义

	智力资本的定义	来源
基于无形资产的定义	智力资本是"使公司得以运行的所有无形资产的总称"	Brooking(1996)
	智力资本是无形资产的结合,能提供组织附加价值,并致力达到卓越的目标,如员工的技术、经验、态度和信息等	Masoulas(1998)
	智力资本是无形资产,或因使用人的"智能"所组成的元素与"创新"所增加财富	Booth(1998);Brooking et al.(1998);Johnson(1999);Knight(1999)
基于知识的定义	智力资本是"公司成员的知识和被转化到实际应用中的知识的总和"	Roos et al.(1997)
	智力资本是企业拥有的提供市场竞争优势的知识、实用经验、组织技术、顾客关系和专业技能等的集合	Edvinsson & Malone(1997)
	组织中的知识资源,包括组织用以创造竞争优势和解决问题的策略、方法和心智模式	Bell(1997)
	知识在一定条件下转化而成的,是企业在其生产经营及其管理活动中所积累起来的最具有价值增值性的预付价值	张兆国等(2000)

资料来源:李冬琴.智力资本与企业绩效的关系研究[D].浙江大学,2004.

上述研究者对智力资本的定义,可以看出智力资本绝不应等同于组织"无形资产"的无限扩大,这样将对智力资本的研究和应用价值大大减弱。同样,Petty和 Guthrie(2000)也指出智力资本是组织所拥有的无形资产的子集。智力资本另一显著特征是"动态性"。加尔布雷思当时从知识角度提出智力资本的概念时,就已经将静态知识与动态知识相结合。智力资本是要加以利用才能提升组织能力的一类知识和资源,单纯的拥有而不加以利用是无法创造价值的。

结合前面的分析综述,本书对智力资本也给出一个定义,智力资本可以解释为:组织所拥有的或者能够管理的,可以为组织创造价值和获得可持续竞争优势的知识、能力以及资源。

智力资本的构念

智力资本作为支撑组织发展的重要的动态性无形资产,对其构念的解析也成为理论研究的重点。Stewart(1994)提出了"H-S-C"结构,即智力资本由人力资本、结构资本和顾客资本构成。Edvinsson 和 Malone(1997)将顾客资本与结构资本都归结为结构资本,把智力资本分为两个构念维度,即人力资本和结构资本(见图 18)。

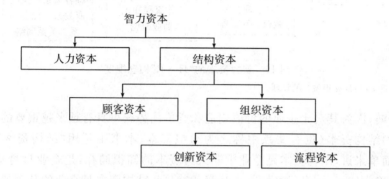

图 18 Edvinsson 和 Malone(1997)的智力资本构念

资料来源:Edvinsson L,Malone M S. Intellectual Capital:The Proven Way to Establish Your Company's Real Value by Finding Its Hidden Brainpower [M]. Piatkus, 1997.

Roos(1998)和 Johnson(1999)进一步细化发展了智力资本构念模型,虽然名称上有所差异,但智力资本的基本构念维度国内外学者还是比较一致的,逐步形成了目前应用较多的"H-S-R"三维结构,即人力资本、结构资本(组织资本)、关系资本(见图 19)。

随着对智力资本构念维度研究的逐步深化,每个构念项下的内涵也得到了厘清与较为明晰的界定(见表 12),这为今后开展智力资本相关的研究奠定了扎实的理论基础。综合国内外研究成果,对智力资本的人力资本、结构资本、关系资本三个构念维度做进一步解释说明。

(1)人力资本。本质上说,人力资本是企业人力资源所蕴含的知识与能力,作为组织的一种独特资源,是企业通过知识获得持续竞争优势的关键要素(Grant,1996)。从狭义上讲,人力资本指的是企业员工所拥有的能够为企业创造价值和竞争优势的知识、技能、经验以及价值观。战略管理领域中,对企业间组织绩效差异的其中一种解释就是企业人力资本的差异化,可见异质性人力资本是企业竞争优势的重要来源。从开放式创新的角度来解释人力资本,可以将企业能够调动的外部员工所拥有的知识、技能、经验以及价值观也归结为人力资

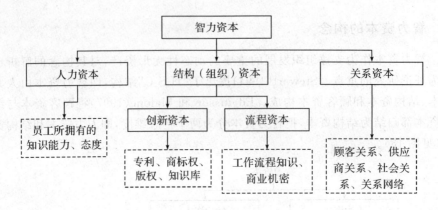

图 19 智力资本的"H-S-R"构念维度

资料来源:根据相关文献整理。

本的范畴,因为其对于企业的价值创造和竞争优势获得具有越来越重要的作用。

(2)结构资本(也有文献中称之为组织资本,本书中延用"结构资本"的称谓)。简单来讲,结构资本是企业中非人力资本的知识储存,是企业自身蕴含的结构性隐含知识(陈劲,谢洪源,朱朝晖,2004)。结构资本是企业的基础架构,直接反映企业整合各类资源、发挥系统效率的竞争能力,是企业解决问题与创造价值的整体系统与能力(杨继平,张翠翠,2011)。具体来说,结构资本是能够让组织成员将其拥有的知识和技能发挥出来的组织环境、组织机制以及知识储备,包含了企业文化、组织结构、组织学习、业务流程、信息系统、专利、品牌、知识库等等。

(3)关系资本。企业通过所拥有的社会关系网络以及更加广泛的社会关联结构,能够为企业创造价值或者获得支撑企业发展的稀缺资源,企业所拥有的这些社会联结关系就是企业的关系资本。关系资本拓展了顾客资本的概念,延伸到了整个价值链,包含市场关系、股东关系、政府关系、战略合作者关系等等(Choo,Bontis,2002)。战略合作者的含义也在逐步细化,包含了中介机构、媒体、研究机构、大学等等。尤其从技术创新角度来看,企业与大学、研究机构的关系价值是企业关系资本的关键组成部分。评估企业的关系资本,就是评估企业管理这些社会关联机构的能力,包括顾客忠诚度、股东回报率、政府评价、媒体评价、大学关联度等指标。

有观点认为智力资本源于人力资本理论,可见人力资本作为企业智力资本的核心,是企业用以创造价值和获得可持续竞争优势的关键资源,在智力资本结构中起着最基础和最主要的作用。结构资本和关系资本是实现在组织内部与组织外部提高人力资本这一关键资源配置效率的知识、能力与资源,结构资本、关系资本与人力资本之间存在相互影响关系,是市场价值实现、竞争优势获得的重要桥梁纽带。

表 12　智力资本的要素汇总

构念维度	主要要素
人力资本	员工所掌握的知识与能力;员工的态度;企业所能调动的外部人员所掌握的知识与能力
结构资本	公司文化;组织结构;企业制度;知识信息系统;专利;知识库
关系资本	客户关系;供应商关系;政府关系;大学与科研院所关系;中介机构关系;公众媒体关系

资料来源:根据相关文献整理。

有的文献中将结构资本又分为了组织资本与创新资本,在陈劲等(2004)研究中指出创新资本包括创新文化、创新机制、创新成果等三个维度。创新文化是企业文化的一部分,创新机制体现在企业制度设计中,创新成果的具体表现是专利、知识库、知识信息系统。所以,创新资本是结构资本的子集,现阶段的理论研究还没有充分证据可以将其从结构资本中清晰地分割出来,对其进行非常明确的界定。因此,将创新资本的相关要素归结到结构资本中,这样使得逻辑上更为清晰。

智力资本与企业创新绩效

随着知识经济的发展和资本市场的繁荣,智力资本越来越被视为企业发展的关键性资源,成为企业价值创造和竞争优势的源泉。Edvinsson 和 Sullivan(1996)的研究提出,企业在市场价值与账面价值上的真正差距,在于企业智力资本的差异;Brennan 和 Connell(2000)研究发现,企业智力资本的管理对企业的可持续成功运营起着至关重要的作用;郝文杰和鞠晓峰(2008)将国内的 180 家上市高科技企业作为研究样本,通过实证分析得出智力资本对企业经营绩效有显著的影响,并指出在智力资本结构中人力资本对企业经营绩效影响最为显著。

(1)人力资本与企业绩效。

智力资本的理论构念源于人力资本,所以国内外学者对人力资本与企业绩效的关系研究较为成熟,郑美群(2006)梳理了国内外学者关于人力资本与企业绩效影响关系的主要研究:Lynch 和 Black(1995)研究证明了人力资本是组织生产力的决定要素;Finkelstein 和 Hambrick(1995)研究认为,人力资本的教育经历、经验与技能等品质,特别是高层经理人员的人力资本品质特征对企业产出有直接影响;Griliches 和 Regev(1995)研究表明,劳动力质量对企业生产力存在显著影响关系,同时对企业增强回报和增加运营规模的能力也存在显著影响;姚艳虹和胡鹏(1998)通过对人力资本的形成及其对企业效益的影响分析,提出在企业经营发展中人力资本的保值远比物质资本的保值重要;黎富兵(2005)以我国上市公司为样本,结合理论分析和实证研究,对企业人力资本存量与企业绩效的关系、企业人力资本流动与企业绩效变动的关系进行了研究。

很多研究已经表明人力资本与企业绩效之间存在着显著影响,不过一些研究结论在人力资本对企业绩效产生的是直接影响还是间接影响这一问题上存在分歧,如有一些研究证明人力资本是通过结构资本、关系资本或者其他一些中介变量对企业绩效产生间接的影响(Bontis,1998;Bontis et al.,2000),还有一些研究认为人力资本不同于结构资本、关系资本,而是直接影响企业的绩效(蒋天颖,王俊江,2009)。

(2)结构资本与企业绩效。

在组织理论中将结构资本作为一种有效的组织冗余(organizational slack),这种组织冗余能够对企业绩效产生积极影响(Pfeffer,Salancik,1978)。结构资本对企业绩效有多重影响,Bailey(1993)、Kelley(1994)、Dunlop 和 Weil(1996)等研究结合行业数据实证分析了结构资本对企业绩效产生正相关关系(李冬琴,2004)。从资源观、组织学习、企业文化等理论视角来看,企业内部这些制度、规章、惯例、文化、专利等无形资产沉淀下来,能够促进企业的产品创新与流程创新,形成了企业获得持续竞争优势的独特能力(Nelson,Winter,1982;He,Wong,2004)。邸强和唐元虎(2005)的研究显示企业的结构资本变动1%,将使得企业的资产回报率变动0.02%,结构资本与企业绩效之间存在着的显著影响关系,应该提高企业运用资源的知识与能力水平。刘海建和陈传明(2007)认为结构资本能够整合企业内外的所有资源,从而影响企业的战略选择与绩效。

(3)关系资本与企业绩效。

从联盟多层治理的研究开始,Macneil(1974)、Granovetter(1985)为代表的社会交易理论学者提出关系性因素在联盟治理中能够发挥重要的作用,这种关系契约型的治理结构安排将提高联盟的运作效率。Peng 和 Luo(2000)通过对中国企业的实证研究,指出企业管理者与其他企业以及政府官员保持良好的关系,将有利于提高企业的绩效,并提出这种关系联结会因为企业的所有权性质、行业类型、企业规模、行业增长速度的不同而存在差异。当企业与其他战略合作伙伴建立并管理良好的关系资本,关联组织间存在较高的信任,将会大大降低组织间合作的交易成本以及创新的风险,同时也能够从其他组织中获得帮助企业发展的稀缺资源(郑美群,2006;蒋天颖,王俊江,2009)。王修猛(2008)通过整理国内外研究者对关系资本与企业绩效的相关研究文献,提出关系资本能够帮助企业优化资源配置、促进知识共享与信息传播、促进技术创新、降低交易费用与创新风险，从而对企业绩效有正向的影响作用。薛卫、雷家骕和易难(2010)通过对 142 家企业调查数据的实证分析，提出关系资本和组织学习是提升研发联盟企业绩效的关键要素，契约治理和关系治理是关系资本构建的两大途径，其中关系资本与契约治理存在倒 U 型的非线性关系，与关系治理存在线性正相关关系。刘衡等(2010)利用大样本实证研究发现，关系资本不仅可以直接影响企业绩效，还通过一些关键的中介变量(组织间沟通)对企业绩效产生正向影响(见图 20)。

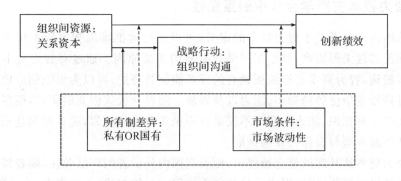

图 20　关系资本对企业绩效的作用机理理论模型

资料来源:刘衡,等.关系资本、组织间沟通和创新绩效的关系研究[J].科学学研究,2010,28(12):1912-1919.

　　由上述研究可以充分地证明智力资本对企业绩效有着显著正向影响，其中人力资本作为智力资本的核心，对企业绩效的影响最为显著(郝文杰，鞠晓峰，2008)，结构资本、关系资本对企业绩效的影响越来越成为近年来国内外学者的重要研究方向。智力资本的三个构念维度之间也存在相互的影响关系:Bontis等(2000)的实证研究指出企业的人力资本与结构资本(组织资本)存在正相关关系，即人力资本越大，结构资本也就越大;人力资本与结构资本存在相互影响关系，还体现在结构资本是人力资本与其他创新资源相结合的桥梁，人力资本促进结构资本的积累，同时结构资本为人力资本的发挥创造优良条件(Bontis et al.，2000;徐爱萍，2009);人力资本不仅可以直接影响企业的结构资本，而且还可以通过关系资本的中介作用间接影响结构资本(蒋天颖，王俊江，2009);人力资本是关系资本能够发挥作用的基础要素，关系资本通过一些中介变量对企业绩效产生积极影响(Chen，Zhu，Xie，2004)。

　　目前的研究结论关于智力资本直接影响还是间接影响企业绩效还存在分歧，一些研究指出人力资本并不直接作用于企业绩效，而是通过结构资本、关系资本对企业绩效产生正向作用(张钢，2000);有文献认为人力资本直接影响企业绩效（蒋天颖，王俊江，2009）；还有文献指出人力资本与结构资本是通过两者之间的交互作用对企业绩效产生影响（杨继平，张翠翠，2011）。但是，这并不影响智力资本对企业创新绩效存在非常显著的正向影响关系这一结论。与此同时，在知识经济快速发展和物质资本相对富裕的现实环境中，智力资本对企业绩效的作用越来越关键，不仅是企业间组织绩效差异的真实原因，更是企业提升创新绩效和获得持续竞争优势的基础要素。

智力资本在产学合作中的重要性

从国内外学者关于智力资本的定义，可以清楚地推理出智力资本作为组织发展的关键性无形资产，是组织间绩效差异的主要原因。通过对智力资本概念进一步解读，智力资本是组织所拥有的或者能够管理的，可以为组织创造价值和获得可持续竞争优势的知识、能力以及资源。随着开放式创新的研究，很多研究结论证明这种知识、能力与资源不仅来自于企业自身的积累，更重要的是来自于企业从外部环境与合作伙伴的汲取。

智力资本从其理论概念被提出，便引起国内外学者的广泛关注，随着智力资本构念的研究深化，逐步形成了目前普遍认同的三维架构：人力资本、关系资本、结构资本。已经有很多文献证明了智力资本对企业绩效产生直接的关键作用，也有研究单独从人力资本、关系资本、结构资本等智力资本的构念维度探讨了它们与企业绩效的关系，包括这三个构念维度之间的作用关系。但现有研究缺乏关注产学合作过程中对企业智力资本形成的机理研究，少量文献从组织社会资本、知识创造行为等角度探讨了智力资本形成的影响机制（Nahapiet，Ghoshal，1998；Lang，2004；张炜，王重鸣，2007；任俊义，2011）。张炜和王重鸣（2007）认为智力资本是企业的一种重要的组织知识资产，通过知识创造的过程模型分析了知识创造行为对企业智力资本形成的影响，组织知识创造行为越强烈则智力资本积累水平越高。这些研究中，最有影响和最具代表性的是 Nahapiet 和 Ghoshal（1998）的研究（见图 21）。

智力资本是产学协同创新过程中影响企业创新绩效的一个关键的中介变量。智力资本是影响组织绩效的关键性资源，但现有文献缺乏对其形成或影响机制的研究，特别缺乏产学合作过程中对企业智力资本的影响机制研究，这将成为智力资本研究的一个重要领域。同时，回顾产学协同创新的相关研究，现代大学制度的设立以及知识经济的发展，大学作为知识生产与传播机构的作用越发凸显，大量的研究已经表明大学是企业可利用的重要外部创新源。产学协同创新过程中，存在知识转移、知识创造、人才交流与培养、社会关系网络联结等行为，这些都是形成或影响企业智力资本的要素。

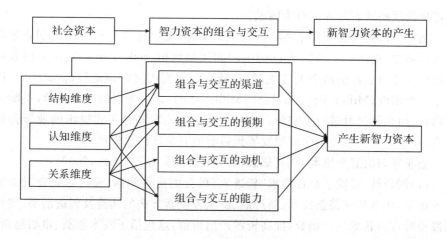

图 21 社会资本对智力资本的影响机制

资料来源：Nahapiet J, Ghoshal S. Social capital, intellectual capital, and the organizational advantage [J]. Academy of Management Review, 1998, 23(2): 242-266. (根据文献整理)。

第二节 产学合作的调节变量——创业导向

什么是创业导向

创业导向的研究最早出现在企业战略管理领域，它是一种战略选择，Covin 和 Slevin 将其定义为"战略姿态"(strategic posture)，指高层管理者愿意采用业务有关的风险、支持变革与创新、积极竞争以获取企业竞争优势，可以理解为一种总体竞争导向(Covin, Slevin, 1989; Covin, Slevin, 1990)。在随后的研究中，很多国内学者都没有将创业导向(entrepreneurship oriented)与公司创业(corporate entrepreneurship)这两个概念进行很好的区分，魏江等(2009)的研究从内涵定义、关键构念、演化路径、适用范围及测量方法等几个方面对创业领域中的这两个关键概念进行了很好的比较分析。公司创业指现有组织内部新业务的产生以及组织变革的现象和过程(Guth, Ginsberg, 1990)，是包含创新、风险和战略变革内容的一种"新进入"过程(Zahra, 1993; Lumpkin, Dess, 1996)，可以是新企业组织的创建(战略更新)，也可以是现有组织的新业务的产生(组织更新)。创业导向与公司创业的逻辑关系是内容与过程的关系，创业导向是指导致新进入的过程、实践和决策活动(Lumpkin, Dess, 1996)，反应了对新公司创建、新业务产生的战略动态过程的行为内涵。

创业导向的构念起源于 Miller 等人的研究,当时还没有正式提出创业导向的理论概念,指出产品创新(innovative)和风险承担(risk-taking)是区分创业型企业和保守型企业的两个关键维度,在随后的研究中又将前瞻性(proactive)作为第三个维度(Miller,Friesen,1982;Miller,1983)。从他们的研究开始,不断对其内涵、构念及测量进行了完善,Lumpkin 和 Dess(1996)正式提出创业导向的概念,并令其从三维度构念模型发展到目前的五维度构念模型。

创业导向的五个维度如下(郑馨,2007;梁巧转,张晶,孟瑶,2009):

(1)创新性,反映了企业追求"新进入"机会的重要倾向,通过对企业资源的系统优化,从事和支持新技术、新产品、新服务或新方法的实验及创造活动,建构熊彼特所言的新的生产函数,提高资源产出价值,这包括了技术创新、市场创新、组织创新、流程创新等内容;

(2)风险承担性,表示企业愿意对未知的风险业务上投入资源的意愿程度,也包含了对失败的包容程度;

(3)先动性(也有国内学者将其译为"前瞻性"),指公司通过对未来市场需求的预测,而提前采取行动的倾向,包括领先于竞争对手推出新产品或新服务、引进新技术等;

(4)竞争积极性,该维度有点类似于"前瞻性","前瞻性"强调的是对市场机会的预判及响应,竞争积极性指对"竞争威胁"的反应,为了改变目前的竞争位置而采用直接、激烈的竞争策略的挑战欲望;

(5)自治性,指公司内的个人或团队对于新业务机会,从构思到实现过程中能否采取独立行为的程度,自治性程度与组织规模、所有权结构、领导风格等因素相关。

在创业导向相关研究中,国内外学者较多采用三维构念模型,即创新性维度、风险承担性维度和先动性维度,用这三个构念维度来研究创业导向与其他变量的相互影响关系。Covin 和 Slevin(1989)认为创业导向的几个维度之间存在内在关联性,且共同发生变化;然而 Lumpkin 和 Dess(1996)提出了截然相反的观点,他们认为这几个维度之间是可以独立发生变化的,亦或者说这些维度在不同情境下会有不同的表现。

大学的创业导向——创业型大学

创业导向是战略管理理论中用来描述企业组织特征的概念,体现在大学这一组织结构上,可以与"创业型大学"的概念密切相关。随着知识经济发展,社会对于大学有新的功能的需要以及大学自身发展的内因的促动,产生了"创业型大学"这一现象,但目前还没有对该概念进行很好的定义,有学者对其内涵和特征进行了分析(见图22)。埃茨科威兹(2007)认为将基础研究、教学与产业创新结合在一起的MIT模式就是"创业型大学",它是大学知识资本化的具体表现,即利用大学的知识成果进行转化、孵化、催生、新办新产业(夏清华,2013);国内学者王雁(2005)也将其定义为具有企业家精神的研究型大学。

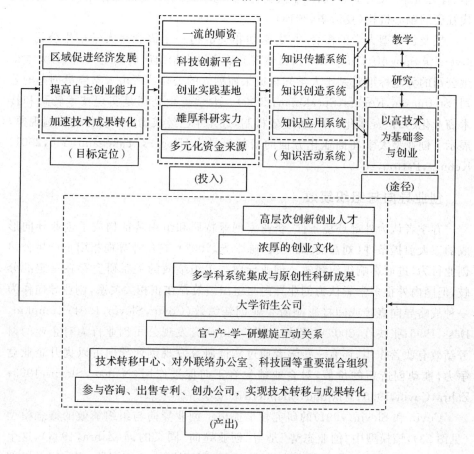

图 22　创业型大学的内涵及特征

资料来源:彭绪梅.创业型大学的兴起与发展研究[D].大连理工大学,2008.

创业型大学应具备四个特征:知识资本化、相互依存、相互独立、自我适应(冒澄,2008),这使得企业与大学的边界变得更加模糊,职能出现交叉。埃茨科威兹(2005)在阐述创业型大学时,同时提出了五个标准:拥有研究团队;有商业潜力的研究基础;具有将知识成果转移的组织机制;有组建公司的能力;具有学术要素与商业要素相结合的新型组织模式,如校企联合研究中心。

创业型大学对经济增长的作用通过如下几个方面表现出来:第一,知识空间,即为高新技术企业的孵化提供知识资源;第二,共识空间,在与政府和产业的合作中产生理念与战略;第三,创新空间,创造新的组织形式,核心是建立、吸引公共和私人风险资本(亨利·埃茨科威兹,2009)。创业型大学通过产出社会资本、智力资本、人力资本,加大了其在促进经济发展中的基础性作用,正在成为现代社会的轴心机构(夏清华,2013)。

提及创业型大学的概念,与之密切相关的另一个概念是大学衍生公司(University Spin-off Companies),虽然现有研究没有给出明确的定义,但对大学衍生公司的界定标准是基于大学知识成果而创立的公司或者由大学雇员创办的公司(Steffensen,Rogers,Speakman,2000)。大学衍生公司是实现技术转移和技术商业化(知识资本化)的一种有效机制,近几年已经成为产学合作的普遍现象,展示了创业型大学在商业化方面的新的领导力(Rogers,Takegami,Yin,2001;Kenney,Patton,2009)。

创业导向与组织绩效

有学者认为外部环境条件、企业家创业特质和组织特征构成了创业导向形成的三大前提条件(刘磊磊,周亚庆,陈学光,2007),在创业导向指引下产生公司创业行为,进而影响组织绩效。创业导向与组织绩效的关系研究存在一定的分歧,但国内外很多学者认为创业导向与组织绩效存在正相关关系,创业导向作为一种战略导向直接或间接影响着企业创新绩效(Covin,Slevin,1991;Lumpkin,Dess,1996;张映红,2005)。Zahra 和 Covin 研究发现公司创业行为对企业的财务绩效有改善作用,还有一些学者通过实证研究发现创业导向可以提升企业竞争力,推动创造新的价值,对企业绩效有正向促进作用(Naman,Slevin,1993;Zahra,Covin,1995;Wiklund,Shepherd,2005)。

Covin 和 Slevin(1991)的研究较早提出了创业导向与组织绩效的概念模型(见图23),该模型中"创业态势"是与"创业导向"同义的词(Zahra,1993),这个模型较好地整合了以往的研究成果,将战略、高管团队、组织资源、文化以及外部环境等要素与创业导向联结成一个清晰的逻辑框架。该研究的主要结论认为:

(1)环境变量、战略变量、内部变量对创业导向有较强的影响,同时创业导向也会对上述三个变量产生一定的影响;

(2)创业导向与企业绩效存在交互关系,创业导向对企业绩效具有较强的正向作用,企业绩效反过来也会影响创业导向;

(3)在创业导向与企业绩效的关系影响中,环境变量、战略变量与内部变量起到了调节作用。

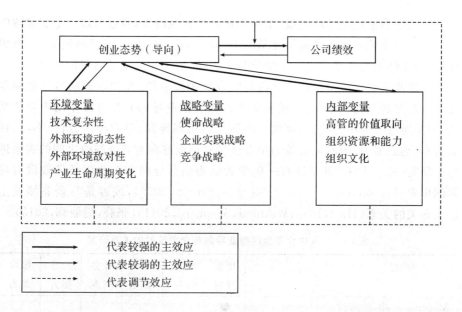

图 23 Covin 和 Slevin(1991)的创业导向与企业绩效的概念模型
资料来源:根据相关文献整理。

其后,Lumpkin 和 Dess(1996)的研究从创业导向的五个构念维度,分析了创业导向对企业绩效的影响因素和过程(见图 24),该研究中指出创业导向对企

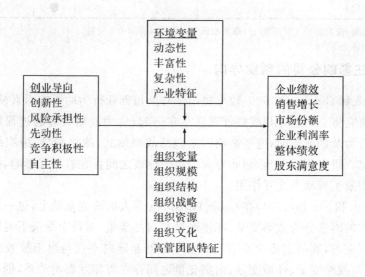

图 24 Lumpkin 和 Dess(1996)的创业导向与企业绩效的概念模型
资料来源:张慧.关系嵌入对跨国公司创业导向的影响机制研究[D].浙江大学,2007.

业绩效的影响依赖于环境变量、组织变量两大权变因素,通过与这两个变量的匹配作用于企业绩效。在之前研究基础上,Lumpkin 和 Dess 还对环境变量、组织变量、企业绩效的测量等进行了细化和完善,厘清了相关变量的指标维度。

上述两个概念模型是目前国内外学者延用较多的,在创业导向与企业绩效关系影响客观存在的基础上,很多学者也认为创业导向并不直接作用于企业绩效,而是通过一些中介变量,例如一些研究以市场导向、学习导向、组织学习、社会资本、动态能力、吸收能力等为中介变量对创业导向与企业绩效之间的关系进行了研究(见表 13)。甚至还有一些学者认为创业导向对企业创新绩效没有显著的影响(Matsuno et al. ,2002;Morgan,Strong,2003),或者是与企业绩效呈现负相关的关系(Hart,1992;Wiklund,Shepherd,2011)(张骁,胡丽娜,2013)。

表 13　引入中介变量的创业导向与企业绩效的关系研究

	市场导向	学习导向	组织学习	社会资本	动态能力	吸收能力
Matsuno et al. （2002）	●					
Wang（2008）		●				
焦豪,魏江,崔瑜（2008）			●		●	
林筠,孙晔,何婕（2009）						●
李雪灵,姚一玮,王利军（2010）	●					
林枫（2011）				●		

资料来源:根据相关文献整理(注:●表示研究引入了对应的中介变量)。

谁在影响公司的创业导向

Guth 和 Ginsberg(1990)较早提出了对公司创业行为的影响因素模型(见图 25),该研究将公司创业与战略管理联系在一起,认为战略管理的过程影响了公司创业行为及创业倾向,这些影响因素包括战略模式、战略领导、组织绩效以及外部环境。研究同时认为,创业导向与组织绩效之间存在着相互影响,在公司战略实践中发生着动态交互作用。

Covin 和 Slevin(1991)在 Guth、Ginsberg 等人的研究基础上,进一步将影响创业导向的因素分为战略变量、环境变量和内部变量,对每个变量下的影响因素做了修正完善,其最主要的理论贡献是指出创业导向不仅与组织绩效存在相互作用,还与战略变量、环境变量、内部变量之间存在着相互影响关系,创业导向对这些变量起着较强的主效应作用。随后 Zahra(1993)进一步修正了 Covin 和 Slevin(1991)提出的模型(见图 26),主要有以下几点:

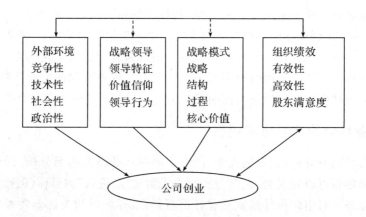

图 25 Guth 和 Ginsberg(1990)的公司创业影响因素概念模型

资料来源:根据相关文献整理。

(1)将内部变量更改为组织变量,其中包括了组织结构、高管团队的价值与背景、管理过程、组织文化等四个指标维度;

(2)将环境变量简化为动态性、恶劣性、适宜性三个指标维度,这其中主要是将 Covin 和 Slevin 所提出的技术复杂性归结为动态性指标中;

(3)公司绩效,不仅考虑了财务绩效,也结合了非财务绩效指标,因为获得一些非财务绩效之后也可以产生财务绩效。

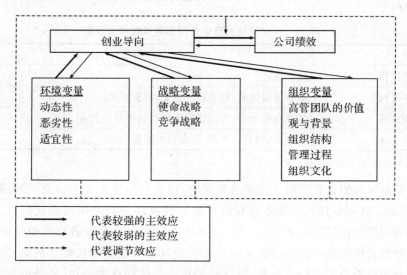

图 26 Zahra(1993)的创业导向影响因素理论模型

资料来源:根据相关文献整理。

创业导向反映了组织的一种特性,其与其他相关因素的影响往往不是单向的,这还体现在创业导向与组织绩效之间的中介变量影响关系上,创业导向与这些中介变量通常也存在着相互影响关系。很多研究也证实了这一点,例如李丹(2007)与焦豪等(2008)的研究证明了组织学习与创业导向的交互影响,张玉利等(2008)与林枫(2011)的研究证明了社会资本与创业导向的交互影响。

创业导向的产学协同创新

结合对创业导向、创业型大学、产学协同创新的概念内涵分析,创业导向的产学协同创新可以定义为:大学与产业为了实现"新进入"的目标(创建新组织或开创新业务),对组织内外部资源进行重新整合,开展以相关创新要素生产函数动态优化为内容的活动。创业导向是一种组织性格,是企业的战略选择,影响对外联结(与大学合作)的策略和方式,在产学合作过程中起到了重要的调节作用。

在产学协同创新的概念中,本书中提到了战略性、包容性两个关键特征,在创业导向的产学协同创新过程中,创新的倾向是知识资本化和公司创业,这是"战略性"特征的目标指向。所以,在该过程中企业在更多的情境下起到相对的主导作用,大学发挥着关键支撑的作用。但在一些情境下,大学也起到了相对主导作用,例如大学雇员的技术创业活动。结合产学协同创新的不同表现形式及管理研究的层次,对创业导向态势下的产学协同创新的研究对象进行了分类(见表14)。

表14 创业导向的产学协同创新研究对象分类

	研究对象
个体层面	企业高管
团队层面	联合研发团队、联合研发中心、高管团队
组织层面	大学衍生公司、与高校紧密合作的创业型公司
政策层面	科技园、创新创业园、产业技术联盟

资料来源:根据相关文献整理。

创业导向的研究起源于公司战略研究,创业导向从本质上讲是一种战略导向(Covin,Slevin,1993),战略研究的层次一般可以分为公司或企业层次、业务层次和职能层次(Hax,Majluf,1984),魏江等(2009)在比较研究创业导向与公司创业的关键构念时提出创业导向的相关研究应该在业务层面。然而,产学协同创新同时涉及大学衍生企业、与高校紧密合作的创业型公司、创新创业园、科技园等组织层面和政策层面的研究,创业导向的产学协同创新不仅应该关注企业内部的创新活动,还要关注到异质性组织间的关联性,所以可以同时适用于公司(或企业)层次和业务层次。

从相关文献的梳理可以清楚地看到,相对于创业型大学,创业导向是相对成熟的研究领域。然而,这两个研究领域虽有紧密关联和交集,但却鲜有关于创业型大学和创业导向的交叉领域研究。单纯从这两个概念的理论分析,创业导向的产学协同创新在很大程度上体现了在"创业导向"的调节下,企业与大学如何进行产学合作关系的管理,进一步提升创新绩效。该问题存在于创业型大学与创业导向的研究交集,其研究内容既能够包含创业型大学知识资本化的本质诉求,也能够从产学协同创新的理论视角丰富和拓展创业导向的研究内容。

大量的文献证明,创业导向对企业绩效产生显著的正向影响,同时也与组织内部变量、外部环境变量、战略变量等因素之间存在明显的相互作用关系。产学合作的过程中会由此产生很多变量的变化,而企业或大学的创业导向也进一步影响了这些变量,创业导向的产学协同创新则变成一个非常有趣的研究。创业问题是产学协同创新研究的一个非常重要且较新的领域,基于中国产学协同创新实践以及鼓励创新创业的现实情境去研究该类问题则显得非常必要。

通过文献分析,很多研究者通过理论和实证研究提出创业导向通过一些中介变量或者自己作为调节变量对企业绩效产生正向影响,这些中介变量包括了企业动态能力、吸收能力、社会资本、组织学习、市场导向、学习导向等等,这些研究确凿地证实了某些关键中介变量的存在。创业导向态势下的产学协同创新问题研究中,这些中介变量的作用机理如何,在创业导向的调节作用下如何影响产学协同创新的绩效,这都是具有较高理论价值的研究问题。找到这一联结产学协同与企业绩效的中枢(关键中介变量),分析在创业导向下的影响机制,是该领域研究的重要工作。

第三节　产学合作的外生变量——创新政策

创新政策的基本内涵

创新政策是一个综合性的理论概念,与科学技术、产业经济这两个关键词密切相关,目前国内外学者尚没有给其统一的定义。英国著名学者罗斯韦尔(Roy Rothwell)在20世纪80年代给出一个定义(见表15),指创新政策是科技政策和产业政策协调的结合。OECD在同一时期也提出创新政策是要"把科技政策与政府其他政策,特别是经济、社会和产业政策,包括能源、教育和人力资源政策形成一个整体"(贾蔚文等,1994),更加强调了创新政策的综合性。

国内学者也对创新政策的概念内涵进行了定义,指出创新政策与科技政策、产业政策等紧密相关,是提高创新能力和促进社会经济发展的政策集合,旨在驱动技术创新发生、运行、扩散等全过程而采取的直接和间接的政策措施(叶明,1995;罗伟,连燕华,方新,1996)。

表 15 创新政策的代表性定义比较

来源	创新政策的定义
OECD(1982)	创新政策一方面与政府在经济政策问题上的认识密切相关,另一方面也与它的总体科学技术政策密切相关。发展创新政策的目的是要把科技政策与政府其他政策,特别是经济、社会和产业政策等形成一个整体
Rothwell(1986)	创新政策是一个整合的概念,是指科技政策与产业政策的融合。其中,科技政策包括知识产权保护、职业教育、基础理论研究和应用研究等,而产业政策包括税收优惠、投资激励、产业改组和应用研究等
鲍克(1994)	创新政策是政府为了鼓励技术发展及其商业化以提高竞争力的各种社会经济政策的总和,处于经济政策的中心位置,直接鼓励创造与变化。技术政策是创新政策的重要组成部分,创新政策则是产业政策的重要组成部分
Dodgson et al. (1996)	创新政策是一个综合的概念,与解决当今世界重大经济问题密切相关。创新政策的目标包括改进企业、网络、产业和整个经济创新能力,是一个多目标体
Lundvall & Borras(2005)	科学政策、技术政策、创新政策是不同的,但存在交叉和重叠。科学政策聚焦于产品和科学知识,技术政策聚焦于部门技术知识的推进和商品化,而创新政策关注的是经济的整体创新绩效
陈劲,王飞绒 (2005)	创新政策是指一国政府为促进技术创新活动的产生和发展,规范创新主体行为而制定并运用各种直接或间接的政策和措施的总和

资料来源:范柏乃,段忠贤,江蕾.创新政策研究述评与展望[J].软科学,2012,26(11):43-47.

法格博格等(2008)对科学政策、技术政策、创新政策这些内涵相关联的概念进行了关系阐述(见图27)。伍蓓等(2007)整理了国内外关于创新政策的定义研究,提出其概念内涵基本可划分为三个类型:第一,创新政策是科技政策与产业政策的整合;第二,创新政策是社会、经济、文化等各种政策的有机整合体;第三,创新政策是经济政策和科学技术政策相互协调的产物,将推动创新的科技政策、经济政策作为创新政策的核心。

　　徐大可和陈劲(2004)认为创新政策的基本理念主要包括三个方面:第一,弥补市场失灵,通过公共投资或一定的补贴优惠来弥补、刺激私人部门对创新的投入;第二,强势政府推动,这比较集中体现在对战略技术及产业的态度上,20世纪90年代以来美国、日本、欧盟、韩国等都制定了本国的关键性战略技术计划;第三,解决系统失灵,这源于"国家创新系统"的概念提出,创新政策可以调节该系统内主体间作用及要素配置,提高系统运行效率。

科学政策

重点: 产生科学知识

手段: 以竞争的方式批准公共研究资金;公共(半公共)的研究机构(比如:实验室、大学、研究中心……);对企业的税收激励;高等教育;知识产权……

技术政策

重点: 产业技术知识的进步和商业化

手段: 公共采购;对战略性产业的公共支持;建立机构之间的联系(研究与产业界之间);劳动力培训和提高技能……

创新政策

重点: 经济中创新的总体绩效

手段: 改进个人技能和学习技能;改进组织绩效和学习(比如ISO9000标准、质量监控等);改进获取信息的渠道;环境管制;生物伦理规制;企业法;竞争规制;消费者保护;改进区域发展的社会资本(集群和工业区);智能基准测试;智能、灵活性和民主性测试……

图27　科学政策、技术政策、创新政策之间的关系

资料来源:詹·法格博格,戴维·莫利,理查德·纳尔逊.牛津创新手册(中文版)[M].柳卸林,等译.北京:知识产权出版社,2008:604.

创新政策的分析工具

创新政策的分析框架总体来说可以分为两类：一类是从供给、需求、环境、基础等四个方面进行政策分析；另一类是从能力、过程、资源和环境等四个方面构建政策分析框架（见图28）。张钢（1995）强调制定创新政策的前提，是要对创新主体有全面认识和深刻理解。因此，这两类政策分析框架都是建立在对创新主体的基本假设前提下的。第一类政策分析框架对创新主体有一个重要的基本判断，即创新主体基本上具备自主、自律和规范的行为能力，政府则已经与创新主体完全分离。第二类政策分析框架对创新主体的假设前提则不一样，它的基本判断是创新主体尚未形成自主、自律和规范的行为能力，政府政策的关注领域尚不能完全集中到创新活动的外部以及宏观因素上。

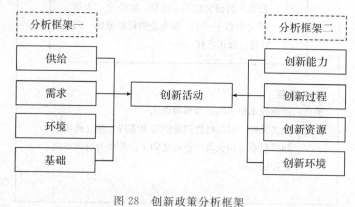

图28 创新政策分析框架

资料来源：根据相关文献整理。

创新政策工具的导向是减少和消除创新过程中的不确定性（陈劲，2013），因此创新政策工具的主要目的是有效地降低创新过程中技术方面、市场方面、收益分配、制度环境等四个方面的不确定性，缩短技术创新时滞，加速科技成果产业化的步伐。政府在选用创新政策时，其决策依据也是围绕上述这个目的导向，关键考量创新政策是否能够有效地减少或消除创新过程中的四种不确定性。

事实上，由于考虑创新问题的着眼点不同，对创新过程的理解也存在差异，所以寻找、设计、确定合适的政策工具并不容易。Rothwell和Zegveld将一般性的创新政策进行了归纳，总体可以将其分为供给面政策、需求面政策、环境面政策等三个大类（见表16），这三类政策都会对创新过程的各个环节产生影响（如图29）。

表 16 创新政策工具分类

供给面的创新政策工具	需求面的创新政策工具	环境面的创新政策工具
1.财政支援的政策工具:	1.创造需求的政策工具:	1.建立产业基础结构的政策工具:公共服务
①辅助	①合约研究	2.激励创新意愿的政策工具:
②融资	②合约采购	①租税优惠
③创投资金	2.干预市场的政策工具:	②专利
2.人力支援的政策工具:	①技术标准	③奖赏
①教育	②贸易代理	3.引导创新的经济规范政策:
②培训		①经济规范政策
3.技术支援的政策工具:		②技术管制政策
①公营事业		③贸易管理政策
②研究发展组织		④外资管理政策
③资讯服务		

资料来源:Rothwell R, Zegveld W. Industrial Innovation and Public Policy: Preparing for the 1980s and the 1990s [M]. London: Frances Pinter, 1981.

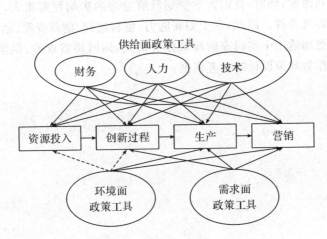

图 29 创新过程与政策工具

资料来源:陈劲,等.科学、技术与创新政策[M].北京:科学出版社,2013:285.

陈劲等(2013)对这三类政策进行了梳理,对每个政策维度给出了相应定义,并列举了相关政策工具。供给面政策工具是指政府通过人才、信息、技术和资金等的支持来增加技术的供给,改善技术创新相关要素的供给条件,从而推动技术创新活动,如建立公共企业、促进科学技术发展、提供教育产品等。需求面政策工具是指政府通过采购机制、贸易管制等方式减少市场的不确定性,以政策杠杆增加新技术应用的市场需求,从而拉动技术创新活动,如政府采购、有关商业的取向引导、提供公共服务等。环境面政策工具是指政府通过财务金融、法规管制、租税制度等影响技术创新的环境因素,为产业界的技术创新活动营造良好的政策环境,从而间接地促进技术创新活动有效开展,如科技金融、税收优惠、知识产权保护、行业管理制度等。

在能力、过程、资源、环境的政策分析框架中,环境层面和资源层面的创新政策主要关注的是外部宏观环境的政策,能力层面和过程层面关注的是微观层面的创新政策。环境政策包括了能够对创新主体的行为产生影响的各类政策;资源政策不仅是指资源的投入,还包括了资源的配置结构以及通过政策安排激发第三方资源投入的政策(陈劲等,2013)。能力政策和过程政策关注创新主体的战略、行为等活动,通过规范约束、激励引导创新主体行为,从而达到提高创新效率的政策目的。

由于目前大学和企业在战略导向、资源配置、评价体系方面存在不一致,即这两大创新主体在协同创新方面尚没有形成规范自律的行为能力,导致产学协同创新存在一定的瓶颈和障碍,需要通过政策来排除制约和阻碍微观创新活动过程中的不利因素;同时,我国大学受到政府意志的影响程度很大,大学并没有独立运行的客观条件。因此,基于创新能力、创新过程、创新资源、创新环境的政策分析工具更加适用于本研究的政策分析框架,同时将需求面、供给面、环境面等政策内容作为政策设计的参考依据。

第四章　产学协同创新的案例比较研究

第一节　案例研究的设计

案例研究的科学性问题

很多研究学者对案例研究方法还存在一定的偏见,始终坚信案例研究只是适用于研究活动的探索阶段,这些调查研究和分析的方法适合在研究的描述过程,而实验法才是解释事务因果关系的唯一方法和工具(Shavelson,Townes,2002)。然而这种类似"等级"观念是不够客观、多元和包容的,罗伯特·K.殷(2004)指出,每个研究方法都可以对研究问题进行探索、描述或解释,也就是说可以有探索性的案例研究、描述性的案例研究和解释性的案例研究。但在进行研究设计时,还是要区分不同研究方法的适用条件(见表17),必须考虑研究问题的类型是什么、研究过程的控制程度如何、研究重心是否聚焦于当前发生的事。

与其他的研究方法比较,案例研究就是通过深入的案例调研和系统的资料分析,使得研究更加充分地贴近现实,让研究者能够将生动的"故事"中转化成理论元素(吴金希,于永达,2004)。案例研究也是一种实证研究方法,不同类型案例研究的侧重点也不同(见表18)。探索性案例研究是在因果关系不够明显或因果关系复杂多变时,在新的尚未确定的理论假设指导下,通过多种渠道搜集数据资料,对其进行探索性研究。如果尝试从一个新的视角探索创业导向产学协同创新机理,理论假设尚未确立,所以比较适合采用探索性案例研究方法进行初步理论模型的构建。

表 17 不同案例研究方法的适用条件

研究方法	研究问题的类型	是否需要对研究过程进行控制	研究焦点是否集中在当前的问题
实验法	怎么样、为什么	需要	是
调查法	什么人、什么事、在哪里、有多少	不需要	是
档案分析法	什么人、什么事、在哪里、有多少	不需要	是/否
历史分析法	怎么样、为什么	不需要	否
案例研究法	怎么样、为什么	不需要	是

资料来源:罗伯特·K.殷.案例研究:设计与方法[M].重庆:重庆大学出版社,2004:7.

表 18 不同类型案例研究方法的比较

类型	主要研究目的	研究侧重点
探索性	超越已有的理论体系,尝试运用新的视角、假设、观点和方法来解析社会经济现象,为新理论的形成作铺垫,缺点在于缺乏系统的理论体系的支撑,相关研究成果非常不完善	侧重于提出假设,寻找新理论(theory seeking)
描述性	在已有理论框架下,对企业实践活动做出准确详尽的描述	侧重于描述事例,即讲故事(storytelling)或画图画(picture-drawing)
解释性	运用已有的理论假设理解和解释现实中企业实践活动中的现象或研究发现,并对相关性或因果性的问题进行考察,做出最终结论	侧重于理论检验(theory-testing)
评价性	对研究的案例提出自己的意见	侧重于就特定事例做出判断

资料来源:姚威.产学研合作创新的知识创造过程研究[D].浙江大学,2009.

研究方案设计

虽然运用案例研究方法构建理论模型已经是非常成熟的研究范式,然而通过对 2011 年至今的有关研究文献分析表明,目前国内外学者采用案例研究的方法构建产学研合作理论还是一个非常薄弱的领域,研究的规范性也有待提高。所以,通过案例研究进行产学协同创新理论模型的构建,其关键是运用严谨的研究范式对研究方案进行科学合理的设计。

研究方案是连接研究数据与研究问题的逻辑纽带,研究的设计和实施对该方法的有效性至关重要,一个完整的案例研究设计首先要表明收集什么数据,以及收集完数据后怎么做。罗伯特·K.殷(2004)指出进行案例研究设计时,要特别注意5个关键要素,包括研究的问题、研究假设(如果有的话)、分析单位、连接数据与假设的逻辑、解释研究结果的标准。在进行案例研究方案设计时,借鉴了毛基业和张霞(2008)关于案例研究规范性指标的要求,通过文献研究和实践观察确定了研究问题和研究假设,对研究方案设计如下。

关于案例的选取。聚焦于研究问题和研究假设,结合近几年在参与浙江大学产学合作实践的工作经历,按照产学协同创新的案例标准,选取了学校产学合作指导部门负责人评价较高的若干个创业导向的产学协同创新案例。对案例进行简单的基本材料整理后,又进一步征询该领域相关专家的意见,采用多案例研究方式,重点选取了四家具有代表性的案例企业作为分析单位。

关于数据的搜集。根据罗伯特·K.殷(2004),毛基业和张霞(2008)的建议,本书在搜集案例数据时尽量扩大搜集范围和采用多渠道的搜集方式,数据的搜集经过了四个阶段程序。在第一阶段,首先通过已有的文献研究成果、企业网站、企业宣传材料等其他公开信息渠道搜集材料,对案例数据进行初步整理,并结合研究问题和研究假设,对案例进行再验证,调整案例研究的方案结构、问题表述。第二阶段,采用半结构化访谈的方式,对相关专家进行调研访谈,这些被访人员不仅熟悉产学协同创新的理论与实践,也对本书涉及的案例企业非常熟悉或者有调研经历。第三个阶段,采用半结构化访谈的形式,对案例企业的第一或第二负责人、企业其他高管进行调研,并在访谈过程中进一步补充企业内部刊物、企业内部报告等非公开信息。第四个阶段,形成初步案例研究报告后,以邮件和电话的形式反馈给案例企业高管、相关专家,再对案例研究报告所涉及的数据信息进行反馈、核对和修正,提高案例研究的信度和效度。

关于报告的撰写。在案例研究设计之初,应提前将报告撰写的基本结构和程序确定好(罗伯特·K.殷,2004)。采用线性分析式结构、时间顺序结构相结合的方式来撰写报告,并隐匿了涉及的案例企业名称,通过相关专家、案例企业高管的反馈评价来进一步修改案例研究报告,提高研究的建构效度。

第二节　清华同方的产学协同创新实践

清华同方成立于1997年,同年在上交所上市,是一家紧密依托高校科研实力与人才平台的科技型企业,目前企业经营以信息、安防、节能环保等三大科技产业为主业,以金融投资和科技园业务为两翼,成为信息、能源环境、科技地产等领域的领军式企业。孵化培育了智能芯片、计算机、数字城市、大数据应用、多媒体、移动互联、半导体与照明、环境科技等 12 个产业集群,旗下已有多家上市公司。截至 2017 年,公司总资产超过 600 亿元人民币,年营业收入近 300 亿元,入选"中国电子信息百强""中国制造业企业百强"等榜单,品牌价值已超过 800 亿元,是世界品牌 500 强企业。

清华同方是基于高校科技成果组建成立的高科技产业集团,整合了当初高校企业集团旗下的 5 家公司,当时的这些企业涵盖了人工环境工程、信息技术等主要业务架构,属于典型的大学衍生企业(university spin-off,USO)。从最初的计算机、人工环境工程等行业起步,借助高校的品牌与资源,发挥与高校紧密的产学协同关系优势,以虚拟研发中心、孵化器的经营战略来管理企业,坚持走"技术+资本""创新+合作""品牌+国际化"的发展道路,取得了卓有成效的创新绩效。经过 20 年左右的时间,就从 2 亿元产值的科技公司发展到年销售额近 300 亿元的大产业集团,产值实现百倍增长,现已成为覆盖 12 个产业、拥有多家上市公司的科技巨擘。

产学协同创新历程

作为一家高校孵化的科技型企业,清华同方与大学有着天然的合作基因,这种基因建立起的产学协同关系,加快了创新资源的交互,提高了知识创新效率,推动了清华同方的快速成长。

第一阶段(1997 年以前),以学科性公司为发展主体,积极探索高校技术产业化道路。

在清华同方成立之前,大学院系创办了 5 家学科性公司,这些公司是在国家鼓励产学研合作和高校技术产业发展的大背景下,依托高校的技术成果和学术团队组建的科技型公司,隶属于高校的企业集团,分别是清华人工环境工程公司、清华信息技术公司、清华同方网络技术公司、清华同方实业公司、清华凯实科技公司。这些企业涵盖了以人工环境、信息技术为主的业务架构,企业的核心经营管理团队都是大学的老师或该校的毕业生,企业高管扮演着研发人员、管理人员、营销人员等多重角色。例如,现任清华同方总裁就曾担任人工环境工程公司的事业部经理,他当时另一个身份是大学副教授,这位专家型管理人员还跑在市场一线,去工地现场推销中央空调设备。在校属企业的管理机制下,为发展科技产业、促进科技成果积累了大量的管理、工程技术、市场营销等方面的经验,在合并组建之前产值规模合计近 2 亿元人民币。但企业规模偏小、资金短缺问题严重,单纯的高校管理体制没有实现管理、产品、文化等与市场的充分融合,企业发展效率偏低,无法满足高校诸多科技成果产业化的重大战略需求。

第二阶段(1997—2001),以"技术＋资本"的方式构建交易型产学协同关系,建立新型企业经营管理体制,加快推动高校科技成果的产业化和公司业绩提升。

原来隶属校企的管理体制,无法充分对接市场资源,企业在经营管理中仍带有浓厚的高校文化,形式上是"企",内涵上还是"校"。1997 年 6 月以高校企业集团作为主发起人,吸引社会资本和专业经营管理团队,将原有的 5 家校办企业组建成立清华同方,两天后公司股票在上交所挂牌交易。从诞生伊始,清华同方就肩负着大力发展知识经济、实施科教兴国战略的历史责任。高校组建清华同方,其初衷就是要造一个联系知识创新源与知识应用终端的创新孵化器;这个孵化器能够将高校诸多的知识创新成果尤其是高科技成果迅速地、大规模地推向市场(陆致成,高亮华,徐林旗,2000)。在这个阶段,第一,公司充分利用了高校的知识资源,用前期经营积累的市场经验对有产业化前景的知识成果进行筛选和二次研发;第二,借助上市公司的资本渠道,作为撬动技术商业化的资源纽带,加快以及成规模地推进技术产业化。

因为与高校这种天然的联系,并承接高校科技成果转化的功能,清华同方在初创阶段充分利用了高校的知识创新资源,采用交易型协同关系为主的管理方式,借助上市公司的资本渠道,推动"技术＋资本"的快速发展模式。例如,高校曾经承担的八五科技攻关项目"大型集装箱监测系统研究",通过 4 年的技术攻关建成了一套监测实验装置,该项目解决了大型集装箱监测的关键核心技术问题,中国成为当时继英国、法国、德国之后第四个掌握该技术的国家。清华同方对该项目进行分析和论证之后,投入 2000 万元资金进行产品的产业化研发和孵化,经过一年多的时间,将一个高科技成果转化成一个市场上炙手可热的尖端技术产品,短短两三年时间便实现数亿元的产值规模。值得一提的是,清华同方在引进该项目的同时,把"大型集装箱监测系统研究"的研发团队负责人也一起引入到公司。这种被其称为"带土移植"的做法,一方面激励了科研人员参与技术成果转化的积极性,另一方面加强了企业在该领域的研发团队建设,提升了可持续的技术创新能力。

以"技术＋资本"为发展战略,使得清华同方能够将高校沉淀的一大批科技成果快速地产业化,加之高校的品牌与资源,让新孵化公司有了管理、技术、人才、资金等多重创新资源的保障,尤其是获得了智力资本的有效积累,赢得了良好的市场回报。在此阶段,曾通过该发展方式控股江西泰豪电器有限公司、兼并江西无线电厂,与学校的热能系、煤清洁燃烧技术国家实验室、煤燃烧国家工程中心组建公司能源事业部,与学校以及英国萨瑞大学就"微小卫星技术"展开合作,与学校合资组建微电子有限公司,将学校的国家光盘工程研究中心直接孵化与改制成光盘公司,等等。这些产学协同创新实践,有力助推了公司业绩大幅度提升。上市仅 2 年时间,销售额就突破了 16 亿元,年成长率为 100%以上;利润完成 1.6 亿元,年增长率为 60%以上;公司总资产突破 25 亿元,比上市时增加 9 倍多;企业业绩在二级资本市场也获得了良好表现,2000 年年初的时候公司市值就高达 186.72 亿元。

第三阶段(2002—2007),以"创新＋合作"拓展产学合作网络,以市场为导向整合产学资源,构建关联型和交易型并重的产学协同关系。

在依托组织优势、借助资本平台,大规模、成建制地推进高校知识成果转化的同时,清华同方的高层还意识到需要强化基于市场导向的二次研发的能力建设,并在今后逐渐使其成为公司技术创新的主导模式。例如早在 2000 年左右,公司通过市场分析确定了 IC 卡业务的发展战略。学校在金融 COS 技术(IC 卡的核心技术)方面有雄厚的研究基础,公司则聘请高校研究团队进入创新小组(清华同方的一种虚拟研发组织模式),拨付资金对项目研发进行支持,不到一年就研制成功具有自主知识产权的金融 COS 系统和基于此技术基础的智能 IC 卡"中同卡",并通过了中国人民银行颁布的金融智能 IC 卡标准认证;与学校联合组建的公司在 2004 年推出了全球最大的中文知识门户网站,发布了具有自主知识产权的"ezONE"基础软件平台。随着沉积在高校的成熟的、可转化的科技成果资源日益减少,这种被其称为"反求孵化"的合作机制越来越被公司认为是一种重要的产学协同关系。

在此阶段,公司利用"带土移植""反求孵化"等合作方式与高校建立了关联型与交易型并重的产学协同关系,一方面继续挖掘高校可产业化的成熟科技成果,另一方面则更注重利用高校的研发与人才优势提高自身的技术创新能力。例如,与学校联合研发的"循环流化床常温半干法烟气脱硫"技术被列入科技部重点基础研究计划和教育部 211 计划重点支持项目,2005 年应用该技术建成华能玉环电厂脱硫工程(2×1000MW 超临界燃煤发电机组脱硫工程),这是我国当时最大的单机脱硫系统;2004 年与学校、大唐国际电力合作实施"高铝粉煤灰资源化利用产业化项目",该项目对缓解我国铝土矿资源短缺、发展循环经济等都具有重要的战略意义;2007 年,无锡发生历史上罕见的太湖局部蓝藻爆发事件,公司与学校的相关专家组成创新小组,经过整整一周的治理,使无锡饮用水水质达到了国家标准。

基于关联型产学协同关系的管理,大大提升了企业自身创新能力。例如,在 IC 卡技术研发基础上,先后研制完成接触/非接触式 CPU 卡芯片、非接触式标签卡芯片、非接触读卡器模块等系列芯片产品及其应用模块,在电话卡、市民卡、公交卡、社保卡、金融卡等诸多领域得到了广泛应用；在大型集装箱监测设备技术平台上，2007年研制成功世界首创的双视角技术和处于世界领先水平的交替双能加速器，这些技术方案可解决在监测过程中集装箱货物的重叠问题，实现深度信息检查；在高校的技术支撑与品牌影响下，计算机系统、能源环境系统等支柱产业也得到迅猛发展，在全国各地获得水治理项目订单30余个，公司的计算机销量在2003年跃居国内第三、跻身亚太前八。

第四阶段（2008—2013），以产学协同关系网络为强大的资源支撑与依托，推动公司品牌化与国际化发展战略。

清华同方经过10年的发展，已经形成了较强的内部研发能力，尤其是基于市场导向的二次产品开发能力，也积累了较高的品牌价值和社会资源，开始依托战略型产学协同关系网络，进入全球高端市场和战略性新兴产业。清华同方除了继续与学校开展深度战略合作外，还与6个海外研发机构、3个国家级工程研究中心、6个联合实验室建立了产学合作关系，集团公司的各产业本部、控股子公司下设的研发基地与高校形成了多层次、全方位的合作，推动了产品的持续创新与技术升级。例如，它与学校共同起草了核技术领域的IEC62523国际标准并发布，该标准成为我国在该领域正式发布的第一条国际标准；与学校电子工程系联合成立卫星导航接收机联合研发中心，布局卫星通信行业；联合学校的控股公司平台，收购了重庆国信控股有限公司38.412%的股权，借助该企业的金融资本平台的优势，进一步做大做强清华同方在资本市场上的资源网络，积极探索金融资本与产业资本相融合的发展路径；与相关院系合作推进水治理、烟气脱硫、芯片、余热废热综合利用、电子信息、物联网等领域的技术研发和产品升级；等等。

同时，与行业领军式企业或高成长性企业进行资源整合，推动公司的品牌化与国际化发展，2013年国际市场销售额已占到公司总收入的27.14%。例如，与上海文广新闻传媒集团战略合作，以内容、技术、资本等全方位创新资源导入旗下子公司，全面进入IPTV（交互式网络电视）产业；瞄准LED产业发展大趋势，收购从事大功率LED芯片制造技术开发的新加坡Tinggi公司，并在沈阳基地兴建4条LED液晶屏背光模组生产线；在物联网领域与中国移动通信公司展开战略合作，成为中国移动所指定的"物流行业信息化解决方案全网业务运营支撑单位"；研制成功我国首个具有自主知识产权的"口腔X射线三维影像系统（口腔CBCT）"，一举打破国外厂商在该市场的垄断地位；通过收购唐山一家上市公司的25%股权，注入品牌、技术与管理，让清华同方旗下的微电子与射频技术产业通过上市公司平台加快发展；等等。

这些企业业绩的取得，是充分借助和发挥了学校的资源优势，贯彻执行了"技术＋资本""创新＋合作"的发展战略，将学校的技术、人才资源通过清华同方的资本、管理和商业模式设计导入到项目、业务或新公司中,为公司自身可持续发展源源不断地注入新动力,并为公司的业务拓展提供了强大的资源支撑。公司发展也进入了一个平台期,形成了涵盖集成电路设计、智慧城市、大安全、大军工、节能环保、移动互联网、数字电视、软件服务等多个产业的完整产业链,旗下拥有泰豪科技、同方泰德、同方友友、同方健康、华控赛格、同方康泰、同方瑞风、辰安科技等多家上市公司,公司净资产实现稳步增长(见图30)。

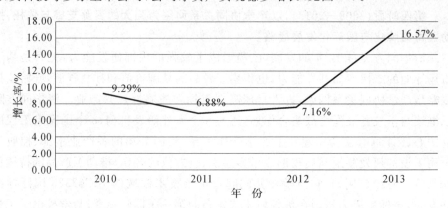

图 30 清华同方 2010—2013 年的净资产增长率
资料来源:根据上市公司年报材料整理。

产学协同关系的管理

从清华同方与高校的协同关系演化发展的历史维度来看,由于其组建之初的责任使命以及自身与高校的特殊联系,经历了以交易型产学协同关系为主(见图 31)到交易型/关联型并重的产学协同关系过程,比较明显的分界时间点在 2001 年前后,即公司组建成立后的第五年。

第一阶段(1997—2001),以"技术＋资本"的战略构建交易型为主的产学协同关系,促进高校成熟科技成果的高效率、成规模的转化。

清华同方由 5 家高校学科性公司组建而成,本身就是作为高校技术成果转化交易的载体,推动高校产业的整体上市。公司在组建完成的第二天即在上海证券交易所上市,实现了高校科技成果的资本化交易。其后,公司不断挖掘高校内有产业化潜力的项目,以"技术＋资本"的发展方式和"带土移植"的合作模式成规模、大批量地推动了一系列高校科研成果的商业化。例如,它投资孵化"大型集装箱监测系统"项目,与学校合资组建清华同方微电子有限公司,将学校的国家光盘工程研究中心直接孵化与改制成光盘公司,与学校相关院系合作组建公司的能源事业部,等等。

　　与此同时,清华同方还整合学校的品牌优势、技术力量,通过将公司的资本、管理捆绑输入到新公司中去,有力地推动业务大幅度提升。例如,入股江西泰豪电器有限公司,通过技术、资本、管理等输入,借助江西泰豪已有的业务平台,有效地促进技术成果的快速转化,该公司于 2002 年在上海证券交易所上市;以零收购价的承债方式兼并江西无线电厂,建立电子产品生产基地,该公司也成为清华同方光盘公司的重要技术转移平台;以定向增发股票的方式吸收合并山东鲁颖电子公司,该公司现已成为一家专业从事新型高性能电子元器件研发、生产和销售的中国高新技术企业;等等。

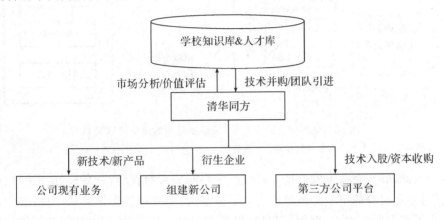

图 31　清华同方交易型产学协同关系模型

　　清华同方的诞生有着先天的优势基因,依托国内最著名的高等学府,拥有无缝对接知识创新源和技术储备库的"近水楼台先得月"的优势。公司构建并管理的交易型为主的产学协同关系,用"技术＋资本"的模式撬动了高校技术产业化的加速器,清华同方内部也高度认可自身作为"孵化器"的战略发展模式,在2000 年前后公司高管也对该创新模式进行了系统总结(高亮华,徐林旗,1999;陆致成,高亮华,徐林旗,2000;陆致成,高亮华,2000;高亮华,章琰,2001)。同时,公司也意识到高校沉淀的成熟科技成果已无法支撑公司的规模化发展,市场需求的千变万化逼迫企业必须做出积极的响应,需要建立基于市场导向的产品创新能力与支持渐进式创新的可持续研发能力,因而要进一步对产学协同关系进行重构。

　　第二阶段(2002 年至今),以"创新＋合作"的模式构建交易型、关联型并重的产学协同关系,推动公司品牌化、国际化发展。

　　清华同方作为一家根植于高校的企业,越来越意识到高校技术能力的转化与知识成果的转化同样重要,尤其是对于清华同方这样一家规模型企业,在推动现有业务持续创新与多元化发展的战略推动下,构建并管理交易型与关联型产学协同关系显得异常重要(见图32)。此时,公司依托产学协同的资源网络,借助成熟的业务平台进行技术、管理、资本的整合输出。例如,借助学校的技术力量,与大唐国际电力合作实施"高铝粉煤灰资源化利用产业发展"项目;通过内容、技术、资本等方面的资源整合输出,入股上海文广新闻传媒集团的子公司,大举进军 IPTV 行业;收购新加坡 LED 芯片制造商 Tinggi 公司;等等。

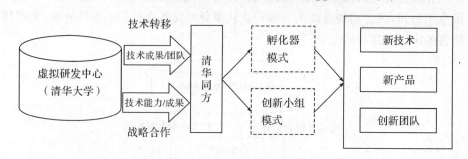

图32 清华同方的交易型/关联型并重的产学协同关系
资料来源:根据相关文献资料和调研材料整理。

与此同时,企业愈发重视关联型产学协同关系的管理,令高校"虚拟研发中心"与企业自身的研发主体单位建立了多层次、全方位的合作关系,与诸多院系成立了联合研发中心,例如"卫星导航接收机联合研发中心""国家光盘研究中心"等。在关联型产学协同关系管理中的关键核心是"创新小组"模式,即基于市场需求联结高校资源与企业资源共同成立创新小组,共同对项目进行设计、研发、孵化,然后将成熟的技术或产品注入主营业务、组建新公司或投资到社会企业中。在该模式下,与学校联合承担了一系列国家级或省部级重大科技专项,增强了企业技术研发能力和凝聚了一批高层次人才团队,提供了产品持续创新的有力支撑。清华同方围绕战略性新兴产业,形成了计算机、数字城市、物联网、安防系统、微电子与核心元器件、知识网络、军工、多媒体、数字电视系统、半导体与照明、建筑节能、环保等业务领域,与高校合作在余热废热综合利用、IC 卡芯片、水处理、烟气脱硫、LED 芯片、口腔 X 射线三维影像系统、吸收式热泵集中供热、空气源热泵采暖、双冷源温湿分控系统、冷热水风一体化超低能耗建筑、危险废弃物处理、医用污水处理等技术领域实现了突破。

产学协同创新的模式

清华同方的产学协同创新模式总结起来有两大特点:第一个是孵化器模式,即将现有业务平台作为技术转化的载体,形成技术和资本协同推动的创新加速器;第二个是基于"虚拟研发中心"的创新小组模式,即将公司的母体(大学)作为企业的外部虚拟研发中心,基于需求导向在公司内部(主要依托企业技术研发中心)设立创新小组,联结高校的知识源、人才源,提供推动公司可持续发展的核心支撑。

以技术成果转化和技术能力转化相结合的孵化器模式,通过技术并购、团队引进、二次开发、联合研发等形式,提升产学合作的知识创新速度。

清华同方的"孵化器"战略定位与其自身的高校基因有着密切联系,通过上市公司的资本平台,推动了一大批成熟科技成果与产业化技术团队与市场的对接。例如,它将学校"大型集装箱监测系统"、国家光盘工程技术中心等项目或团队的技术成果通过资本和市场对接,成功孵化出去;1997年在投入1000万元研制"大型集装箱监测系统"项目成功后,又投入2000万元开展"移动式集装箱监测系统"的研发。除此之外,它还通过联结创新资源注入已有的业务平台(社会企业),实现技术成果的快速转化。例如,它以零收购价的承债方式收购江西无线电厂(713厂),该厂原属军工企业,拥有较为先进的通信设备和相对稳定的军方市场,但由于技术和管理落后阻碍了企业发展,负债近1亿元,清华同方通过注入学校先进的数字化通信技术、图像处理技术以及清华同方现代化管理制度盘活现有生产性资产,在收购当年即实现销售收入4000万元,创造了"当年兼并、当年扭亏为盈"的卓越业绩。

清华同方的孵化器功能模式(见图33),总结起来也有两大特点,一个是"带土移植"的成果孵化,另一个是"一体化机制"的反求孵化。"带土移植"是清华同方管理产学协同关系的一大特色及优势,即将技术成果和负责该成果的高校研发团队一起引入到公司,既实现了技术成果的转移,又建立了该业务方向上的人才团队,提升了可持续的技术创新能力。"一体化机制"是公司从市场需求出发,

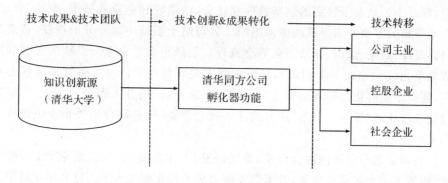

图33　清华同方的孵化器模式

资料来源:根据相关文献资料和调研材料整理。

整合高校里有较好产业基础研发能力的资源团队,进行逆向式技术孵化,实现了高校技术能力的转移。总结这两大孵化模式,特征见表19。

表19 清华同方不同孵化模式的比较分析

	成果孵化	反求孵化
着眼点	成熟的科技成果/技术能力	市场需求
驱动机制	技术驱动	市场驱动
孵化对象	科技成果/技术团队	技术能力
知识特征	可编码的知识	可编码的知识+隐性知识
合作方式	技术并购/合建公司	战略联盟
孵化成果	新企业、新产品	新产品
产学协同关系	交易型	关联型

资料来源:根据相关文献资料整理。

紧密依托高校"虚拟研发中心"的创新小组模式,以大学作为技术创新的资源支撑,形成多层次、全方位的战略合作,为企业发展提供可持续竞争能力(见图34)。

随着高校成熟科技成果减少以及企业自身研发能力的提升,清华同方愈发重视关联型产学协同关系的管理,即依托学校这一国内最著名的知识创新源,在企业外部建立"虚拟研发中心"。清华同方能够在外部建立虚拟研发中心,原因主要有三个:第一,自身与学校的利益同盟关系,信任成本、交易成本都相对较低,组织间资源交互比较顺畅;第二,产学双方具有一致性的战略目标,学校也可以从清华同方业务发展中获得效益;第三,建立的产学合作的激励机制,即让高校团队都能够从技术商业化中获得资源与收益。

在该产学协同模式下,清华同方主要依托企业研发中心在内部设立创新小组,创新小组是基于特定的创新目标和任务,由学校和企业的技术、市场、管理、资本等相关方面专家组成的虚拟组织。公司给予创新小组充分的授权,负责项目的设计、研发、试制、成果转化等全流程。创新小组是企业与高校的资源联结战略单元(resource link SBU),是清华同方关联型产学协同关系管理的核心环节,创新小组孵化出的成果转化主要有三条路径,一是并入到公司主业,二是通过技术转让或"技术+资本"的方式注入社会企业,三是联合相关企业组建成立公司的控股子公司。

公司依靠与学校的联合研发、委托研发、人才交流、学术交流等产学合作模式,积累了一大批科技成果,技术研发能力居于行业领先水平。近几年累计申请专利1887项,其中发明专利1018项,实用新型专利770项,外观专利99项;计算机软件著作登记权188项;海外专利申请544项。研制成功了一大批具有自

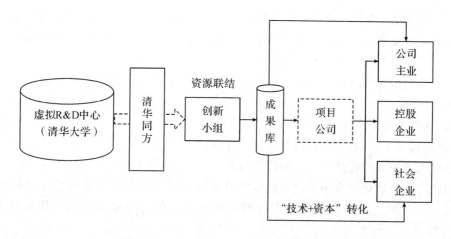

图 34　清华同方基于"虚拟研发中心"的创新小组协同创新模式
资料来源：根据相关文献资料及调研材料整理。

主知识产权的产品或工程系统，例如"中国数字电视地面传输标准"、核辐射技术的安全检查系统、我国二代身份证芯片技术、烟气脱硫、垃圾焚烧、水处理、中央空调系统等等，与高校联合承担了一大批科技项目，并获得了诸多国家级和省部级奖项和荣誉（见表 20）。

表 20　清华同方获得的重大科技专项和荣誉

序号	重大项目和奖项	数量（项）
1	国家"核高基"科技重大专项	15
2	国家科技项目	380
3	国家 863 计划项目	25
4	国家发改委专项	8
5	国家火炬计划项目	45
6	国家科技支撑计划项目	8
7	国家级新产品项目	48
8	国家科技进步一等奖	2
9	国家科技进步一等奖产业化项目	2
10	国家及省部级科学技术奖	102
11	国家及省部级高科技成果推广项目	163
12	国家及省部级成果鉴定	75

资料来源：公司的官方网站。

　　清华同方的良好业绩表现和社会贡献，也获得了一系列社会荣誉，包括

2008 年获得"世界品牌 500 强",2008 年获得中国电子商会"最佳会员奖",获得第二十九届奥运会和第十三届残奥会"突出贡献奖",2009 年获得"中国 500 最具价值品牌"荣誉称号。

公司以"创建世界一流的高科技企业"为目标,紧密依托学校的科研实力与人才平台,汇聚了一支专家型管理团队和高层次科技人才队伍,有很多学校的教授、副教授担任公司的高管,并在公司技术研发的第一线承担领导工作。通过"虚拟研发中心"的产学协同模式,建立战略性产学协同关系(关联型与交易型并重的关系模式),将整个学校的研发与人才平台作为企业的"虚拟 R & D 中心",以技术成果转化的市场机制来进行资源联结,不断导入形成企业的智力资本,形成了强大的产品技术研发能力与创新型人才队伍对企业可持续发展的核心支撑。

公司自成立以来,产值增长超过 100 倍,业务领域从最初的人工环境、信息技术两大主业,发展到目前拥有信息、安防、节能环保三大科技主业,孵化培育了智能芯片、计算机、数字城市、大数据应用、多媒体、移动互联、知识网络、大军工、大安全、半导体与照明、环境科技、节能环保等与国家发展和国计民生密切相关的十二大主干产业集群。例如,公司核辐射技术的安全检查系统市场覆盖 70 多个国家和地区,占据了全球市场份额的 70% 以上;公司开发的二代身份证芯片已在全国普及应用;已发展成为国内最大的综合环保治理工程系统服务提供商之一,已建成几十套环保设施、300 多项水处理工程。

第三节　浙江新和成的产学协同创新实践

浙江新和成的前身是 1988 年创设在浙江新昌的一家有机化工厂,后经整体改制,经省政府批准于 1999 年发起设立浙江新和成股份有限公司,2004 年成为中小企业板第一支在深交所上市的股票。创立之初,靠 10 万元借款起家,经过二十几年的发展,目前该公司已经成长为我国医药行业的龙头企业,是国内最大、国际领先的维生素生产企业。

公司现有资产超过 200 亿元,在新昌县、杭州湾上虞工业园区、山东潍坊等地建立了四个现代化生产基地,已形成营养品、原料药、香精香料、新材料等产业布局,是国家级重点高新技术企业,全国大型的香精香料生产企业,全国大型的维生素类饲料添加剂企业。2018 年营业总收入超过 87 亿元,净利润逾 30 亿元,净资产收益率虽受到近几年市场产品价格下降影响,但仍保持在 14% 以上的回报水平。浙江新和成连续三年跻身中国医药企业前 50 强榜单,是中国上市公司百强企业,"十一五"中国石油和化工优秀民营企业,公司董事会被评为"中国中小板及创业板上市公司最佳董事会(10强)"。

浙江新和成从回收废酒精这一低端产业开始,到今天发展成为世界第三大维生素生产企业,与巴斯夫[①]、罗氏[②]等国际巨头同台竞技,得益于"走产学研合作之路、提升技术创新能力"(引用自公司董事长胡老师在2006年所做的《走产学研合作之路,提升技术创新能力》报告原话)。公司每年科研经费占销售收入的3%~5%,最高一年科研投入曾占到销售收入的10%,每年新产品开发数不低于10个,为企业发展提供了强有力的科技创新原动力。公司建立了国家级企业技术中心、国家级博士后科研工作站、超临界反应实验室,与高校、科研机构成立了联合研发中心,配备了100多台/套大型高精密度仪器设备和一支由博士、硕士组成的高效科研团队。

公司秉承"创新精细化工、改善生活品质"使命和"创富、均衡、永续"的经营责任,坚持走"专业化"道路,专注于精细化工产业领域,遵循"技术专业化、产品系列化、生产规模化、市场国际化"的四化策略,"做深做宽"营养品、"做强做大"香精香料、"做优做专"原料药、"做快做好"高分子复合新材料,致力于把公司打造成国际著名的精细化工大型跨国企业。

产学协同创新历程

浙江新和成确立了"科技为先、以人为本"的经营管理哲学和"创新、人和、竞成"的企业价值观,崇尚团队精神,注重整合外部创新资源和发挥员工的创造性,与浙江大学、中科院、清华大学、北京化工大学、国家新药研究开发中心等高校、科研机构建立了紧密合作关系,积极探索产学研协同创新的机制与模式,提升企业核心竞争力。

第一阶段(1988—1994):以新产品开发为动机,尝试产学联合技术攻关。

公司的前身是1988年11月设立的一家校办工厂,创始人胡老师靠着10万元借款起家,以回收废酒精为业务。胡老师毕业于绍兴师范专科学院化学系,是当地一所中学的化学老师。当时,企业从制药厂收集一些低成本的废酒精原料,从废酒精中提取酒精,主要用的是分离技术。废酒精回收业务的科技含量低,生产工艺简单,面临成本竞争的市场挑战,刚刚起步的校办工厂规模小、底子差,很

---

① 德国巴斯夫股份公司是世界最大的化工企业之一,在欧洲、亚洲、美洲的41个国家拥有逾160家全资子公司或合资公司,在2019年《财富》世界500强排行榜位列第115。

② 罗氏是世界著名的生物制药公司,主要业务范围涉及药品、医疗诊断、维生素和精细化工、香精香料等四个领域,罗氏在全球各地的实验室共获得三项诺贝尔奖。

容易被市场淘汰。在收集酒精生产原料的过程中,胡老师跑遍了上海的大药厂,观察到其他企业的产品 1 千克几千元,而自己的产品 1 吨只有几千元,萌生了"要做就做科技含量高、市场潜力大的高附加值产品"的念头。

借助高校学习的基础知识,从中低端产品模仿开始,实现公司第一次"质"的飞跃。然而一个当时只有三十几名员工的校办工厂,对开发技术复杂、难度高的新产品完全没有把握,以模仿国外产品作为新产品开发策略是一条现实可行的路径。经过反复研究,工厂决定开发腹泻类药物诺氟沙星的中间体乙氧甲叉。这种新产品当时完全由德国赫斯特公司①垄断,国内需求很大且完全依赖进口,市场价格在 1 吨 14 万元。通过多轮调研,初步了解到该产品技术只需要两步化学反应,胡老师结合自己在学校学习的化学知识,综合分析这类产品的开发还是具有一定的可行性的。1990 年公司筹集 60 多万元资金,克服极大的困难和各种压力,试制开发乙氧甲叉。1991 年,公司第一个国家级新产品乙氧甲叉研制成功,当年实现产值 1047 万元,利润 64 万元。该产品的研制成功,不仅填补了国内产品的空白,凭借过硬的产品质量占领了德国公司在中国市场的领地,更是让公司业务从废酒精回收跨入了医药原料药生产,实现了公司第一次"质"的飞跃。

新产品虽然研制成功了,但是受制于生产工艺落后,产品生产成本却远高于国外企业。尝到了科技创新的甜头,公司对继续走产品创新之路充满信心,创始人胡老师又把眼光瞄准国际大市场——维生素 E 的重要中间体:主环(三甲基氢醌)。这类产品是生产药品、保健品、食品、化妆品、饲料等产品的重要中间体,市场空间巨大,市场价格当时高达 1 吨 40 万元。由于这项产品工艺复杂,技术难度大,国际市场始终被巴斯夫、罗氏等大公司垄断,单凭公司现有技术团队无法完成新产品研制任务。

整合高校的"外脑",改进产品生产工艺流程,研制市场空间巨大的高附加值产品,实现公司第二次"质"的飞跃。1991 年,创始人胡老师找到母校的校长,将读研留校的师兄请到公司,负责维生素 E 中间体主环的研发和乙氧甲叉生产工艺的改进。经过持续研发,乙氧甲叉的生产成本降了下来,改良后的工艺保证了产品质量。新和成的乙氧甲叉以卓越的产品品质和低廉的市场成本,不仅占据了国内大部分市场份额,还打入了国际市场。此时,主环的研发碰到了一些瓶颈,某些关键技术问题始终无法攻克。公司想到进一步借助"外脑",聘请浙江大学的两位博士来进行联合开发,解决主环研制过程中的关键技术难题。1994 年,经过近 3 年的产学联合技术攻关,维生素 E 中间体主环研制成功,项目研发

---

① 德国赫斯特公司是世界著名的大型综合性化工跨国企业,在世界化工公司中仅次于杜邦,排名第二。

周期比预期提前了1/3。该产品的研制成功,结束了我国化学合成维生素所需主要原料依赖进口的历史,上海第二药厂、德国汉姆公司等国内外客户纷纷认可了公司产品。当年公司产值跃上了亿元台阶,实现了公司第二次"质"的飞跃。目前,经过不断的技术创新和市场开拓,主环产品年产量已经突破 3000 吨,国内市场占有率达到 70%,先后获得国家级新产品、国家级火炬计划项目、浙江省高新技术产品和浙江省科技进步二等奖等荣誉。

第二阶段(1995—2006):稳固发展产学合作关系,建立联合研发的关联型产学关系。

公司在发展中看到技术创新所带来的巨大市场回报,更加坚定了走新产品开发和技术创新战略道路的决心。企业规模不断增长,市场回报不断增加,对研发投入有了一定的资源保障,但是科研条件、研发团队等基础还较为薄弱。在第一阶段尝试了通过产学合作进行技术创新的方式后,公司继续稳固与浙江大学的产学合作关系,并进一步发展与其他高校、科研院所的合作,逐步建立起产学联合研发的模式。

逐步完善产学联合研发模式,设立以企业技术中心为纽带的产学合作网络,建立从小试到产品规模化生产的全过程合作方式。1995 年,随着主环和乙氧甲叉这两类产品市场占有率进一步提升,公司销售额得到快速增加,当时公司决定上马研发维生素 E 的另一个重要中间体——异植物醇。在与高校的初次合作中,公司感受到这种产学联合研发的方式解决了项目研制中的关键技术难题,还通过借助"外脑"提高了研发效率、降低了研发成本。于是,公司继续聘请浙江大学的专家李老师和陈老师,与企业研发团队一起实施异植物醇的研制,从项目立项、技术攻关、产品工艺到项目产业化的项目研发全过程开展产学合作,并以该项目承担了国家重点火炬计划(1200 吨/年异植物醇项目)。自此,浙江新和成与浙江大学的这两位专家建立了稳固长期的战略合作,给他们享受公司副总裁级别的高规格待遇。这些高校专家不仅承担企业的研发课题,还为企业的工艺流程改进、技术并购、项目技术风险评估等提供咨询支持。与此同时,结合企业解决技术难题的实际需求,这些浙江大学的专家还介绍了其他相关领域的同事和其他高校的专家来为企业提供技术支持,形成了一个产学合作的网络。鉴于公司产品的研发周期长、研发风险较高,在产学合作模式上,浙江新和成与高校的研发课题采用了"基本顾问费+绩效经费"的合作方式,大大提高了研发人员参与企业技术攻关的积极性。与此同时,公司非常重视对研发成果的奖励,在公司刚刚起步发展的 1995 年,创始人胡老师仅领着 2 万元年薪,公司对做出重大技术成果的研发人员的奖励便已高达 30 万元。

为了进一步稳固和发展这种产学合作关系,完善产学联合研发模式,公司于

1997年设立了企业技术中心,并与浙江大学化学系共建了分子结构设计与热力学研究组,与浙江大学联合反应研究所共建了新和成联合反应研究组,与浙江大学化工机械研究所共建了工程装备技术研发中心。随后,进一步拓展产学合作范围,公司与中科院、清华大学、北京化工大学、国家新药研究开发中心以及德国、比利时等国内外高校、科研机构建立了长期合作关系,聘请30多位国内知名专家、教授为公司的高级技术顾问。以企业为主体、市场为导向,整合高校、科研院所等外部专家资源,建立开放协同的技术创新体系,联合开展技术攻关。2004年3月,该技术中心发展成为国家级技术中心,不断通过产学合作积淀技术研发的资源与实力,实现了企业技术创新能力的持续提升。

产学联合研发的产品创新成果不断涌现,推动着企业技术能力和经营业绩的大幅度提升。产学合作结出了累累硕果,其中公司与浙江大学合作开发国家级新产品10项、省级新产品33项,共同申请了20多项专利,尤其在维生素领域取得了显著的科研成果和技术突破,其中有6项成果还荣获浙江省科学技术进步二等奖,3项成果获浙江省科学技术进步三等奖。同时,公司与浙江大学合作成功开发了阳离子交换树脂法催化合成、维生素A中间体制备、维生素 D_3 提纯工艺、高含量维生素E制备、碱性阴离子交换树脂催化合成等20项专利技术,CIMS应用、清洁生产、高真空精馏分离、反应与分离耦合、低温快速非均相反应、催化剂制备与应用、无水无氧条件工业化实施、高温毫秒级反应器设计与制造、间歇过程计算机在线控制、环境友好的烯炔醇生产等多项共性技术和创新技术。这些产学合作项目中,多项技术被列入国家级省级重点科研项目,《我国维生素A产业清洁生产技术开发》被列入国家科技攻关引导项目,《维生素E的绿色合成工艺开发及产业化》项目被列入浙江省省重大绿色专项,《80吨/年β-胡萝卜素》项目被列入浙江省重大高新产业化项目。自1995年开始,公司与浙江大学合作开发了维生素E、维生素A及其衍生物β-胡萝卜素、虾青素这4个产品的"绿色"合成新工艺。通过联产,只用一种原料、共用3个中间体,使得原先单独生产所需的52步反应减少到38步,年减少废水5万多吨。仅该项目获得的相关技术,就申请国家发明专利18项(已授权14项),2011年该项目"脂溶性维生素及类胡萝卜素的绿色合成新工艺及产业化"还荣获"国家科技发明二等奖"。

通过产学联合研发,公司研制成功了一批国家级、省级新产品,每个新产品都极大地推动了企业发展和销售增长。1997年,公司研制成功维生素E的另一重要中间体异植物醇并投产,当年实现产值2.9亿元,创汇2372万美元(是国家火炬计划项目申报指标的2.8倍),成为国内唯一一家实现合成维生素E所需主要原料国产化的企业。当公司与高校联合研发的维生素A、芳樟醇等高难度大项目投产后,公司销售额在 2003 年跨入 10 亿元大关。在产学合作过程中,企业与高校联合申报了一系列国家火炬计划项目,如 1996 年的异植物醇、1998 年的芳樟醇、1999 年的香叶酯、2000 年的甲基乙烯酮、2001 年的 β-紫罗兰酮、2002 年的维生素 A 棕榈酸酯、2003 年的双环壬烯等。这些进一步促进了企业科技成果的迅速产业化,并产生了巨大的经济效益,推进了企业快速发展步伐,为国家节约了上百亿的外汇。如芳樟醇项目完成增加产值 8400 多万元,年创汇 500 万美元,增加利润 2200 多万元,每年上缴税金 1400 多万元;香叶酯的投产每年新增产值 5 亿元,利税 6000 余万元。

"一个新产品、一个新台阶",这正是源于公司坚定了以技术创新作为企业发展的生命线,建立了高效的产学联合研发模式,从小试、中试到大规模产业化的全方位产学合作,加快了产品创新速度。通过这种"优势互补、风险共担、利益共享、共同发展"的产学合作模式,合作的范围也从单一产品研发发展到系列产品的开发,发展到产业链的整合及国内外先进技术的总集成方面的合作,通过共同探索行业共性技术、前瞻技术实现了一系列关键技术的解决和突破。

坚持以企业为主体,市场为导向,产学研相结合的技术创新体系,为企业产品结构调整,引进技术和装备的消化吸收,赶上和达到世界先进水平,奠定了良好的基础。同时,产学合作充分利用高校在高端人才、理论研究、仪器装备等方面的优势,大大减少企业在试验研究中人力、物力的投入,大大促进了企业技术创新能力的提高和经营业绩的提升。

第三阶段(2007—2012):扩大产学合作领域,扩展关联型产学协同关系,实现产学全面合作。

在产学合作过程中,除了主要依靠高校的专家力量和科技资源来解决产品研发问题,还延伸到规模化生产的工艺流程改进,再进一步到企业发展战略、人才引进、经营管理、企业文化建设等各个方面,扩大了产学合作领域,实现了企业与高校的全面合作。例如:通过产学合作改进工艺流程、提高清洁化生产效率,企业排入自然水体的 COD[①] 量从 2009 年的 117.51 吨下降到 2013 年(上半年)的 48.84 吨(见图 35);在投入巨资改良升级现有产品生产线、提高自动化生产水平的基础上,还与高校、科研机构合作优化生产流程,提高产品质量管理水平,激发员工积极性与潜能,大大提高了生产效率,公司人均产值从 2010 年的 109.37 万元增加到 2013 年(上半年)的 169.02 万元(见图 36)。

以产学合作推动高素质人才的培养与引进,在科研合作过程中实现"传、帮、

---

① COD(chemical oxygen demand)化学需氧量是以化学方法测量水样中需要被氧化的还原性物质的量,工业废水中能被强氧化剂氧化的物质(一般为有机物)的氧当量。

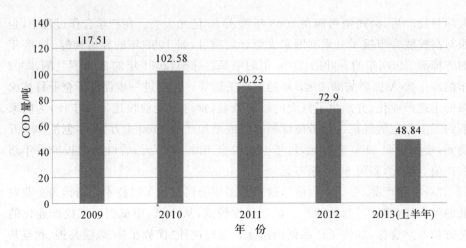

图 35　浙江新和成年排入自然水体 COD 量

资料来源：企业内部期刊《新和成 25 周年特刊》。

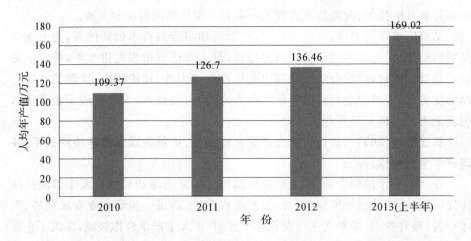

图 36　浙江新和成员工人均年产值

资料来源：企业内部期刊《新和成 25 周年特刊》。

带"的效应，组建一支高水平的专兼职科研团队。企业在高速发展的过程中，公司领导层一直都在关心和重视人才问题，"科技为先、人才为本"这一经营管理哲学，透露出的就是企业对实施科技创新人才重要性的深刻洞察。但作为地处浙江一个小县城的高科技企业，如何吸引到能够持续推动企业发展的高素质人才却成为企业面临的巨大的挑战。在企业发展初期，公司并不能提供足够的硬件条件，但在与高校的合作过程中，不仅聘请到了高校的老师，还带来了一起与老师做课题的研究生。因为长期战略合作关系的存在，这些研究生一年中有半年以上在企业工作,既适应了企业的文化氛围和工作环境,又得到了实践能力的提升。与此同时,企业也积极为这些研究生提供发展平台,对能力强、素质高的毕业研究生委以重任。在与浙江大学的战略合作中,这种方式为企业输送了十几名高素质研究生,充实了企业的研发队伍。这种"缓冲期"双向选择的人才引进模式,是产学合作过程中对企业创新绩效提升的一个重要贡献,也是企业人才引进的一种创新模式。紧密的产学合作夯实了企业人才引进与培养的基础和平台,在2002年企业获批省级博士后工作站后,2008年7月公司又获准成为国家级博士后工作站,至今已与高校联合培养了近10名博士后,有5名博士后出站后加盟公司,成为公司重大科研项目的带头人。

除了通过高校资源来为企业"引智",浙江新和成还注重利用高校资源进行人才的内部培养,企业每年投入500多万元用于与高校的人才培养合作。例如,每年都会邀请浙江大学、清华大学、中科院等高校和科研院所的专家到企业开设讲座、举办科研人员能力培养培训班,一些长期合作的外部专家、海归教师经常会来公司指导企业的科研工作,有很多专家平均每两周就要来企业一次。同时,输送企业的中青年骨干到高校深造,在职攻读研究生、博士生的员工多达十几人,这些深造人员的学费都是由企业来承担,鼓励员工到知名高等学府"回炉淬火"。公司的科技人员绝大多数是刚从学校毕业的大学生,他们有热情、有闯劲、有一定的理论基础,但绝大多数知识不够全面,尤其是缺乏实践经验,要他们马上能有效地开展研发工作并很快做出成绩,显然不够现实,公司迫切需要聚集一定数量的有较高造诣的科技领衔人才。在与高校联合开展课题研究的过程中,采用"传、帮、带"的方式,企业让内部技术人员与高校老师一起开展研究工作。这种"师傅带徒弟"式的产学合作课题模式,让企业中大量刚出校门的大学生得到了培养,一大批科技业务骨干脱颖而出,成长为课题组长、项目经理、工程师、高级工程师,如30来岁的两位年轻员工就担任了投资5个亿的火炬项目技改工程建设负责人,从技术工艺实验、工程设计、安装、调试、开车、生产等全方面得到很好的锻炼。产学合作的人才培养模式,为公司锻炼和造就了一支技术过硬、从初级到高级各个层次的业务素质精良的科技队伍,为企业的可持续发展奠定了坚实的人才基础。

凝练提升企业独特的"老师文化",传承高校的精神内涵,打造学习型、知识型组织。公司的高管很多都从事过教师的职业,在企业里大家不论职务高低、年龄大小,都互称为"老师"。用创始人胡老师的话说,企业之所以倡导"老师文化",就是要成为学习型、知识型企业,为企业和社会培养造就更多的有用之才。这种独特的"老师文化",在与高校的紧密合作中得到了升华。随着企业规模增长和对人才需求的增加,公司更加注重营造"老师文化"的氛围,每年投入上百万元为新员工提供培训机会,建有两个藏书近万册的企业图书馆,建有培训中心、电化教室等培训设施,设立专门的奖学金鼓励员工自学成才。每年培训经费列入年度工作预算,培训计划列入各级企业干部的考核指标,培训成果与员工薪酬、绩效挂钩。同时,以"老师"标准严格要求企业高管,"师者,率先垂范,以身作则",这已经成为浙江新和成衡量企业领导干部的言行举止的标准,排在公司领导八大形象要求之首。这种"老师文化"增强了员工对企业的归属感,极大地激发了员工的创造性与积极性,随着这一文化和制度的完善,公司通过"我为公司发展献一计"的合理化建议活动收到的建议数增长迅速,已经累计收到员工合理化建议 30392 条,产生经济效益 1 亿多元,自 2007 年以来的合理化建议产生的效益约 9000 万元(见图 37)。

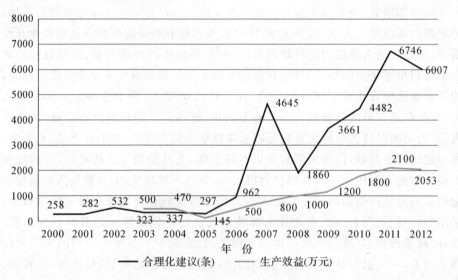

图 37 浙江新和成历年合理化建议及产生的经济效益对照表

资料来源:企业内部刊物《新和成 25 周年特刊》。

深化拓展与高校的战略合作,充实管理专家到公司"外脑"专家团队,促进企业管理能力提升。企业与高校的合作,从技术层面进一步延伸到管理层面,邀请高校的知名管理学者来公司为企业高管开设讲座,同时选送企业管理者到清华大学、浙江大学等国内知名学府进行深造和培训。如聘请浙江大学管理学院邢老师的研究团队为企业提供管理咨询,这个研究团队为企业设计了胜任力模型等多项管理制度,有效提升了企业管理能力。邀请清华大学的创新管理学者陈老师担任公司的独立董事,并多次安排他为公司高管作技术创新、创新战略等方面的培训工作,为企业发展建言献策。

第四阶段(2012年至今)：与高校共同设立产学合作载体，深化关联型产学协同创新战略关系。

作为一家高科技企业，以产品创新作为企业发展的生命线，对技术创新与高端人才的需求非常迫切。企业在与高校的长期合作中，通过企业内部的载体平台，如企业技术中心(研究院)，已不能满足公司对高校这一重要外部创新源的资源诉求，需要与高校共同建立一种关系稳定、机制创新的产学合作载体。公司在与浙江大学、中科院化学研究所、浙江工业大学等科研院所单位长期战略合作基础上，建立了精细化工超临界反应技术工程实验室，2012年10月该实验室被评为国家地方联合工程实验室，是目前国内唯一将超临界反应技术应用于化工医药中间体合成的研发平台。

创新产学合作的体制机制，加快创新资源的国际化整合，构建支撑企业持续创新和突破性发展的平台。浙江新和成与浙江大学化学、化工等学科合作多年，从单一产品研发到系列产品和产业链的整合，以及国内外先进技术的总集成方面的合作。产学合作的范围，也从化学系延伸到控制系、机械系、管理学院等院系，甚至拓展到与浙江大学有合作关系的国际国内高校，校企之间建立了紧密的战略合作关系。为了进一步扩大合作范围，创新合作的体制机制，2012年12月双方共同成立了"浙江大学-新和成联合研发中心"，在化学、化工、生物化工以及新材料等领域的基础研究、工程化研究进行联合攻关，获取最前沿的科技信息，并以产学合作载体吸引全球优秀的科技人才，培养高端研究人才，研发具有关键核心知识产权的技术、产品和装备，支撑企业的"二次创业"和突破性发展。例如：2012年公司与高校联合研发的药品级维生素E产品获得国际维生素巨头日本卫才株式会社的认可；在高校专家的技术支持下，新材料项目发展取得阶段性突破，2013年特种工程材料聚苯硫醚PPS顺利投产，标志着企业进入了新材料这一新兴产业领域。

产学协同关系的管理

浙江新和成重视科研投入、注重新产品开发，敢于承担创新风险和包容失败，每年科研经费占到销售收入的3%～5%，每年新开发的产品数不低于10个。通过案例调研可以看到，公司在产品技术链的"上攻下伐"取得了一系列原创性技术成果，鼓励创新、包容失败，表现出浓厚的"创业性格"，通过不断完善产学合作模式，构建了创业导向的产学协同创新体系与运作机制。

按照"激活资源互补、强化要素组合、推动科技创新、发展高科技、实现产业化"的思路，构建了"三个一"的协同创新体系架构和"三层次"的技术创新组织模式，建立以关联型产学协同关系为主的协同创新机制。

第一,以市场导向、创新机制来整合联结外部创新资源,构建"三个一"的关联型协同创新体系,即一个协同创新网络,一个协同创新平台,一个协同创新中心。

协同创新网络,是通过企业技术中心、"浙江大学-新和成联合研发中心"、战略合作的高校科研院所等三个桥梁纽带所联结成的创新资源网络(见图38)。这个网络的特点是以企业为核心,充分发挥市场导向在创新资源配置中的关键作用,提高整个网络的资源利用效率。在调研走访中笔者了解到,企业非常重视自身研发能力的建设,也深刻认识到企业创新的短板,以优势互补、开放包容、利益共享的产学合作机制构建了协同创新的网络架构。目前,企业已经通过联合研发中心的载体,与浙江大学形成了全面战略合作关系,进一步与中科院、清华大学、北京化工大学、国家新药研究开发中心等在行业领域具有与企业互补优势、实力雄厚的科研院校建立了长期紧密的合作关系,聘请30多位国内外知名专家、教授为企业智囊团。

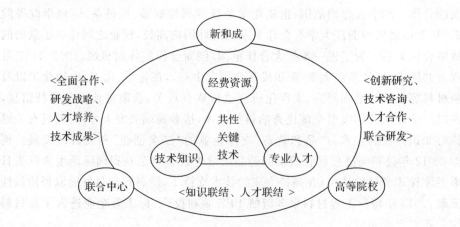

图 38　浙江新和成的产学协同网络

资料来源:根据案例调研资料整理。

协同创新平台,即整合汇聚校企联合研发中心、国家级企业技术中心、超临界反应技术国家级工程中心的研发条件资源、科技人才资源、技术信息资源,形成能够实施关键核心技术研发、新产品研发、工艺流程改进的协同创新大平台(见图39)。企业在已有的研发条件资源基础上,通过该平台实现企业研发平台与高校设备资源、企业内部知识与高校科技信息的无缝对接,降低了研发成本,缩短了产品开发周期,提高了资源利用效率。企业在协同创新平台硬件建设投入上毫不吝啬,与高校形成互补性的设备资源优势,甚至优于高校的实验室的条件水平,先后投入了数亿元资金购置关键设备和检测试验仪器。例如:配备了从

零下 80℃的超低温到 600℃以上的超高温、从 0.01Pa 的高真空到上百个大气压
的高压等条件的实验设施；具备高效色谱连续分馏、分子蒸馏、薄膜过滤、红外干
燥、精密自动控温等现代化实验手段；引进了全自动元素分析仪、等离子发射光
谱仪、美国惠普公司 HP1100 高效液相色谱仪、HP6890 全自动气相色谱仪、美
国瓦里安公司 CARY-100 紫外分光光度计、核磁共振仪等先进的分析检测
设备。

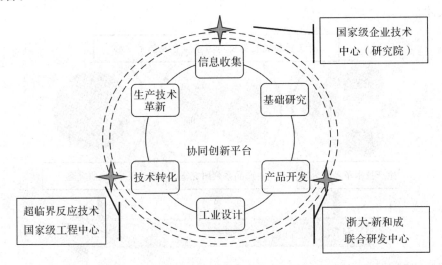

图 39　浙江新和成的协同创新平台
资料来源：根据案例调研资料整理。

　　协同创新中心，即设立在企业内部的技术中心，成立于 1988 年，2004 年获
准成为国家级技术中心，是公司的基础研究中心、产品开发中心、工业设计中心、
生产技术开发中心、科技信息网络中心、高科技人才培养中心。企业技术中心由
中央研究室、产品系列研究室、生产技术革新研究室等三级结构组成，拥有国际
一流的科研设施，国内顶尖的高素质科研队伍，中心下设信息资料室、催化研究
室、物化研究室、国家级博士后科研工作站以及 16 个有机合成研究室。
　　第二，以企业技术中心为产学协同关系的联结主体，优化内外部创新资源配
置，合理布局企业研发结构，形成"三层次"的产学协同组织模式。
　　企业技术中心分为中央研究室、产品系列研究室、生产技术革新研究室等三
个层次（如图 40 所示），中央研究室负责开发未来 5～10 年战略性产品的关键核
心技术，产品系列研究室负责开发紧密对接市场需求的未来 3～5 年的新产品和
新技术，生产技术革新研究室负责现有产品的技术升级与工艺革新。"三层次"
的组织结构，既分工负责，又紧密协作，从"引领"发展的原动力、"促进"增长的推动

力到"保障"效率的提升力,形成了能够支撑企业可持续健康发展的"三维合力"。

中央研究室是企业技术中心中与高校联结作为紧密的层次(紧密层),承担公司长期的产品创新战略和实施关键核心技术研发,是引领企业发展的核心源动力。通过与高校的紧密合作,企业及时跟踪全球最新的技术信息和世界领先企业的技术动态。在该层次上重点建设基础研究和超前研究的技术能力,目前中央研究室研发队伍有 50 多人,且以博士、硕士为主,汇聚了一批高素质科技人才。

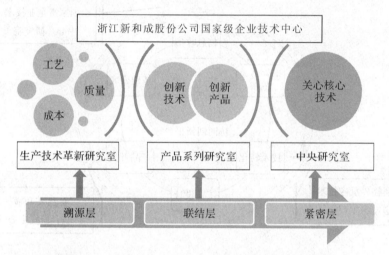

图 40 浙江新和成关联型产学协同关系的"三层次"组织模式
资料来源:根据案例调研材料整理。

产品系列研究室是基于市场需求导向的高校资源联结层,紧跟当前市场发展趋势,整合高校等外部资源,着眼布局未来 3～5 年的新产品、新技术开发,是促进公司业绩增长的主要推动力。中央研究室的技术成果通过一定方式的转移,在产品系列研究室继续研发,中央研究室的科技人员也会过渡到产品系列研究室担任项目负责人。通过调研了解,企业在该层次上更加重视自身研发队伍的建设,基本采用自主设计项目立项的方式,在研发的全过程中具有相当大的主动权。通过与高校的合作主要解决产品研制过程中的关键技术难题,企业也同时借助产学合作充实研发队伍力量。

生产技术革新研究室是基于关键技术问题导向的溯源层,通过联合高校力量解决工艺和技术中的关键问题,以此提高现有产品的质量、降低生产成本、优化工艺流程,是企业保障创新效率的重要提升力。近年来公司更加关注联合高校的力量,实现产品的绿色生产,通过工艺改进降低生产过程中的能耗和污染物排放。同时,在该层次上企业重视发挥内部员工的工程技术能力与工作经验,在生产技术革新研究室设立专项来解决产品质量不稳定、生产成本过高等问题,公司还面向全体员工发起了"合理化建议"活动,以全员创新的方式来提升创新效率,成为生产技术革新研究室的重要补充。

产学协同创新的模式

纵观浙江新和成的发展史,是一个不断产品创新、不断开拓市场的"创业史",公司始终以危机意识来推动企业发展,表现出强烈的"创业导向"倾向,这种倾向作为一种企业基因根植在公司建设的方方面面。公司以解放创新力、激发创造力为根本,通过市场导向、效率优先的机制配置内外部创新资源,逐步构建"以我为主"的产学协同创新模式。在与高校合作过程中,随着公司自身创新资源和禀赋的不断演化发展,其产学协同创新模式也大致经历了两个发展阶段,比较明显的时间分界点应该在 2006 年前后。

第一阶段(1988—2006),以新产品开发和工艺流程改进为需求导向,依托高校的科技人力资源,建立紧密的产学联合研发模式。

从公司创立初期的要素来看,地处偏僻县城,从一个几十名工人的校办工厂起步,条件简陋、基础薄弱,根本无法想象它能够取得今天的发展成就。创始人利用大学所学的化学知识,从第一个产品乙氧甲叉的模仿创新开始,逐步与高校建立了紧密的联合研发模式(见图 41)。企业凭借其敏锐的市场嗅觉,确定新产品开发战略,整合合作高校和企业内部的研发力量,攻克一个个技术难题和研制成一批市场前景巨大的新产品。这个时期,公司特别依赖高校"外脑"在关键核心技术上的优势。例如,公司一个重要的新产品——虾青素的研发成功,就离不开与兰州大学的技术合作。兰州大学在产品领域拥有先进的科研设备,首先在电脑上自动生成了虾青素的 50 多条合成路径,进而根据产品规模化生产的要求与公司一起在这些路径中选择了合适的合成方法。经过多次实验和改进后,最终顺利完成了该产品的研发和产业化。产学紧密联合的机制,相比以往单纯依靠高校、科研院所或企业的封闭式研发,大大提高了技术创新的效率。例如维生素 E 的两个重要的中间体项目,是技术难度很高的课题,中科院连续多年进行技术攻关都没有实现突破,公司通过与浙江大学的联合研发,不仅成功开发出这两个新产品,还比预期研发周期缩短了 1/3。

紧密的联合研发模式,还体现在课题研究过程中通过"传、帮、带"的形式培养企业内部人才。在此阶段,公司已经关注自身研发队伍的建设,然而引进一批高端科技人才的企业环境还尚未成熟。与高校的紧密合作,让高校专家、研究生队伍长期与公司技术人员共同工作,在公司的技术中心设立了十几间固定的专

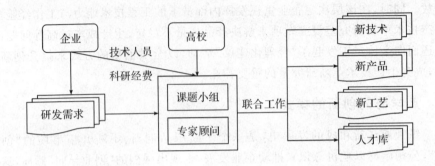

图 41　浙江新和成以市场为导向的产学联合研发模式

家办公室,供长期合作的高校专家办公使用。通过"师傅带徒弟"的方式让一大批企业内部员工走上重要的岗位,他们成长为高级工程师、项目带头人。

第二阶段(2007 年至今),用共赢机制联结产学合作网络,构建产学合作载体,深化"以我为主"的产学协同创新的模式。

企业以技术中心为纽带,联结了国内若干所与公司产业需求契合、资源实力雄厚的高校科研院所,通过产学协同创新的共赢机制,深化全面合作、提高创新效率。在与高校的课题合作中,企业考虑到产品研发周期较长的实际情况,制定风险共担、利益共享的项目负责制,除了每年给予项目研发经费、基本咨询费,还对研发成果设立了绩效奖励和利润分享机制,极大地调动了高校科研人员参与企业研发的积极性。另一方面,高校与企业共同解决的关键核心技术问题,赢得了国家和省级诸多奖项,为高校科研人员的理论研究提供了精神回报和学术肯定。设立"浙江大学-新和成联合研发中心",为高端人才引进与培养、科技信息与资源共享等产学全面战略合作提供了开放式创新服务平台,公司自身科研条件逐步改善,也为产学合作提供了甚至比高校环境更优越的实验设备平台。依托分析研究平台、技术管理平台、多功能中试平台、知识产权信息平台,实现企业与高校创新资源的共享、整合和转化(见图 42)。

公司将利用高校外部专家资源与培养内部创新能力相结合,随着企业自身研发、管理、生产等水平不断提高,逐步形成"以我为主"的产学协同创新模式(见图 43)。"以我为主"的技术创新模式,即根据技术开发的需要,先在公司内部进行立项评审,再对项目进行任务分解,能由企业自身技术人员完成的项目则进行内部开发,需要借助科研院所和高校科研力量进行攻关的项目,就由企业与科研院所和高校科研力量组成联合技术攻关小组进行研究。这种模式既发挥了企业内部科技人员的积极性,又弥补了自身的不足,提高了企业自主创新水平,保障了项目的顺利实施和产品的质量。"以我为主"的产学协同创新,还包括企业根

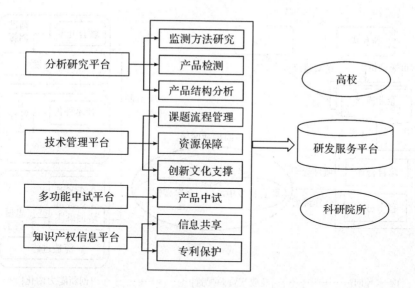

图 42　浙江新和成开放共享的研发服务平台

资料来源：根据案例调研材料整理。

据技术管理、财务会计、绩效机制、文化建设等实际需求，邀请相关的高校专家来企业授课指导或联合开展课题研究，同时加大内部人才培养力度，输送一大批企业骨干到清华大学、北京大学、浙江大学等知名学府进行深造。

从时间跨度和项目过程中分析，浙江新和成在技术问题多、创新资源储备不足的项目前端，用开放式手段通过协同创新网络实现创新资源的高效配置，而后再进一步积累科技人才、知识产权、研发设备等创新资源，实施创新能力的"内化"发展策略。根据调研了解，公司结合四大业务板块发展的实际情况和公司战略部署，对原料药、营养品、香精香料、新材料等业务发展采用不同的创新策略。在营养品、香精香料等市场相对稳定的支柱业务产品研发上（这两类业务产品占到公司销售额的 70% 以上），企业已经通过前期的产学合作破解了一系列技术难题，在进一步持续技术升级、工艺改造、延伸品开发等渐进创新过程中，多采用公司内部研发，形成了一支稳定的研发团队。在原料药等重大基础性研究项目上，企业仍旧继续采用紧密的产学联合研发机制。在新进入的新材料领域，企业结合高校专家的咨询建议、技术评价，通过引进消化国外成熟的技术，聘请国内外高校专家团队联合攻关，以国际产学合作推进项目产业化。

产学协同，其核心成果是推动企业技术创新能力的提升，服务于企业的产品创新战略。浙江新和成自创立早期就重视与高校、科研院所的研发合作，尤其是在与浙江大学的战略合作过程中，公司为主设计项目需求，以市场为导向整合外

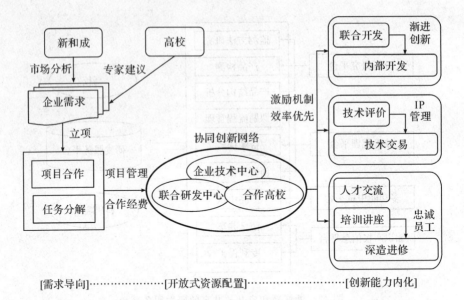

图 43　浙江新和成"以我为主"的关联型产学协同创新机制

资料来源：根据调研材料整理。

部创新资源，共享科技信息、科研设备与研发团队，诸多合作科研项目得到了国家、省部级的课题计划支持，产品创新硕果累累。至今，企业已通过产学协同创新的机制，成功开发了国家级新产品 15 个，实施国家火炬计划项目 14 项，获得其他国家级研发支持项目 10 多项，取得专利授权 60 多项（见表 21）。

表 21　新和成通过产学合作开发的国家级新产品和承担的科研项目

序号	国家级新产品	国家火炬计划项目
1	三甲基氢醌(主环)	600 吨/年　三甲基氢醌
2	甲(乙)氧基甲叉二酸二甲(乙)酯	异植物醇
3	异植物醇	芳樟醇
4	香叶酯	甲基乙烯酮
5	β-紫罗兰酮	700 吨/年　β-紫罗兰酮
6	辅酶 Q10	维生素 A 棕榈酸酯
7	甜醇	80 吨/年　双环壬烯
8	丰烯二酮	青蒿琥酯
9	VA 棕榈酸酯	噻嘧啶
10	环啉	20 吨/年　卤泛曲林
11	斑蝥黄	600 吨/年　覆盆子酮

序号	国家级新产品	国家火炬计划项目
12	叶醇	30吨/年　番茄红素
13	高顺式-二氢茉莉酮酸甲酯	3000吨/年　柠檬醛
14	(番)茄红素	
15	角鲨烯	

注：还承担了国家863项目、创新基金项目以及10多项重大产业化科技项目。

资料来源：企业内部宣传册。

"一个新产品，一个新台阶"，这些科技成果都极大地促进了公司经营业绩的增长，每个标志性产品的研制成功，都带来企业一次"质"的飞跃。基于产学合作的持续技术创新和新产品研发，为浙江新和成的发展注入源源不断的创新动力，新和成确立了在国内医药行业乃至世界维生素行业的龙头地位。

➢ 1991年，研制成功公司第一个国家级新产品乙氧甲叉，填补了国内技术产品空白，打破了过去依赖进口的历史，并将产品成功打入国际市场；

➢ 1994年，列入国家火炬计划的维生素E中间体主环项目研制成功，结束了我国化学合成维生素E所需主要原料长期以来依赖进口的历史，并使得公司产值跃上亿元台阶；

➢ 1997年，通过与高校合作成功研制出维生素E的另一个重要中间体异植物醇并投产，成为国内唯一一家实现化学合成维生素E所需主要原料国产化的企业；

➢ 1997年，企业技术中心成立，2004年3月成为国家级技术中心，2008年7月获准成立了国家级博士后科研工作站；

➢ 1998年，研发成功维生素A；

➢ 1999年，研制成功芳樟醇并投产，十几年来市场销售额稳居世界前三，占到全球市场份额的25％～30％；

➢ 2000年，研制成功维生素D_3，目前生产规模位居世界前三位，占到全球市场份额的20％；

➢ 2001年，研制成功叶醇，成为国内第一家、世界第二家能够大规模生产叶醇的企业，目前产品市场份额占到全球的45％；

➢ 2002年，开发成功生物素，拓展了维生素产品的品种；

➢ 2004年，研制成功虾青素，成为国内唯一一家实现虾青素合成工艺技术的企业，拥有了虾青素、β-胡萝卜素、番茄红素、叶黄素等类胡萝卜素产品的合成专利、制剂专利，是世界上三大生产厂家之一，其中虾青素产量占全球市场的三分之一，产品全部出口到挪威、智利、日本等国家；此时，企业销售额跨入10亿元大关；

➤ 2005 年,研制成功维生素 E 的新合成技术,目前维生素 E、维生素 A、维生素 D_3 等公司产品的市场规模均列全球前三位,占到世界总市场份额的 1/4,远销欧盟、美洲、东南亚等国家和地区；

➤ 2006 年,研发成功辅酶 Q10,同年研发成功柠檬醛,成为国内第一家、世界第三家能够大规模生产柠檬醛的企业,成为齐华顿、IFF、芳美意等国际香料巨头的供应商；

➤ 2011 年,"脂溶性维生素及类胡萝卜素的绿色合成新工艺及产业化"项目获得国家技术发明二等奖；

➤ 2012 年,绿色化工新兴代表——酶催化技术研发成功,并投入生产；

➤ 2013 年,特种工程材料聚苯硫醚 PPS 顺利投产,企业踏入新材料这一战略性新兴产业领域。

公司之所以能够取得这么多、这么快的科技创新成果,得益于产学协同创新下的资源集聚整合和知识高效转化,正如公司创始人胡老师所说"每一个项目的成功都凝结着公司科技人员与高校专家智慧的结合"。高校专家也在产学协同创新的过程中发现了新课题、取得了大成果,如浙江大学的专家与浙江新和成合作研发的"异植物醇"项目获得浙江省科技进步二等奖、"维生素 A 产业清洁生产技术开发"获得浙江省科学技术一等奖、"维生素 E 绿色生产工艺的开发及产业化"获得教育部科技进步二等奖、"脂溶性维生素及类胡萝卜素的绿色合成新工艺及产业化"获得国家技术发明二等奖等。

产学协同创新过程中,除了孵化一批重大科技创新成果,还培养与锻造了一支高素质的科技创新队伍,积累了助推公司业绩增长的良好结构资本,提升了企业社会形象。在与高校的战略合作中,企业形成了一支 400 多人的专兼职研发队伍,其中长期合作的院士、教授 19 人,省千人计划 1 人,博士 15 人,硕士 100 多人。在联合开展课题研究的工作模式下,高校派出博士生、研究生长期在企业一线工作,输送了一批熟悉企业环境、实战经验丰富的优秀毕业生到企业工作。在联合培养的博士后中,有 5 名出站后加入公司科研队伍。除此之外,不断拓展高校的合作领域,在重大项目的发展战略、新技术的并购、企业管理架构、企业文化建设、研发管理体系等方面都有高校专家的参与,这些智慧"外脑"在长期的战略合作关系中,不断为企业发展建言献策,传承弘扬了"老师文化",打造了一个学习型、知识型的创新型企业。企业纳税额连续多年排名前列,成为地方经济的支柱企业,被评为"浙江省就业先进企业",得到地方政府和当地群众的高度认可。

第四节　苏州泽达兴邦的产学协同创新实践

苏州泽达兴邦医药科技有限公司是一家源自高校科研团队的创新型企业，成立于 2011 年 8 月，是一家年轻的技术创业型高科技企业。公司设立在苏州高新区科技城，是依托浙江大学苏州工业技术研究院和浙江大学现代中药研究所建立的医药科技公司，经营项目包括医药制造系统的咨询、设计、研发、生产制造、销售和工程实施，医药产品、中间体和保健品的开发、技术转移，医疗诊断技术及器械研发。截至 2015 年，公司已在苏州、上海等地成立了 2 家子公司，公司员工 200 余人，其中教授 1 人、研究员 2 人、副教授 2 人，具有博士学位的人员 8 名、硕士学位的人员 13 名。

在成立仅两年多的时间里，公司就已累计实现销售收入过亿元，累计上缴税收 1500 余万元，资产总额超过 5000 万元，拥有发明专利 3 项、实用新型专利 2 项、软件著作权 3 项。公司董事长刘老师先后被评为苏州市高新区创新创业领军人才、姑苏领军人才、江苏省高层次创新创业领军人才，公司的发展目标是在未来几年内将公司建设成国内领先的高端制药装备及信息化创新服务公司，为我国中药产业提供系统的技术、人才支撑，引领中药制药技术高端化、智能化、成套化、品牌化发展。

产学协同创新历程

从产学合作的角度，母体组织（大学）及科研团队的自身产学合作经历对大学衍生公司的创建和发展有显著的影响作用（张力，聂鸣，2009）。因此，在整理该企业的产学协同创新的案例报告中，有必要对公司创立之前的高校科研团队产学合作经历进行梳理归纳，拓宽对该案例的观察时间段。

苏州泽达兴邦医药科技有限公司的核心创始人员均来自浙江大学药学院（现代中药研究所），其前身是浙江公立医药专门学校药科和国立浙江大学药学系。浙江大学药学院是我国最早设立现代药学教育的院系之一，为中国现代药学和医药科技培育了一大批科技和行业领军人才，中国药学会的几任理事长、国内药学领域的院士等十几位药学专家都曾在浙大药学院学习或任教，学院科研经费总额以及人均科研经费一直名列全国药学院前列，与国内数十家医药企业建立了紧密的战略合作关系。

作为一家大学衍生企业，从时间跨度上对苏州泽达兴邦的产学合作经历进行划分，可以以公司创建之日为分界点明显地将其归结为两个阶段：第一个阶段,依托高校母体组织开展产学合作,积蓄创新资源的阶段;第二个阶段,以企业为主体,与高校紧密协同的创新发展阶段。

第一阶段(2007—2011),以产业应用研究为主线,依托高校紧密开展产学合作,积累产业化技术、市场客户、研发团队等创新资源。

在产学合作的酝酿期,公司创始团队在高校现代中药研究所开展了扎实的基础研究,承担了大量的国家科技部、国家自然科学基金委等纵向课题。现代中药研究所组建于 2005 年,下设药资源与中药化学、中药分析与代谢、中药制药工程、中药药效与新药创制等四个研究室,从建所以来就一直重视将基础研究与应用研究相结合,近年来获得国家科技进步二等奖、教育部科技发明一等奖以及其他国家和省级科技奖等近 10 项,获得授权的发明专利、实用新型专利等几十项,代表了国内医药领域顶尖的基础研究水平。研究所也非常重视与政府、企业的合作,近年来在温州市龙湾区设立了"食品与制药装备技术平台",与太极集团、亚宝药业集团、山东绿叶制药公司、广东众生药业、吉林一正药业集团、天津红日药业等诸多国内医药企业建立了战略合作关系,联合开展面向医药自动化生产系统的技术研发与工程应用项目。

在该阶段,跨学科交叉的团队人才结构大大提高了技术研发的效率。值得一提的是,核心创始成员团队作为药学院的研究团队从事中药自动化生产的相关研究,不仅要精通药学原理,还要熟悉生产工艺的自动化技术。现代中药研究所副所长、公司董事长刘老师不仅在浙江大学获得了药学专业博士学位,还是出身于浙江大学自动化专业的高材生。因为团队多学科交叉的背景,契合了该项目领域对多元化知识结构的诉求,加快了技术研发的效率,近几年获得政府资助课题、与企业联合申报课题的数量超过 30 项,为技术能力储备打下了良好基础。

自浙江大学现代中药研究所成立时起,研究所的核心科研骨干就非常重视与企业的合作,尤其是近年来国家鼓励企业牵头与高校联合申报面向产业应用的技术攻关课题,共同申报争取国家发改委、科技部、工信部等科研经费支持,为产学合作提供了良好的政策环境。据研究所副所长、公司董事长刘老师介绍,之前在技术能力储备阶段,科研团队开展了扎实的基础研究工作,获得了一系列国家、省部级和地方的科技奖项。近年来随着国家鼓励产业应用为导向的重大科技攻关项目,学校的同事们与企业的合作日趋紧密,在这个阶段与企业共同联合申报了近 10 项国家和地方的科技经费支持(见表 22),与企业开展了近 20 项联合技术攻关项目(见表 23)。

表 22 泽达兴邦科研团队依托高校与企业开展的主要科技攻关项目

时间	项目属性	项目名称
2007 年	浙江省科技计划项目	中药复合提取技术开发及其产业化应用示范
2008 年	国家发改委高新技术产业化项目	血必净注射液全程质控及先进制造关键技术研究
	浙江省重大科技专项	新型高效中药提取物生产成套设备研制
2009 年	浙江省自然科学基金	中药醇沉颗粒形态表征与交联包裹损失机制研究
	温州龙湾区政府	食品与制药装备技术平台*
2010 年	广东省科技计划项目	中药提取、浓缩、干燥现代制造技术与装备的产业化应用

注(*):该项目是在地方政府支持下开展产业孵化和技术转移工作。

资料来源:根据案例调研材料整理。

表 23 泽达兴邦科研团队近五年与企业合作的主要技术攻关项目

序号	项目名称	合作单位
1	中药注射液先进制造关键技术研究	安徽金蟾生化股份有限公司
2	中药现代制药技术研究	太极集团有限公司
3	丹红中药现代制药技术研究	菏泽步长制药有限公司
4	"亚宝红花注射液"全程质控关键技术	亚宝药业集团股份有限公司
5	麦通纳先进制造和生产过程质量控制研究	山东绿叶制药有限公司
6	众生中药提取、浓缩、干燥现代制造技术	广东众生药业股份有限公司
7	中药新技术、新工艺和生产过程质量控制	吉林一正药业集团有限公司
8	"中药提取自动化项目"工程技术研究	菏泽步长制药有限公司
9	"七叶皂苷钠"生产过程在线质量控制	山东绿叶制药有限公司
10	"血必净"注射液生产过程自动控制	天津红日药业股份有限公司
11	"丹红注射液"数字化生产及全程质控	菏泽步长制药有限公司
12	"疏血通"注射液在线检测及自动化控制	牡丹江友博药业公司
13	醒脑静注射液在线检测可行性研究	无锡济民可信山禾药业公司

资料来源:根据案例调研材料整理。

这些科研项目的产学合作,实现了大学与企业间知识的交互增值,完成了核心技术系统的研发,以产学合作研发的模式实现了大学与企业的优势资源整合,既解决了系统中的关键技术问题,又解决了很多工程技术的细节和控制了成套系统的稳定性与质量。例如,联合制药装备企业开发了一系列高效节能制药装备,其中"BVD真空带式干燥机组"达到了国内领先水平,已经完成了从0.3kg/h到800kg/h的全系列产品的研制工作。自该技术投入市场以来,已占据国内市场份额的80%。目前,国际上规模最大的中药浸膏真空带式干燥机组(120kg/h干粉)在广东众生药业投产,打破了国外生产厂家的垄断,填补了国内空白。通过与中药制造企业深度合作,在高效节能制药装备和工艺、中药生产过程自动化控制技术、过程质量控制、过程知识管理等领域形成了拥有完整的自主知识产权的科技成果,相关技术在国内近30家中药制造企业得到了应用,其中包括华润三九、菏泽步长、上海凯宝等国内中药上市和领头企业。依托该团队的技术所建立的数字化中药提取生产车间,达到了国家新版GMP标准①,已有6家与泽达兴邦科研团队合作的企业通过了GMP认证,其中包括天津红日、广州香雪、成都康利托、河南羚锐、丽珠利民、山西亚宝等企业。泽达兴邦科研团队在国内该领域技术处于领先地位。

相关技术得到了广泛市场应用,在提高生产效率和产品质量的同时,取得了显著的社会经济效益。上海凯宝药业股份有限公司在引入该团队的中药提取浓缩干燥自动化控制技术后(一期和二期),其拳头产品"痰热清注射液"产量大幅度提升,取得了显著的经济效益;5年来,销售额增长总计达25.7亿元,利润增长总计达4.4亿元,利税增长总计达4.5亿元。菏泽步长制药有限公司在2011年引入该团队的自动化控制系统、近红外在线检测系统和生产过程智能信息管理与知识服务系统后,年产值超过30亿元,实现了其主打产品"丹红注射液"生产过程物理参数和化学质量参数的自动化检测和控制,提取效率提高约10%,含量稳定性提高50%以上,能耗降低20%;公司2012年销售额增长34.9%,上缴税金6亿元,增长8.2%。天津红日药业股份公司引入该团队开发的中药生产过程智能信息管理和知识服务系统后,公司拳头产品"血必净注射液"的生产过程实现了物理参数和化学质量参数的自动化检测和控制,从原药材至成品生产的全过程质量控制和信息管理;生产线技术的改良升级,促进了公司业绩的大幅提升,2012年新增销售超过5亿元,新增利润过亿元。

与国内诸多医药生产企业的紧密合作,让这支来自高校的科研团队对技术商业化和企业的经营运作有了更深层次的理解,也让这支团队埋下了自主创业的梦想种子。在这个过程的产学合作中,创业团队依托大学组织实现了原始技术能力的积累,弥补了在关键核心技术问题以外的工艺、诀窍、材料等方面的工程技术短板,对成套的医药自动化生产技术系统有了更加全面的认识和掌握。

---

① GMP标准,即good manufacturing practice的简写,是一套适用于制药、食品等行业的强制性标准,保证药品在规定质量下持续生产的标准体系。

调研中,刘老师也表示在公司成立前与医药企业的合作,让他们更加全面和有效地积累了该行业的技术系统、技术商业化流程、企业研发管理机制等结构资本,为日后公司的快速成长奠定了良好的基础。与此同时,由于项目落地后的实际成效得到了市场的高度认可,这些医药企业也成为日后高校衍生企业的市场客户资源。

第二阶段(2011 年至今),以技术商业化为目标,整合高校与企业的互补性优势资源,以企业为主体加快知识创新速度。

团队多年来的基础研究与产学合作经历,掌握了中药生产的设备、工艺、质控系统、知识管理等核心技术与能力,服务了诸多国内中药企业的业绩提升。国内制药企业应用该团队的中药数字化提取车间自动化控制系统、在线检测系统、生产过程智能信息管理与知识服务系统所建立的药品生产线,2012—2013 年的总产值已超过 150 亿元,累计为中药制药企业带来新增销售额逾 60 亿元,新增利润超过 7 亿元。亲身体会到了科技创新带来的甜头,让以刘老师牵头的浙江大学科研团队有了应用该项科技成果创建自己企业的想法。

依托浙大苏州工研院的科技成果转化平台,整合医药企业的行业资源,成立面向医药生产自动化领域的科技公司,实现技术能力商业化。2011 年浙江大学与苏州高新区共同成立"浙江大学苏州工业技术研究院",该平台在地方政府的科研经费支持下,定位于促进高校科技成果和技术能力的转化,服务区域社会经济发展。这让刘老师团队看到了技术商业化的重要机遇,凭借多年来的产学合作基础和成熟的技术能力积累,团队顺利作为第一批入驻浙大苏州工研院的项目,2011 年 8 月在苏州高新区注册 1000 万元成立苏州泽达兴邦医药科技有限公司。公司创始团队除了刘老师为代表的高校科研团队,还整合了制药企业的负责人,让公司结构更加合理,产业化资源与高校资源联结更加顺畅,促进了公司的快速发展。这家制药企业的负责人还推荐了自己公司的一名高级职业经理人,让其担任苏州泽达兴邦的总经理,根据企业实际情况设计了组织架构和制定了管理章程,让公司的管理、生产、营销等日常经营工作快速走向正轨,企业提高了运营效率,弥补了高校科研团队在公司经营中的短板。

产学结合的知识能力加快了市场化技术成果的形成,构建了技术转化的多级平台,快速推动公司创新能力提升。由于团队多年的技术能力积累和良好的产学合作关系,在浙大苏州工研院的平台支持下,公司的技术系统完善和产品开发进展得非常顺利,在当年即将产品推向了市场,获得了中药制药公司的订单。公司已完成中药数字化先进制造中试平台与中药新药研究实验室的二期建设,研制与采购了包括热回流提取浓缩机组、板式外循环热双效浓缩器、真空带式干燥机组、DCS 控制系统、分子高效液相色谱仪、在线近红外光谱分析仪、高效挥发油提取蒸馏机组、节能型醇沉机组、大孔树脂吸附分离机组等中药制药中试装备以及常用化学分析和中药分析仪器,平台建设投入近千万元。2011 年 10 月与上海 YY 制药机械公司以交叉持股的方式成立了第一家子公司——苏州 ZY 自动化工程技术有限公司,母公司泽达兴邦主要以技术入股的形式投资上海 YY 制药机械公司。今后泽达兴邦公司将作为技术创新平台,联结高校及浙大苏州工研院的创新资源,主要负责新产品和新技术的开发;苏州 ZY 自动化公司将负责工程化部分的建设,是伴随公司快速成长的技术转化平台;上海 YY 制药机械公司凭借多年的产业经验和市场积累,也成为苏州泽达兴邦公司技术转化的重要平台。由此,苏州泽达兴邦公司构建了多层级的技术创新载体与转化平台(见图 44)。

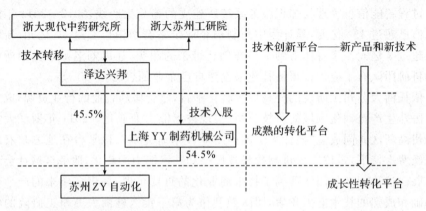

图 44　苏州泽达兴邦公司技术创新与技术转化的组织架构

公司技术与产品领跑国内市场,获得用户的高度认可,市场空间迅速打开,企业业绩增长明显。公司研究开发的高效能制药装备技术、微成像技术、生产过程自动化控制技术、中药生产过程信息化管理技术以及中药生产全过程质量控制技术处于国内领先水平,填补了我国中药分离提纯、质量控制技术等领域的空白,具有较高的技术壁垒,行业内竞争优势明显。公司的产品也获得了用户高度认可,例如动态罐组逆流提取、多级大孔树脂吸附和真空带式干燥设备在北京中研同仁堂医药研发有限公司、延安常泰药业有限责任公司、石家庄以岭药业股份有限公司、山东东阿阿胶股份有限公司、四川美大康药业股份有限公司等多家大型中药企业投入使用,在提高产品质量、提高生产效率、节能降耗方面得到用户的一致认可,同时对提升企业技术水平起到了重要作用。凭借行业领先的产品和技术,加上多年来产学合作积累的良好关系资本,迅速打开了市场空间,客户遍及北京、上海、天津、河南、安徽、山东、江苏、黑龙江、河北等省区市中药制造企业,已完成包括天津红日制药股份有限公司、上海凯宝药业股份有限公司等近20余家中药制药企业数字化生产线的建设,并利用近红外光谱在线监测技术实现了生产过程实时监测和调控。截至 2013 年年底,已经中标的中药自动化工程项目就有近 20 个,项目合同总额超过 1.3 亿元。

积极参与行业技术创新联盟的工作,为公司的发展嫁接到能够快速获取行业信息、产品技术、市场资源的协同创新平台。近年来,公司创始人刘老师以"全国制药机械暨中国国际制药机械博览会"为平台,积极推进相关技术的应用推广和科技成果的转化。2013 年,以浙江大学药学院为依托单位,联合制药装备行业的科研、设计、制造、检测和使用等 40 余家单位,发起成立"国家制药装备产业技术创新战略联盟",并被聘任为联盟技术总顾问。该联盟的成立,是以企业为主体、市场为导向、产学研相结合的技术创新体系,有助于推进公司科技创新成果的转化,从而引导和促进我国中药现代化关键技术的发展。

苏州泽达兴邦公司的发展案例是大学衍生企业的成功典型代表,从"内向式"产学联合研发到"外向式"的技术商业化,实现了企业与高校的知识、人才等资源的高效互动和显著增值。公司的技术溢出效益明显,以技术参股的上海YY 制药机械公司已经被上市公司山东新华医疗器械股份公司收购,公司未来发展又有了一个更广阔的平台。经过访谈了解,董事长刘老师对公司未来的设想是,以公司的营销队伍和工程队伍为支点,助推公司业绩的稳步提升;继续依托浙大现代中药研究所和浙大苏州工研院的科研平台,整合公司工程转化的研发队伍构建技术创新体系,为公司发展提供源源不断的动力;以苏州泽达兴邦公司为母体,未来将每一个创新性科技成果转化成一家科技型子公司,以创业机制为驱动,有效激励科研团队的积极性,努力实现公司持续的高速发展。

产学协同关系的管理

从苏州泽达兴邦公司的核心创始团队的角度来讲,其发展过程经历了从"内向式"产学合作到"外向式"技术商业化的阶段,公司作为典型的大学衍生企业(USO),成功建立并管理着以交易型为主的产学协同关系。

从苏州泽达兴邦科研团队产学合作的历程来看,第一阶段作为高校团队,与企业开展了紧密的合作,通过委托研发、联合研发的形式,形成了在中药生产自动化技术领域的核心技术能力,并通过与企业的深度合作积累了未来公司创建所需的用户、上下游供应商、金融、公司管理制度、经营管理人才等创新资源与能力(智力资本)。从开始作为企业创新的技术支撑的研发团队,到后来成功实现技术商业化的高成长性科技型企业,苏州泽达兴邦科研团队经历了从"内向式"产学合作到"外向式"技术商业化的发展演化(见图45),实现了从科研团队到创

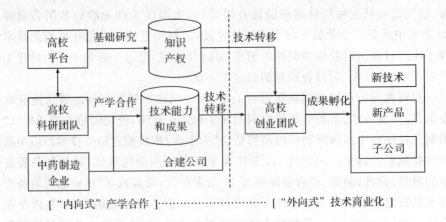

图 45　苏州泽达兴邦科研团队的产学合作关系演化

业团队的创新突破。

　　苏州泽达兴邦公司作为创新主体,属于典型的大学衍生企业发展模式,以交易型产学协同关系管理为主实施产学协同创新机制(见图 46),取得了显著的成效。调研中了解到,公司创始团队中的 5 位大学老师将回归学校的研究工作,将工作重心从公司日常经营转移到研发与战略上来,继续依托浙大现代中药研究所、浙大苏州工研院的科研条件平台,开展产学深度合作,保持与提升在中药生产自动化领域的技术研发能力,不断形成具有产业化前景的技术成果。苏州泽达兴邦公司的技术转化机制,借助已有的苏州 ZY 自动化工程公司、上海 YY 制药机械公司和其他战略合作伙伴的平台渠道,以技术入股、技术许可、合建公司等形式快速实现技术商业化,推动公司的持续发展。

产学协同创新的模式

　　苏州泽达兴邦公司在产学协同过程中,构建和实现了从研发、能力(技术)、产品到产业化的创新链条,依托高校平台和自身科研团队,每年将公司销售收入的 8% 左右投入研发,建立公司新技术、新产品的创新源,将泽达兴邦公司作为技术成果转化的发动机和孵化器,通过技术入股、技术许可、合建公司等技术创业方式加快知识创新,以"创新＋创业"的联动机制推动公司快速发展。苏州泽达兴邦公司的产学协同模式主要有两个特点。

　　第一,公司核心科研团队依托高校平台开展基础研发、应用研发,为公司发展提供持续技术支撑。公司的核心科研团队是浙江大学现代中药研究所的教授、副教授,在高校平台上广泛开展中药自动化领域的基础研发以及与企业的联合研发、委托开发等工作,并通过高校的平台网络,进一步挖掘具有产业化前景

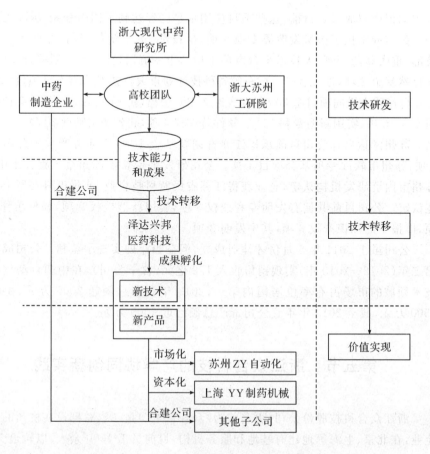

图 46　苏州泽达兴邦公司交易型产学协同关系的创新机制

的技术成果,为公司发展源源不断地提供技术支撑。

第二,以苏州泽达兴邦公司为技术转化的发动机和孵化器,以技术创业机制促进高校的知识资本化与公司的高速发展。苏州泽达兴邦公司是浙大苏州工研院孵化出来的科技型企业,通过协议约定,每年公司从销售收入中提取 5% 作为产学合作经费反哺浙大苏州工研院,继续支持孵化平台的建设,以此建立技术转移机制。同时,公司内部建立了一套鼓励技术人员,尤其是高校科研团队的激励机制,例如在苏州泽达兴邦公司的子公司持股、与相关合作伙伴合建公司、产品的技术许可等,以技术创业机制提高了高校、企业之间的知识转移与增值效率,同时促进公司经营业绩的快速发展。

近 5 年来,公司董事长刘老师带领的研究团队已经承担及参与近 28 项国家及省部级课题,已经在中药自动化生产的全程质量控制技术领域形成了一系列自主知识产权成果。目前,这些项目应用水平已经达到了国内领先、国际先进水平。参与或承担了国家发改委专项 6 项,科技部"重大新药创制"专项 12 项,科技部"重大新药创制"大技术平台专项 1 项,"十一五"科技支撑计划项目 1 项,国家自然基金 2 项,浙江、江苏、广东等省科技计划重大科技专项省部级项目 12 项,企业合作重大横向项目逾 30 项;发表论文 120 余篇,获 EI 收入 20 多篇,有授权发明专利 16 项、实用新型专利 15 项、软件著作权 4 项,获各类奖励近 20 项。

苏州泽达兴邦公司目前承担江苏省创新基金 1 项,江苏省产学研合作项目 1 项,苏州市软件专项基金项目 1 项。公司研发平台获批苏州市工程技术中心、苏州市内资研发机构认定,企业获得江苏省民营科技企业、苏州市科技型中小企业认定。公司目前共拥有发明专利授权 3 项,实用新型授权 2 项,软件著作权 2 项,申报中的知识产权 6 项,其中发明 3 项。

公司虽于 2011 年 8 月份才注册成立,但在当年即实现了盈利。公司成立的第二年(2012—2013 年)实现销售收入 1.2 亿元(含子公司),在中药自动化生产技术领域的市场占有率位居国内第一,2013 年利润总额超 2000 万元、税收逾 1500 万元,截至 2013 年年底公司资产总额已近 6000 万元。

第五节 浙江众合科技的产学协同创新实践

浙江众合科技股份公司(更名前为"众合机电")是一家总部设在杭州的上市企业,在北京、上海等地建有基地和服务机构,目前员工 1000 余人,以轨道交通、节能环保和新能源为主营业务。公司前身是于 1999 年创建的浙江海纳科技股份公司,于 2007 年经杭州市人民法院批准进入资产重整程序,2009 年完成资产重组。2018 年公司营业收入逾 20 亿元,总资产逾 60 亿元。

产学协同创新历程

公司是一家典型的大学衍生企业,从产学协同创新的经历来看,可以以 2007 年的资产重组为分界点,划分为两个阶段。

第一阶段(1999—2007),依托高校科技成果设立科技型企业,成功实现知识成果转移。

浙江众合科技公司的前身海纳科技股份公司是一家依托高校科技成果创立的公司,公司主营业务当时主要包括三部分,分别是:单晶硅及其制品,半导体元器件的开发、制造、销售与技术服务;自动化控制系统及仪器仪表的开发、制造、销售与技术服务;计算机系统集成与电子工程的开发、销售与服务。1999 年,隶属学校的资产管理集团作为主要发起人设立了海纳科技股份公司,并与学校的硅材料科学国家重点实验室、工业自动化国家工程研究中心等建立了良好的合作关系,成为当时国内单晶硅年产量最大的企业,在高纯硅材料、微氮单晶硅等技术方面取得多项国家发明专利,并获得专利权人(高校)的无偿使用许可。

公司在第一阶段的发展,主要通过交易型产学关系的管理实现了高校产业化技术成果的快速转化(见图47),获得了良好的经营业绩,市场占有率稳步上升,经营利润稳步增长。公司股票发行价 8.2 元,在 2001 年股价最高时曾达到 48 元,因为享有高校品牌、高科技成果的影响力,市场对公司的发展预期显示出很高的期望。然而上市几年后,公司高管对公司的发展战略决策出现了重大偏差。首先,没有继续维持好与大学的交易型产学协同关系,从高校获得更多、更优质的产业化技术成果,企业缺乏了来自外部的技术创新动力;其次,公司高管偏重自身业绩的营造和经营利润的追求,通过设立子公司的形式将部分公司资产转移出去,与高校的资源联结越来越疏远,产学技术合作与人才交流匮乏,加之自身研发团队力量不足,直接造成了企业主营业务技术创新能力的短板。由此,公司经营走向瓶颈期,公司业绩在 2002 年至 2005 年一直表现平平。2004年公司出让控股地位给一家社会企业,由于产权关系的变更以及公司经营策略的变化,公司与高校的联结进一步疏远。后来,由于控股股东公司的违规操作加重了公司负担,造成了公司资不抵债,被迫进入破产重整程序。2007 年由隶属高校资产管理集团控股的 ZDWX 集团进行重整,2009 年完成重组后更名为浙江众合科技股份公司,公司进入新一轮发展阶段。

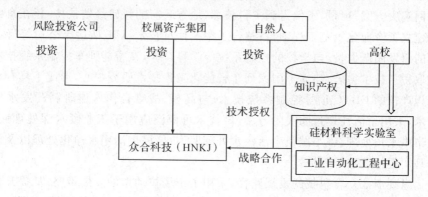

图 47　浙江众合科技(HNKJ)股份公司设立之初的产学合作关系

第二阶段(2009 年至今),以高校资源为依托,构建以市场为导向的创新体系,公司经营逐渐进入稳步发展期。

在该阶段,公司注重跟踪和把握市场需求机会,以市场为导向,整合行业内的成熟适用性技术或产品,进而依托高校资源对现有现有技术进行消化、吸收,形成自主知识产权的技术体系。

例如,浙江众合科技公司瞄准国内电厂脱硫工程的市场机会,与水电设备领域世界排名第一的阿尔斯通公司签订技术合作协议,取得了脱硫技术的许可协议,并推动了脱硫技术在国内市场的发展。中国电力、华能国际、大唐国际、中国华能集团、中国国电集团都成为公司的重要客户,众合在国内脱硫市场的市场占有率位居第四位。为了进一步巩固自身的技术能力,并通过知识产权管理提高业务盈利水平,公司依托高校的科研能力,对脱硫技术进行了消化、吸收,形成了一系列具有自主知识产权的脱硫、脱氮、脱硝等技术专利,将该技术产品成功打入了南美、东欧等国际市场,并扩展到电力、石油、化工、冶金等行业领域。

根据对国内轨道交通市场预测,公司结合在计算机技术、控制技术等方面的积累,与国际知名的安萨尔多信号集团(Ansaldo STS)合作,提供最先进的基于无线通信的移动闭塞技术的轨道交通信号系统解决方案。目前,该系统已在国内 6 个城市投入使用,运营正线里程超过 200 千米,100 个站点。公司整合高校的研发力量,通过引进、消化、吸收欧洲专业有轨电车信号技术,参与中国城际线信号系统整体解决方案的研究和开发,共同开发了适用于重载铁路运输特点的智能协同操控系统。连续多年保持国内轨道信号系统市场占有率的行业领先地位,业务遍及杭州、沈阳、南京、深圳、重庆等地。

除此之外,公司通过与高校的联合研发、与行业企业的技术战略合作等形式储备了一系列产业技术。例如,与高校的电气工程学院合作承担的"风光储智能并网解决方案"项目,不仅得到了科技部、地方政府的科研经费扶持,还在舟山当地建立了产业化示范工程项目;整合了中控信息技术、UT 斯达康公司等行业公司的研发团队力量,与学校的控制系统等学科合作,在智能列车控制系统技术领域取得了技术突破,建立了国家列车智能化工程技术研究中心,形成了具有自主知识产权的 CBTC 信号控制系统技术;与高校、战略合作伙伴研制开发水处理技术,采用了活性焦过滤吸附方法,该技术可广泛应用于工业废水深处理回用、城市供水预处理、中小城镇生活污水处理回用、居民生活用水净化处理以及污水处理厂提标改造等领域。

纵观浙江众合科技的发展路径,采用了市场拉动型的发展策略,从提升公司盈利水平和公司知识产权管理战略为出发点,通过与高校合作构建"防御性"的研发体系,来消化、吸收先进的行业技术,或联合申报课题来降低新技术研发的成本与风险,以此提高自身的技术创新能力。

产学协同关系管理与创新模式

在公司发展历程中,可以看出来浙江众合科技公司在经营策略上更注重对市场机会的捕捉。由于高校可转化的成熟适用性技术资源有限,通过产学联合研发获得技术或产品需要一定周期,研发投入也存在一定的风险。所以,为了更快地响应市场需求,公司往往通过与行业领先企业的技术战略合作,以技术许可、技术入股的形式获得新技术或新产品。

从公司的早期发展来看(浙江海纳科技公司阶段),属于典型的大学衍生企业模式,但公司在经营中并没有建立和管理好交易型的产学协同关系,以致后期并没有从高校获得更多的具有产业化前景的技术成果。从公司的现阶段发展看,浙江众合科技更关注与高校建立基于市场导向的关联型产学协同关系,但关系强度仍相对较弱。与高校的产学协同关系主要建立在如下两个方面:第一,通过与高校的合作进行技术的消化、吸收,逐步形成自主知识产权的技术体系;第二,瞄准战略性新兴产业发展机遇,与高校联合申报课题,以政府、企业、高校共同投入的方式对技术进行孵化,降低研发成本与风险。

首先,浙江众合科技公司与高校的合作可以总结为"防御性"的协同创新模式,在市场导向的产学协同关系管理策略上(见图48和图49),公司往往会根据对市场的预测判断,引进行业内先进的成熟适用性技术。例如,在有轨电车信号控制技术上,与德国知名的信号公司 Hanring & Kahl、BBR 等合作,共同开拓市场和引进他们的先进技术;进而,整合高校的研发力量,先后投入80余名研发人员(其中高工7人),以及安排3000余万元的研发预算,形成了10余项具有自主知识产权的有轨电车信号系统技术。

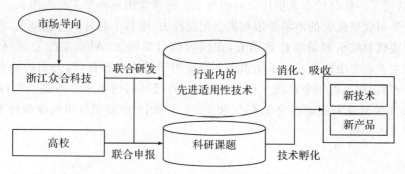

图 48　浙江众合科技公司以市场为导向的产学协同关系

其次,公司还与高校联合承担了若干项国家级和省部级课题,面向战略性新兴产业技术发展需求,通过参与课题工程示范项目的形式获得了技术信息、做了

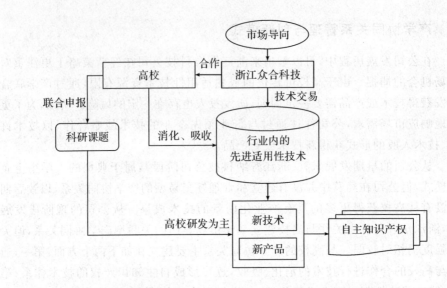

图 49 浙江众合科技公司以市场为导向的产学协同创新模式

技术储备。例如与高校联合承担"风光储智能并网解决方案",公司在舟山建立了"海流能发电与海岛新能源供电示范项目"的工程,在大规模储能装置技术领域方面积累了可成熟应用的系列技术,为公司进入储能电站行业奠定了基础。

公司近年来承担了多个科技部研发项目、国家 863 计划项目,形成了数十项具有自主知识产权的技术专利。公司在轨道交通行业、能源环保领域形成了近 500 人的专业队伍,通过与高校的战略合作拥有了一批高素质创新人才,如在轨道信号系统研发团队中具有博士、硕士学位的专兼职员工占总人数的 50%以上,聘请了一批高校专家担任公司研发工作的智囊团或研发工作组组长。

公司凭借强大的市场渗透和机会把握能力,取得了较好的行业地位,在国内烟气脱硫总装机容量上排名第五,在国内信号系统上/AFC 系统上名列前三。由于主营业务中的核心技术知识仍部分受制于战略合作伙伴,公司的业务盈利水平不高,加之近年来对技术研发的投入,公司利润回报水平不高。2011 年和 2012 年的营业利润率仅为 1.89%和 1.64%,2013 年由于公司的收购行为还造成较大的亏损。

第六节　案例分析与理论设想

产学协同关系与创新绩效

北京清华同方、浙江新和成、苏州泽达兴邦医药科技公司、浙江众合科技股份公司等4个案例企业,均通过建立和管理着产学协同关系,推动了企业智力资本的有效积累和创新绩效的提升。通过案例材料梳理4家企业在与大学合作中跨组织关系管理中的关键事件(案例证据)发现,这几家企业在建立与管理产学协同关系中,采用了不同的模式与策略,归纳出企业构建与管理的产学协同关系类型(见表24)。

表 24　案例企业的产学协同关系类型归纳总结

企业名称	关键事件(案例证据)	关系类型
清华同方	交易型:"大型集装箱监测系统"技术与团队引进;以高校先进技术入股江西无线电厂;与学校合资组建清华同方微电子有限公司;将学校的国家光盘工程研究中心直接孵化与改制成光盘公司;与学校相关院系合作组建公司的能源事业部;等等 关联型:金融 COS 系统和智能 IC 卡研发;"循环流化床常温半干法烟气脱硫"项目合作;与学校、大唐国际电力合作实施"高铝粉煤灰资源化利用产业化项目";无锡太湖蓝藻治理;与6个海外研发机构、3个国家级工程研究中心、6个联合实验室建立了产学合作关系;等等	高交易型/高关联型
新和成	交易型:基于知识产权战略,购买了一些高校知识产权;等等 主环的研发和乙氧甲叉生产工艺的改进;异植物醇的研制以及其他几十项新产品的联合研发;与浙江大学化学系共建分子结构设计与热力学研究组,与浙江大学联合反应研究所共建新和成联合反应研究组;与浙江大学化工机械研究所共建工程装备技术研发中心;"导师带徒弟"式的课题合作模式;每年投入500多万元用于与高校的人才培养合作;成立"浙江大学-新和成联合研发中心";等等	高关联型/低交易型

续表

企业名称	关键事件(案例证据)	关系类型
泽达兴邦	交易型:高校科研团队依托浙大苏州工研院设立公司;每年提取销售收入的5%反哺浙大苏州工研院;技术入股上海YY制药机械公司;公司设立的技术创业机制;等等	低关联型/高交易型
	关联型:与高校联合申报课题;公司创始人担任"国家制药装备产业技术创新战略联盟"技术顾问;等等	
众合科技	交易型:与高校合作设立浙江HNKJ股份公司(浙江众合科技公司的前身);等等	低关联型/低交易型
	关联型:在轨道信号系统、烟气脱硫等领域合作技术研发;聘请高校专家担任技术顾问,或担任研发工作组长;与高校联合申报"风光储智能并网解决方案",承担示范工程建设任务;依托高校力量,合作成立"国家列车智能化工程技术研究中心";等等	

注:苏州泽达兴邦公司创始团队来自于高校,公司与浙江大学(其主要是苏州泽达兴邦核心科研团队)开展的合作不能称之真正意义上的产学联合研发。

资料来源:根据案例调研材料整理。

通过案例比较分析得出:北京清华同方主要通过企业各级研发单元与高校建立联结,以虚拟研发中心、孵化器、创新小组等方式进行协同关系管理,属于交易型、关联型产学协同关系并重的类型;浙江新和成主要通过企业国家级技术中心、"浙江大学-新和成联合研发中心"等与高校建立联结,以联合研发、课题合作、培训进修等方式进行关系管理,属于以关联型产学协同关系为主的类型;苏州泽达兴邦公司主要通过企业技术中心与高校建立联结,以技术创业等方式进行关系管理,属于以交易型产学协同关系为主的类型;浙江众合科技公司主要通过企业技术中心、国家列车智能化工程技术研究中心等与高校建立联结,以联合研发、课题合作等形式进行关系管理,但相比较而言,公司与高校的关系强度属于低关联/低交易的类型。

根据案例描述材料,用五级打分法来比较分析这4家企业的创新绩效(见表25),可以得出北京清华同方、浙江新和成的创新绩效为"高",在同行业中处于前列。苏州泽达兴邦公司作为一家初创型企业,在细分市场中处于领导地位,拥有了非常优秀的经营业绩,并且建立了较好的技术创新体系,公司的创新绩效为"较高"。浙江众合科技公司的技术和产品占据了一定的市场份额,但由于缺乏持续的核心技术支撑,盈利水平不佳,创新绩效为"一般"。

表 25 案例企业的创新绩效比较分析

	北京清华同方	浙江新和成	苏州泽达兴邦	浙江众合科技
创新绩效	高	高	较高	一般
分析说明	依托"虚拟研发中心"建立较强的技术创新能力,形成数千项知识产权;技术和产品在行业中处于领先地位,"技术+资本"的发展战略赢得较好的市场回报,企业规模实现百倍增长	从市场需求出发,以企业为主的产学联合研发模式取得了显著成效,拥有几十项行业领先的新产品技术;与国际同行同台竞技,在医药、营养品行业的细分市场处于龙头地位	通过技术能力转化形成了具有一定壁垒的自主技术专利;在细分市场中处于龙头地位;企业产品与技术在市场中得到迅速推广,短期内取得了良好的市场回报	企业通过消化、吸收行业内的领先技术,形成了几十项自主知识产权的技术系统;以市场拉动的发展策略,获得了较高的市场份额,但公司盈利水平一般,技术持续创新体系构建不完善

注:采用"高""较高""一般""较低""低"的五级打分法来进行分析比较。

对 4 家案例企业产学协同关系类型的分析,以及案例之间创新绩效的比较,可以得出一个基本的理论假设,即:企业与大学建立并管理着良好的产学协同关系对企业创新绩效有积极的影响(见图 50)。

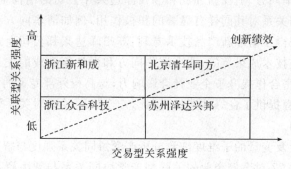

图 50 案例企业产学协同关系类型对创新绩效的影响分析

从案例调研中发现,企业与大学建立的这种联结,如果能够从中获得效益,则企业更愿意投入更多的资源以及扩大合作的领域。例如北京清华同方从早期的交易型产学协同关系扩展到关联型关系的建立与管理;浙江新和成则在关联型产学协同关系中,尝试建立促进高校科技成果转化的交易型产学协同关系。

基于此,以关联型、交易型并重的产学协同关系管理方式,更容易使公司获得较高的创新绩效。

综上分析,本书提出以下两个预设命题。

预设命题 1:产学协同关系对企业创新绩效有积极的影响,产学协同关系强度越高,企业创新绩效越高。

预设命题 2:公司同时重视关联型和交易型的产学协同关系管理,更容易获得较高的创新绩效。

产学协同关系与智力资本

通过案例观察得出,企业在与大学的合作中主要获得的创新资源包括:技术知识,技术信息,人才引进机会,员工培训机会,高校研发能力的支持,高校的品牌与社会影响力,研发设备、数据库等研发资源的共享,等等。公司在与大学的联结中,有效积累和提升了智力资本绩效,例如获得了员工技能的提升、促进了人才引进与团队建设,提高了知识储备和技术能力提升,扩大了企业的社会影响力,等等。笔者从智力资本三个构念子维度,对 4 家案例企业进行比较分析。

通过案例企业间的智力资本绩效比较分析情况(表 26),我们可以发现:北京清华同方、浙江新和成和浙江众合科技公司的人力资本绩效较高,较强的产学协同关系对其有积极的影响,例如清华同方在产学合作中不仅引进了"大型集装箱监测系统"的技术,还"带土移植"引进了整个团队,提升了在该方向的人力资本绩效;北京清华同方、浙江新和成和苏州泽达兴邦公司的结构资本绩效较高,良好的产学协同关系对其同样有显著的积极作用,例如清华同方和新和成通过产学联合研发获得了诸多新产品技术专利、苏州泽达兴邦公司通过技术转移获得了行业内先进技术成果等等;北京清华同方和浙江新和成的关系资本绩效较高,与高校的紧密合作提升了企业社会影响力,与高校外部专家的联结为公司经营战略、管理流程提供了良好的建议,因此,产学协同关系对关系资本可能同样具有积极的影响。

从不同变量及变量的子维度细致分析产学协同关系强度与智力资本绩效之间的相关性。表 27 对案例企业的关联型产学协同关系与智力资本的相关性进行了分析。在结构资本维度上,苏州泽达兴邦公司没有证明高的关联型关系强度与高智力资本绩效的一致性,但该企业具有高的交易型关系,也可能导致了结构资本绩效的提升。所以可以得出如下结论,关联型产学协同关系较强的企业,智力资本绩效较高。

表 28 对案例企业的交易型产学协同关系与智力资本的相关性进行了分析,根据分析结论可以看出,所有案例企业均证明了高的交易型协同关系强度与高

的企业结构资本绩效存在相关性。然而，在人力资本和关系资本的维度上还存在分歧，其主要原因是浙江新和成具有较高的关联型关系强度，也可能导致了人力资本、关系资本的高绩效，将其排除后也不能完全证明他们之间的相关性。

表 26　案例企业的智力资本比较分析

	北京清华同方	浙江新和成	苏州泽达兴邦	浙江众合科技
人力资本	高	高	一般	较高
分析说明	拥有行业一流的专兼职队伍；专家型的高管团队	拥有近 400 人的专兼职研发团队；员工合理化建议有效提升了企业效益	创始团队是行业内专家，引进了高级经理人才；企业员工以工程技术人员为主	有数百人的研发队伍，以及几十名高校专家顾问，高学历员工人数较多
结构资本	高	高	较高	一般
分析说明	近 2000 项专利；将高校作为"虚拟研发中心"，无缝对接知识源；实行事业部制管理，管理制度科学完善	建立了企业数据库，拥有数十项技术专利；有完善的管理流程和"老师文化"企业文化建设	拥有若干项行业领先的专利技术；公司管理制度较为完善；已设计好公司内部的技术创业机制	拥有几十项专利技术，上市公司管理流程规范；由于公司业务多元化，技术与流程等知识积累不充分
关系资本	高	较高	一般	一般
分析说明	品牌价值超 800 亿；世界 500 强企业；拥有多家上市公司；与战略合作伙伴建立了良好关系；业内认可的具有社会责任感的科技型企业	医药行业龙头企业；累计为股东分红 20 多亿元；与供应商保持良好关系；产品知名度高；捐建一所民办大学	公司快速增长，在当地具有较好的政府、银行等关系；公司与组织外部的关系联结相对不多，社会影响力不大	企业在行业内有较高的知名度；与诸多合作伙伴保持良好关系；由于经营业绩一般以及知识产权官司问题，对公司的关系资本造成一定负面影响
智力资本	高	高	一般	一般

注：采用"高""较高""一般""较低""低"的五级打分法来进行分析比较。

表 27　案例企业关联型产学协同关系与智力资本的相关性分析

案例企业	人力资本	结构资本	关系资本	备注
清华同方	一致	一致	一致	
新和成	一致	一致	一致	
泽达兴邦	一致	不一致	一致	高交易
众合科技	一致	一致	一致	

注:"一致"表示产学协同关系强度与智力资本绩效均较高或均较低。

表 28　案例企业交易型产学协同关系与智力资本的相关性分析

案例企业	人力资本	结构资本	关系资本	备注
清华同方	一致	一致	一致	
新和成	不一致	不一致	不一致	高关联
泽达兴邦	不一致	一致	不一致	
众合科技	不一致	一致	一致	

注:"一致"表示产学协同关系强度与智力资本绩效均较高或均较低。

该命题下的子维度分析留待在下一章节深层次理论探讨中进一步细化,综合上述案例材料,可以提出企业产学协同关系有利于提升企业智力资本绩效这一基本理论假设,因此本书给出如下预设命题。

预设命题 3:产学协同关系对智力资本有积极的影响,产学协同关系强度越高,企业智力资本绩效越高。

智力资本与创新绩效

企业智力资本绩效的提升,对企业创新绩效有积极的影响。例如,清华同方所积累的高层次创新人才、近 2000 项技术专利、先进的管理策略等,有效推动了公司高速发展,公司的技术创新模式已被许多企业借鉴学习;浙江新和成凭借技术专利池获得产品的市场竞争力,并通过良好的知识管理保持了技术先进性,以科学的研发管理流程大大提高了产品创新效率;苏州泽达兴邦公司创业团队的自身具备的行业领先的技术能力是公司获得成功的关键,公司通过产学合作积累的丰富客户资源也为企业快速发展奠定了良好基础。

进一步对案例企业的智力资本和创新绩效作简单的相关性分析,从中可以观察得出,结构资本对创新绩效具有积极的影响。在关系资本与创新绩效的相关性分析上,4 家案例企业较好地证明了关系资本对创新绩效具有积极的影响(3 个案例验证),然而案例企业并没有充分地说明人力资本对创新绩效具有积极的影响(只有 2 个案例得到验证)(见表 29)。

表 29　案例企业智力资本与创新绩效的相关性分析

	北京清华同方	浙江新和成	苏州泽达兴邦	浙江众合科技
人力资本	一致	一致	不一致	不一致
结构资本	一致	一致	一致	一致
关系资本	一致	一致	不一致	一致

注:"一致"表示智力资本与创新绩效均较高或均较低。

通过理论文献分析,人力资本对企业创新绩效是否产生直接的影响尚存在分歧,如 Bontis(1998)、Bontis(2000)等研究证明人力资本是通过组织资本、关系资本或者其他一些中介变量对企业绩效产生间接的影响。但并不影响对智力资本与创新绩效的总体判断,本书提出如下预设命题。

预设命题 4:企业智力资本对创新绩效有积极的影响,智力资本绩效越高,企业创新绩效越高。

创业导向的调节作用

结合企业创业导向的内涵定义,分析所选取 4 家案例企业的创业导向倾向,比较分析可以得出(见表 30),北京清华同方与浙江新和成具有较高的创业导向倾向。例如,北京清华同方从初始的人工环境工程、信息技术两大业务领域,不断开拓进入智能芯片、计算机、数字城市、大数据应用、多媒体、移动互联、知识网络、大军工、大安全、半导体与照明、环境科技、节能环保等与国家发展和国计民生密切相关的陌生产业领域,公司依托高校创新资源,对前瞻性技术的投入力度也领先于同行企业,如与学校以及英国萨瑞大学(University of Surrey)就"微小卫星技术"展开合作。浙江新和成每年投入新产品的研发在 10 项左右,并拿出一定研发经费投入原料药这一基础性技术研发,与浙江大学联合成立"浙江大学-新和成联合研发中心",积极推动公司的"二次创业"。

苏州泽达兴邦公司由于处于公司快速发展期,主要聚焦于现有技术的升级和市场开拓,尚没有表现出公司对"未知"和"风险"的创业导向倾向。浙江众合科技公司在资产重组后,从烟气脱硫、轨道信号系统等业务,通过产学联合课题研发、与行业领先企业的战略合作等方式对储能电站、水处理、LED 等新兴产业作了研发投入和技术储备,表现出了一定的创业导向倾向。

企业通过开放性创新战略从大学获得创新资源或通过合作积累智力资本和提升创新能力,不可回避的现实问题是产学协同创新存在导向障碍和交易障碍(Bruneel et al.,2010;Chesbrough,2012)。这主要表现在,一方面,大学与企业的战略目标不一致,不能实现资源的充分整合;另一方面,异质性组织间对创新资源,尤其是知识产权的定价不一致,导致了合作交易难以达成。研究表明,公司建立和管理产学协同关系过程中,组织的设计和资源的安排会对资源获取的效率产生影响(Eisenhardt,Martin,2000;Wiklund,Shepherd,2003)。创业导向作为一种战略态势,会对企业的组织流程与资源安排产生显著的影响(Covin,Slevin,1991;Zahra,1993),创业导向对企业组织变量的影响会影响到对资源的获取效率,进而影响到企业创新绩效。

表 30　案例企业的创业导向比较分析

	北京清华同方	浙江新和成	苏州泽达兴邦	浙江众合科技
创业导向	高	较高	较低	一般
分析说明	公司依托高校创新资源,对前瞻性技术的投入力度领先于同行企业	每年投入新产品的研发在 10 项左右,并拿出一定研发经费投入原料药这一基础性技术研发	聚焦于现有技术的升级和市场开拓	通过产学联合课题研发、与行业领先企业的战略合作等方式对储能电站、水处理、LED 等新兴产业作了研发投入和技术储备

注:采用"高""较高""一般""较低""低"的五级打分法来进行分析比较。

因此,创业导向在产学协同关系管理中,对创新资源(智力资本)的获取和企业创新绩效起到了调节作用效应。例如,北京清华同方所具备的较高的创业导向倾向,使得公司更加愿意与高校在很多"未知"领域开展合作,实现了"大型集装箱监测系统"、智能芯片、水处理、脱硫脱硝等技术领域的突破,还扩展到了 12 个新兴行业领域。又如,浙江新和成积极投入新产品研发,在此过程中更注重借助高校的研发力量来弥补自身的技术短板,同时降低研发成本;公司在筹划进入新材料行业领域过程中,进一步加强公司与高校相关行业专家的联系,为公司战略提供决策建议与技术支持,推动公司战略性新产业布局。这两个案例都直接证明了创业导向在产学协同创新过程中的调节作用,故此本书提出如下预设命题。

预设命题 5:企业创业导向对产学协同关系与创新绩效的关系存在正向调节作用;随着创业导向的增强,产学协同关系对企业创新绩效的影响加强。

第五章 创业导向产学协同关系管理的理论模型

本书选取了具有代表性的 4 家案例企业,结合相关文献研究的理论基础,通过对这些案例企业产学协同创新历程、协同创新机制的客观记录、整理分析、比较研究和归纳总结,提出了所发现和要解决的 5 个预设命题,初步构建了创业导向产学协同关系管理的理论模型(见图 51)。

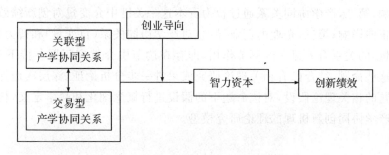

图 51　基于探索性案例分析构建的初步理论模型

预设命题 1:产学协同关系对企业创新绩效有积极的影响,产学协同关系强度越高,企业创新绩效越高。预设命题 2:公司同时重视关联型和交易型的产学协同关系管理,更容易获得较高的创新绩效。预设命题 3:产学协同关系对智力资本有积极的影响,产学协同关系强度越高,企业智力资本绩效越高。预设命题 4:企业智力资本对创新绩效有积极的影响,智力资本绩效越高,企业创新绩效越高。预设命题 5:企业创业导向对产学协同关系与创新绩效的关系存在正向调节作用;随着创业导向的增强,产学协同关系对企业创新绩效的影响加强。

结合对创新系统、协同创新、创业导向、智力资本等理论文献研究,对前人有关产学协同创新机理的研究进行简要梳理回顾,前人的研究大致经历了从创新系统、开放式创新到协同创新的理论发展脉络。创新系统理论的提出,使得理论研究开始关注和重视大学在推动创新进程中的重要作用,开放式创新理论进一步明确了大学与企业这两个异质性组织的交互作用对创新的积极影响。早期阶段研究从资源观、交易成本、知识管理等角度对产学协同创新的内在机理做了梳理(Amit,Schoemaker,1993;Carayannis et al.,2000;Barney,2001;Koschatzky,2002;鲁若愚,2002;King,2007;Perkmann,Walsh,2007;杨秀芬,2010;陈劲,阳银娟,2012),然而没有系统地构建协同创新的理论框架,尤其是在缺乏创业导向情境下的产学协同创新理论研究。在开放式创新的理论框架下,Perkmann & Walsh(2007)指出大学和企业的这种关系管理(linkage)将是非常有价值的理论研究问题。产学协同关系对创新绩效的影响机理,创业导向下应如何管理产学协同关系,是创新系统、开放式创新、协同创新这一领域值得厘清和解决的重要科学问题。

在文献研究的基础上,结合探索性案例研究方法,本书提出了产学协同关系对创新绩效的基本理论假设:第一,产学协同关系对创新绩效有直接的正向影响;第二,产学协同关系通过智力资本这一关键中介变量对创新绩效产生间接的正向影响;第三,企业的创业导向,对产学协同关系(自变量)和智力资本(中介变量)的关系有着显著的调节作用,即存在调节中介效应问题。接下来,本章针对这些命题,结合已有相关理论研究成果进一步分析论证,深层次地探讨该研究问题的相关理论假设,对该命题下的假设进行概念细化和科学定义,构建创业导向产学协同创新机理的理论研究模型。

第一节　产学协同关系与创新绩效

关联型关系与创新绩效

企业与大学通过研发合作、人员交流、共建合作机构等建立关联型关系,有助于拓展企业的研发合作网络,并通过跨组织人员的互动交流促进知识的增值、转移。关联型的产学协同活动,例如大学与企业的联合研发,对企业的技术进步有着显著影响,促进了企业产品开发效率和经营业绩的提升(Mansfield,1991;Jaffe,1989)。Fiocca 和 Gianola(2003)通过研究指出,合作研发对创新绩效的影响取决于有效的互动过程,双方的互动关系越紧密,对创新绩效的影响也就越大。产学之间任务性耦合互动是关联型关系的主要表征,包括知识共享、人员沟通和合作者对研发任务的贡献等直接与研发相关的行为,李成龙和秦泽峰

（2011）、Lee（2000）的研究指出产学合作存在一致性目标框架，任务性耦合互动对创新绩效有积极的正向影响。在知识经济时代，开放式创新环境下企业与大学的合作对创新活动有积极的影响，一些定量研究证明了大学与企业的联系与创新绩效有正向的相关性（Nielsen，1986；Mansfield，1998；Chesbrough，2003）。

创新绩效的维度主要可以分为财务绩效和非财务绩效，一个反映了企业的市场业绩，另一个反映了企业的产品能力。财务绩效反映了企业现阶段的经营运作情况，例如利润、销售额、资产回报率等等，关注了企业所提供产品或服务的市场业绩。非财务绩效更加关注企业的可持续发展和竞争能力的状况测量，这其中的主要指标包括新产品开发速度、开发成本、新产品占销售比等等。对创新绩效的测量，需要结合财务绩效和非财务绩效进行全面评估（Li et al.，2009），可以更加细化地观察产学协同关系对创新绩效子维度的影响。

基于上述理论探讨，结合第四章探索性案例的研究结论，就关联型产学协同关系与创新绩效之间的关系提出如下 2 个假设。

假设 H1：关联型产学协同关系对市场维度创新绩效有积极的正向作用，关联型关系强度越强，企业的市场维度创新绩效越高。

假设 H2：关联型产学协同关系对产品维度创新绩效有积极的正向作用，关联型关系强度越强，企业的产品维度创新绩效越高。

交易型关系与创新绩效

产学之间的交易型关系特征，是大学通过技术转移、共建公司、大学雇员持股等方式更加直接地参与企业创新活动。硅谷、美国麻省理工学院等区域和高校的产学研协同创新成功案例，已经成为高校直接参与创新创业的积极证明，国内外在创新政策制定过程中非常强调鼓励高校技术专利的转化以及科研人员创业。利用现存知识，吸收合并外部知识是企业提高创新能力的关键路径之一，对企业技术创新能力的提升有明显成效（陈松，冯国安，2003；温成玉，刘志新，2011）。大学作为企业可利用的重要外部创新源，与企业通过技术转移、专利购买等建立交易型协同关系对企业技术创新能力的提升具有积极影响。

技术转移成功的关键要素除了知识结构的相似性，还包括了大学与企业跨组织合作的组织距离，组织距离联系越紧密，知识转移的效率也就越高（Cummings，Teng，2003）。例如，麻省理工学院的专利转让比重只占知识转移的10％，很多大学雇员通过持股或创建公司这种紧密的交易型协同关系进行知识转移。这种联结方式可以更好地将企业家精神与科学技术能力结合在一起，推动企业创新绩效的提升（陈劲，朱学彦，2006）。Mueller（2006）的研究阐述了大学与企业之间的知识流动对经济增长的作用机理，提出创业行为参与的交易型产学协同关系,有助于知识的互动和增值,并提升企业经济效益。Brennan 等 (2005)和 Wood(2011)将大学雇员持股或合作创建公司的学术创业行为分为了 若干个阶段,指出创业动机、知识生产、商业机制选择等是影响学术创业绩效的 主要因素。然而,Eun 等(2006)通过对中国大学衍生企业的实证研究指出,基 于大学技术成果创办的大学衍生企业相对于其他科技创业型企业并没有明显的 竞争优势,并且这些企业的数量以及财务绩效在 2000 年到 2007 年存在下降趋 势;Bruneel 等(2010)认为产学合作过程中存在导向障碍和交易障碍,其中交易 障碍就是对知识产权定价方面存在差异,从一定程度上阻碍了技术交易对创新 绩效的影响;宣勇和付八军(2013)的研究也指出基于学术资本转化的视角下,大 学与企业合作过程中存在文化冲突,在一定程度上阻碍了创新绩效的提升。

当前的理论文献对交易型协同关系对企业创新绩效的影响存在一些矛盾的 见解,本书在研究中试图解释和进一步论证是否存在这种影响,以及验证交易型 产学协同关系对企业创新绩效是正向还是负向的影响,提出如下 2 个假设。

假设 H3:交易型产学协同关系对市场维度创新绩效有积极的正向作用,交 易型关系强度越强,企业的市场维度创新绩效越高。

假设 H4:交易型产学协同关系对产品维度创新绩效有积极的正向作用,交 易型关系强度越强,企业的产品维度创新绩效越高。

产学协同关系与创新绩效的交互作用

大学与企业的跨组织合作建立了一种结构联结,这种联结(关系)的强度越 高,信息交互、知识交流就越加充分,其前提是组织具有信息甄别和高效的信息 处理能力,才能维持这种结构联结,使其发挥积极的作用(Bensaou,Venkatra- man,1995;Kumar,Van Dissel,1996;Choudhury,1997)。Williams(2005)将跨 组织联结的结构归纳为 5 个变量,即规范性、联结强度、联结密度、集中性、稳定 性,并指出在一个跨组织的合作网络中,如果参与者能够从中获得收益,那么这 种组织网络中的各个主体就更加愿意接受这种联结结构,并有动力进一步拓展 合作的范围和合作的深度。

基于上述理论推导,大学与企业之间的联结关系可以通过正向的积极影响 产生更加紧密的交互,同时进一步拓展合作范围与领域。关联型与交易型的协 同关系间存在较强的相关性,即大学和企业从关联型协同关系获得积极的效益 后,会推进交易型协同关系的增强;反过来亦是如此。因此,关联型产学协同关 系与交易型产学协同关系存在正向相关性,即关联型关系强度越强,交易型关系 随之增强;反之亦然。由此,关联型协同关系与交易型协同关系对创新绩效产生 交互作用,即同时重视两类产学协同关系管理比只强调一种产学协同关系,更有助于提升创新绩效。结合第四章探索性案例的研究结论,本书提出如下 3 个假设。

假设 H5:关联型产学协同关系与交易型产学协同关系正向相关,即关联型关系强度越强,交易型关系随之增强;反之亦然。

假设 H6:关联型和交易型产学协同关系对市场维度创新绩效有交互作用,即同时重视两类产学协同关系管理比只强调一种产学协同关系,更有助于提升市场维度创新绩效。

假设 H7:关联型和交易型产学协同关系对产品维度创新绩效有交互作用,即同时重视两类产学协同关系管理比只强调一种产学协同关系,更有助于提升产品维度创新绩效。

第二节　产学协同创新作用机制

产学协同关系与智力资本

智力资本是企业开展创新活动所需的最重要的原材料,是支撑组织发展和提升创新能力的无形资产总称,由人力资本、结构资本、关系资本等三个构念子维度组成(Edvinsson,Malone,1997;Masoulas,1998;Brooking et al.,1998;Johnson,1999)。Bonaccorsi 和 Piccaluga(1994)通过技术创新的经济分析,提出企业与大学开展跨组织合作应是趋于利益动机,经过相关文献研究的整理提出企业和大学的合作动机主要包括获得知识信息、提升技术能力、降低研发风险和成本、获得互补性资源等等。Geisler 和 Rubenstein(1989)的研究更直接地指出产学合作有助于企业获得自身所需的科技知识、新创意和新观点,了解技术发展趋势(结构资本);同时可以通过这种跨界合作获得高素质人才和加强员工技能训练(人力资本);还有助于提升企业的形象和威望(关系资本)。研发合作、人才培养、学术交流等关联型产学协同关系促进了知识、人才在跨组织间的流动,使得创新要素得到了进一步优化配置,进一步促进了企业员工素质、知识存量、流程工艺、社会形象、社会关系等无形资产的积累(Bonaccorsi,Piccaluga,1994;Hicks,1995;吴晓波等,2004;Perkmann,Walsh,2007;裴云龙等,2011;何郁冰,2012;陈劲,阳银娟,2012)。在关于产学协同创新机理的文献综述中,更多的文献研究结论证明了建立这种关联型的产学协同关系有助于提升企业的智力资本绩效,基于上述理论探讨,结合探索性案例的研究结论,本书提出如下假设。

假设 H8:关联型产学协同关系对智力资本有积极的影响,关联型关系强度越强,智力资本的绩效越高。

为了从智力资本的构念子维度进一步细致探究关联型产学协同关系对智力资本的影响,所以该假设包含如下三个子假设,即:

假设 H8a,关联型产学协同关系对人力资本有积极的影响,关联型关系强度越强,人力资本的绩效越高;

假设 H8b,关联型产学协同关系对结构资本有积极的影响,关联型关系强度越强,结构资本的绩效越高;

假设 H8c,关联型产学协同关系对关系资本有积极的影响,关联型关系强度越强,关系资本的绩效越高。

交易型产学协同关系主要包含了两种产学合作形式,一个是技术交易,一个是学术创业(academic entrepreneurship)或大学衍生企业(spin-off)。大学将现有的知识产权进行转化,对企业的知识存量增加、技术能力提升都有显著的积极影响。技术交易、学术创业等这种显性知识的交易方式,也会对隐性知识的转移产生显著的正向影响(李世超等,2011);大学雇员参与创业行为起到了"边界巡视者"①的角色,张力和刘新梅(2011)从"边界巡视者"的视角分析了这种产学协同关系对促进技术转移和提升技术商业化效率的积极影响。Mueller(2006)的研究提出大学和企业现有的知识存量无法全部进行商业化,而通过构建产学协同关系,让知识有效流动,带动了新知识的生产和企业技术的进步,从而促进了经济增长。学术创业(或组建经营性实体)是技术转移的一种有效方式,可以提高知识转化效率,并且通过这种关联方式进一步增进大学与企业在非技术领域的交流(李廉水,1997;张力,聂鸣,2009)。Keasey 和 Watson(1991)认为大学衍生企业可以借助大学的良好社会声誉和威望,获得客户、合作伙伴的信用等关系资本。易朝辉和夏清华(2011)认为参与创业行为的大学研究人员与企业建立的这种网络联结,可以帮助企业从政策、合作伙伴、资本、科研条件等方面获得资源支持,并且这种学者型创业者的资源支持促进了企业创新绩效提升。

通过对东京大学、庆应义塾大学、东京农工大学和东京工业大学等四所日本技术转移成效显著的高校进行比较研究,吴殷(2013)认为产学协同关系中技术转移机制的设计对技术转移的成效没有显著影响,大学专利申请的数量也与技术转移成效之间没有必然的相关性。由此可以看出基于技术交易的产学协同关系,大学研究人员与企业雇员的交流相对较少,企业与大学的联结性不强,对其

---

① 边界巡视者,即组织设定的,跨越企业、大学的组织边界行使知识管理,促成关联各方知识转移的特定人员。定义来源:Friedman R A, Podolny J. Differentiation of boundary spanning roles: Labor negotiations and implications for role conflict[J]. Administrative Science Quarterly, 1992, 37(1):28-47.

他资源的交互作用并不明显。Meyer-Krahmer 和 Schmoch(1998)、Perkmann 和 Walsh(2007)等相关研究在阐述产学协同关系时,比较分析了不同产学合作方式下大学与企业的互动强度,他们的研究结论也证明了这一点。

从现有的文献来看,交易型产学协同关系对企业的结构资本的影响得到了较多证明,但对人力资本、关系资本影响的相关研究则很少。基于上述理论探讨,结合探索性案例的研究结论,本书尝试性地提出交易型协同关系对智力资本影响的理论假设。

假设 H9:交易型产学协同关系对智力资本有积极的影响,交易型关系强度越强,智力资本的绩效越高。

进一步从智力资本的构念子维度细致探究交易型产学协同关系对智力资本的影响,故提出 H9 假设的三个子假设命题,即:

假设 H9a,交易型产学协同关系对人力资本有积极的影响,交易型关系强度越强,人力资本的绩效越高;

假设 H9b,交易型产学协同关系对结构资本有积极的影响,交易型关系强度越强,结构资本的绩效越高;

假设 H9c,交易型产学协同关系对关系资本有积极的影响,交易型关系强度越强,关系资本的绩效越高。

智力资本与创新绩效

人力资本是企业的最根本性要素资源,人力资本的技能、经验等品质,尤其是高层经理人员的人力资本品质对企业绩效有直接的影响(Lynch,Black,1995;Finkelstein,Hambrick,1995)。企业对人力资本的投入强度,与企业的创新绩效存在正相关性,即企业的人力资本质量越高,其创新绩效也就越高(Bassi et al.,2002;杨勇,达庆利,2007)。从创新能力的角度分析人力资本对创新绩效的影响,理论逻辑则显得更为清晰,人力资本的质量越高,即企业员工的技能、经验、经历、创造力等素质越高,尤其是企业高管团队的职业素养越高,企业创新能力则越强,进而影响到企业的创新绩效的提升(Hayton,2005;张方华,李守芹,2013)。由此,一些研究认为人力资本并不是直接影响企业的创新绩效,而是通过结构资本、关系资本或者其他一些中介变量对企业绩效产生间接的影响(Bontis,1998;Bontis et al.,2000)。但同时,还有一些研究证明了人力资本存在着对企业创新绩效的直接影响(邹艳,张雪花,2009;蒋天颖,王俊江,2009;张方华,李守芹,2013)。

为了对人力资本与创新绩效的关系进一步进行论证,从创新绩效的市场维度(财务绩效)、产品维度(非财务绩效)两个方面更为细致地探讨这两者之间的关系,本书提出如下假设。

假设 H10:人力资本对创新绩效有积极的正向作用,人力资本的绩效越好,企业的创新绩效越高。

假设 H10a:人力资本对市场维度创新绩效有积极的正向作用,人力资本的绩效越好,企业的市场维度创新绩效越高。

假设 H10b:人力资本对产品维度创新绩效有积极的正向作用,人力资本的绩效越好,企业的产品维度创新绩效越高。

结构资本是企业无形资产的沉淀,包括了技术专利、管理制度、企业文化等等,这种无形的组织沉淀能够形成企业可持续发展的竞争能力,对企业绩效产生积极的影响(Pfeffer,Salancik,1978;Nelson,Winter,1982;He,Wong,2004)。良好的组织结构安排,有利于促进组织内外知识的交流和创造,有助于营造刺激创新的网络和环境,对企业的创新能力提升,尤其是对渐进式创新有着显著的影响(Ghoshal et al.,1994;Grant,1996;Subramaniam,Youndt,2005)。结构资本对企业创新绩效的显著正向影响也得到了国内很多研究文献的证明(李冬琴,2004;邹艳,张雪花,2009;蒋天颖,王俊江,2009;黄衡,2011;张方华,李守芹,2013)。进一步从创新绩效的两个子维度来细致地论证结构资本对创新绩效的影响,提出如下假设。

假设 H11:结构资本对创新绩效有积极的正向作用,结构资本的绩效越好,企业的创新绩效越高。

进一步从创新绩效的两个子维度,细致探究结构资本对创新绩效的影响,提出两个子假设命题,即:

假设 H11a,结构资本对市场维度创新绩效有积极的正向作用,结构资本的绩效越好,企业的市场维度创新绩效越高;

假设 H11b,结构资本对产品维度创新绩效有积极的正向作用,结构资本的绩效越好,企业的产品维度创新绩效越高。

企业处在大学、科研机构、顾客、供应商、政府、中介机构等利益相关者或合作者所组成的社会关系网络中,关系资本反映了企业在社会关系网络中的信誉和口碑。企业所累积的关系资本能够促进组织内外部的信息和资源流动,帮助企业更有效地从社会关系网络中获取和利用知识以及其他创新资源,从而提升创新能力和创新绩效(Cooke,Clifton,2002;Anand,Glick,Manz,2002;邹艳,张雪花,2009)。一方面,从开放式创新的角度看,良好的关系资本有助于企业与外部的联结,这对于创新绩效的提升非常重要。另一方面,企业建立并管理良好的关系资本,可以增进企业与社会关系网络中相关合作者的信任度,从而降低了组织间资源交易的成本和合作的风险,帮助企业获得自身发展所需的稀缺性资源

（郑美群，2006；王修猛，2008；蒋天颖，王俊江，2009）。

基于上述理论探讨，本书提出如下假设。

假设 H12：关系资本对创新绩效有积极的正向作用，关系资本的绩效越好，企业的创新绩效越高。

进一步从创新绩效的两个子维度，细致探究关系资本对创新绩效的影响，提出两个子假设命题，即：

假设 H12a，关系资本对市场维度创新绩效有积极的正向作用，关系资本的绩效越好，企业的市场维度创新绩效越高；

假设 H12b，关系资本对产品维度创新绩效有积极的正向作用，关系资本的绩效越好，企业的产品维度创新绩效越高。

第三节　创业导向的调节作用

Bruneel 等（2010）认为企业与大学的协同创新过程中存在冲突和障碍，他从知识属性和知识产权的管理等两个方面分析了产学协同关系的瓶颈。一个方面是知识专有性和公共性的冲突。大学通常受到政府的资助，社会给予的期望是能够建立支持经济发展的开放、共享的知识库；然而企业希望基于组织的私利对知识进行生产和利用，即使对外开放的知识源也是通过开放性战略来获取竞争优势（Chesbrough，2012）。另一个方面是知识产权管理的障碍。Mowery 等（2001）通过对美国高校的研究指出，虽然自 20 世纪 80 年代以来高校专利数量得到了快速增长，但专利的质量却呈现下降趋势。大学研究人员越来越重视知识产权的商业化，并希望从中获得经济利益，与此同时大学成立了技术转移的专门机构（TTOs，Technology Transfer Offices），也希望推动大学从知识转化中获得收益。但企业对于知识产权的定价，显然与大学以及大学的研究人员存在差异，这种个体与组织、组织内外部的知识产权交易，存在着交易障碍和利益冲突，阻碍了产学协同关系的发展（Clarysse et al.，2007）。

创业导向反映了企业的一种战略倾向，结合文献综述和探索性案例分析，进一步在理论层面上讨论创业导向对产学协同创新过程的调节作用，尝试性地去研究创业导向是否对破解产学协同关系发展中的障碍和冲突有积极作用，提出创业导向对产学协同关系与企业创新绩效关系的调节效应假设。

创业导向与企业创新绩效

从创业导向的创新性、风险承担性、先动性等三个构念子维度的定义和内涵,去分析创业导向对企业创新绩效的影响机理。

创新性反映了企业投入新产品研发、支持新创意、参与创新过程的意愿和程度(Lumpkin,Dess,1996),这种创新性倾向会激发企业在资源网络中寻找更多新知识、新创意、新产品等创新资源,从而有利于创新机会的挖掘和资源价值的提取(Cohen,Levinthal,1990)。

风险承担性反映了企业对存在较高风险的未知业务资源投入的意愿和对失败的包容程度,表明了企业对高风险、高回报项目的偏好(Lumpkin,Dess,1996)。Baird 和 Thomas(1985)提出企业的风险承担性是相对来说的,这种战略倾向主要体现在对未知业务的涉入、相对数额巨大的资产投资、高额负债、投资尚未开发成熟的技术、推动新产品进入新市场等等。企业与大学的合作,其中一项重要的动机就是对未知的新知识的探索和对新技术的获取(Bonaccorsi,Piccaluga,1994),大学更偏向于基础研究的现实状况,确凿地证明了企业与大学间的知识异质性和组织距离。跨组织合作中,大学与企业的目标不同、信息不对称、协同创新过程中的不确定性、关系管理的复杂性等因素都导致了在产学协同关系中存在很大的风险(潘杰义,赵飞,2012)。

先动性是指企业通过对市场的预判,从而提前采取行动的倾向,通过对市场非对称性信息的挖掘,"先动者"(first mover)通常能够获得更高的回报,并提早建立市场的品牌知名度(Lumpkin,Dess,1996)。企业的先动性并不是意味着是第一个引入新技术、投入新产品等采取"第一个吃螃蟹"的行为,而是保持对新创意的支持、前瞻性思考和对新市场的快速反应等先动性状态。Miller 和 Camp(1986)通过对 84 个战略组织单元的分析,认为作为第二名进入市场的企业与第一名进入市场的企业具有同样的市场优势,它们通过企业的先动性取得市场上的成功。因此,企业的先动性战略使得企业表现为"领先者"(leader)而不是"跟随者"(follower),前瞻性地去寻求新的创新机会。尽管现实中,这类型的企业不会一直表现为"第一个行动者"(first to do),但这并不影响对企业先动性战略态势的判断。Bonaccorsi 和 Piccaluga(1994)认为企业与大学的合作动机,很重要的目标是了解和把握尖端科学、提高对科学的预知能力。

因此,企业的创新性越强,创新的意愿越高,创新的投入越多,越有助于提升企业对资源获取和机会把握的能力;企业的风险承担性越高,越能刺激企业与大学的合作,这种技术交易、技术入股、合作创建企业的协同关系更能够促进产学间的组织融合,让战略、目标、资源、知识增值过程更加趋同,从而提升企业绩效(Feldman et al.,2002;Tijssen,2006;Mueller,2006);企业的先动性战略倾向,会促进企业在此过程中强化和深化与大学的合作,积极寻求与大学面向市场先机开展协同创新的机会,提高产学合作过程中对智力资本的贡献度,从而实现

"市场领导者"的战略目标。

创业导向对产学协同创新过程的调节假设

企业与大学合作很重要的目的是获得互补性的资源，尤其是知识和人才资源，并在这种跨组织的知识互动交流中产生知识增值效应（Wiklund，Shepherd，2003；Mueller，2006；陈劲，阳银娟，2012），企业获取这些资源的方式方法、组织安排等对资源获取的效率非常重要（Wiklund，Shepherd，2003）。Eisenhardt 和 Martin（2000）从企业动态能力的视角，阐述了除了资源本身对企业创新绩效的重要性，企业的组织性和战略性的流程安排同样非常重要，因为这可以在资源交互过程中实现资源增值的战略目标。依此逻辑推理，创业导向是企业的一种战略态势（strategic posture），是为了实现"新进入"的目标而做出的一系列组织和流程的安排。企业对这种战略态势的安排，不仅反映的是一种意愿，更是反映了企业在大学的协同关系管理中对资源、流程和制度的安排影响了产学协同过程中创新资源获取和增值的绩效，进而影响企业创新绩效。

创业导向作为一种战略意愿，脱离或突破企业现有的技术或业务状态（Kimberly，1981），在企业产学协同关系管理过程中，对企业的制度、组织、过程、文化等组织变量会产生交互影响（Guth，Ginsberg，1990；Covin，Slevin，1991）。这些组织变量的改变，会影响产学协同过程中对智力资本的获取和增值绩效。Miller 和 Friesen（1982）通过对比分析 52 家企业不同模式的创新战略，提出采用创业型战略（entrepreneurial model）过程中，企业的目标和战略与创新绩效密切相关，用一种预见式的行为加快了资源的整合和提升创新效率。Wiklund 和 Shepherd（2003）进一步认为创业导向在企业以知识为基础的资源库和企业绩效关系之间起到了调节作用，企业的创业导向越强，知识资源库对企业绩效的正向影响越显著。

产学协同关系是基于大学与企业之间不同的合作方式所建立起来的纽带，是企业与大学的资源联结。在与大学建立和管理协同关系过程中，企业整合发挥大学的科技与人才优势，降低研发成本、提高研发效率，加快推动技术产品的创新速度和效率（Bonaccorsi，Piccaluga，1994；Barnes et al.，2002）。由此，在产学协同关系建立和管理过程中，企业的创业导向对产学协同关系与创新绩效之间的关系起到正向调节作用。结合产学协同关系类型和创新绩效的不同纬度进一步细致探究创业导向的调节效应，并提出如下假设。

假设 H13：关联型产学协同关系对企业市场维度创新绩效的影响受到创业导向的调节作用，随着创业导向的增强，关联型产学协同关系对企业市场维度创新绩效的影响增强。

假设 H14:关联型产学协同关系对企业产品维度创新绩效的影响受到创业导向的调节作用,随着创业导向的增强,关联型产学协同关系对企业产品维度创新绩效的影响增强。

假设 H15:交易型产学协同关系对企业市场维度创新绩效的影响受到创业导向的调节作用,随着创业导向的增强,交易型产学协同关系对企业市场维度创新绩效的影响增强。

假设 H16:交易型产学协同关系对企业产品维度创新绩效的影响受到创业导向的调节作用,随着创业导向的增强,交易型产学协同关系对企业产品维度创新绩效的影响增强。

第四节　理论概念模型与控制变量

REIP 理论概念模型

结合文献研究、探索性案例分析以及深层次的理论探讨,本书提出了创业导向产学协同创新机理的全部理论假设,构建了三个理论研究模型,即:产学协同关系对创新绩效的影响概念模型(RP model)、产学协同创新作用机制(中介效应)概念模型(RIP model)、创业导向对产学协同关系与企业创新绩效关系的调节作用模型(REP model)。

从产学协同关系的视角剖析产学协同创新的机理,首先提出理论研究的基本前提假设,构建产学协同关系对创新绩效的影响概念模型(见图 52)。具体来讲,该假设提出关联型产学协同关系和交易型产学协同关系对企业创新绩效存在正向影响,且两种类型的产学协同关系存在积极的相关性,存在对企业创新绩

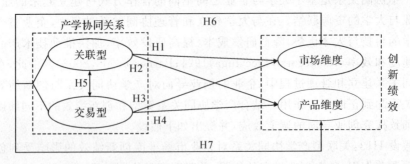

图 52　产学协同关系对创新绩效的影响模型(RP model)

效的交互作用影响。

进而根据文献综述、探索性案例研究及深层次的理论探讨,提出以智力资本为中介变量的产学协同创新作用机制的理论假设,构建了所要研究的主效应模型,即产学协同创新机理的理论模型(见图53)。该理论模型以大学与企业协同过程中最重要的无形资产——智力资本为关键中介变量,剖析了产学协同创新的作用机制,解决了本研究中的核心问题。企业与大学建立并管理不同类型的产学协同关系,以智力资本为中介变量,对企业创新绩效产生积极的影响。

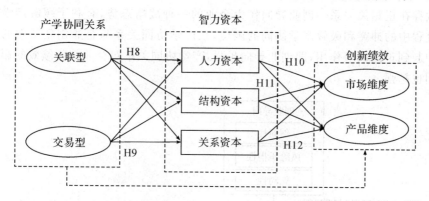

图 53　产学协同创新作用机制(中介效应)概念模型(RIP model)

创业导向是当前产学协同创新过程中的一个重要命题,也是有可能破解产学协同瓶颈、缓解产学合作冲突的一个重要的调节变量。本书基于案例和文献研究,提出了创业导向在产学协同关系与企业创新绩效之间的调节作用理论假设,从相关变量以及变量的构念子维度提出了该理论模型下的全部假设命题,构建了创业导向对产学协同关系与创新绩效关系的调节作用模型(见图54)。具

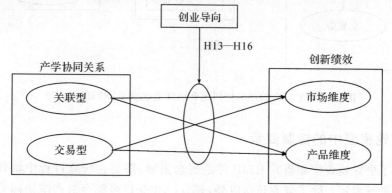

图 54　创业导向的调节作用模型(REP model)

体来说,即产学协同关系对企业创新绩效的影响受到创业导向的调节作用,企业的创业导向越强,产学协同关系对企业创新绩效的影响越大。

基于所有的理论假设和上述三个理论模型,描绘出了本研究的总概念模型,即创业导向的产学协同创新机理概念模型(见图55)。企业与大学建立并管理的关联型和交易型协同关系对企业创新绩效有积极的影响,两种类型的产学协同关系以交互作用的方式显著地提升了企业创新绩效。企业与大学管理的产学协同关系通过智力资本的这一关键中介变量作用于企业创新绩效,与企业创新绩效存在正相关关系。创业导向作为企业的一种战略态势,有利于缓解产学协同过程中的冲突和破解产学协同的困境,在产学协同关系与企业创新绩效的关系中起到正向调节作用,即创业导向越强,产学协同关系对企业创新绩效的影响作用也越强。

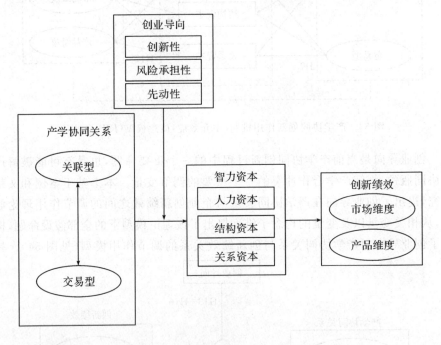

图 55 创业导向的产学协同创新机理概念模型(REIP model)

理论模型中的控制变量

为了更好地观察和研究 REIP 理论概念模型,需要在研究过程中将其他影响因素进行控制。除了创业导向以外,还有一些变量可能会对产学协同关系与智力资本的关系、产学协同关系与创新绩效的关系产生影响,例如企业规模、企业成立年限(或产学合作年限)、企业所处行业、大学雇员的类别等等,必须引入一些变量来对研究模型加以控制。

　　一些研究表明,企业的规模与企业的研发投入,尤其是与大学的研发合作存在相关性,规模较大的企业更有可能与企业开展全方面的合作,并且愿意在合作中投入更多的资源(Adams,Chiang,Starkey,2001;Santoro,Chakrabarti,2002;Belderbos et al.,2004;Fontana et al.,2006);一些研究指出,企业的经历或经验有助于缓解产学合作中的冲突,破解产学合作障碍的困境,所以成立时限较长,与大学有过较长合作经历的企业更能够从产学协同关系中获得更高的绩效(Bruneel et al.,2010);企业所处的行业也与产学协同关系有着密切相关性,技术中心度高、研发密度高的行业企业,与大学开展合作的可能性越高,互动性也越发明显(Meyer-Krahmer,Schmoch,1998;Veugelers,Cassiman,2005;Tijssen,2006);也有一些研究指出企业更喜欢与高级别的大学研究人员合作,尤其是具有管理职务的大学雇员,由此可能带来更高的产学协同绩效(Azagra-Caro,2007),还有一些研究从地区的差异、企业的吸收能力等其他变量角度分析了产学合作过程中对合作绩效的影响。

　　在研究过程中,选取了企业规模和企业成立年限作为研究的控制变量,因为企业规模和企业成立年限在该研究的主效应模型中可能存在显著影响,须避免该类变量对理论研究模型的干扰,故在产学协同创新机理研究中引进这两个变量加以控制。

理论研究的全部假设

　　该书的这部分,在文献综述和探索性案例等研究基础上,通过进一步的深层次理论探讨,提出了产学协同关系与创新绩效、产学协同创新机制、创业导向对产学协同关系与创新绩效的调节作用等相关理论问题的影响路径、影响关系和假设命题。通过合理的案例分析、理论推导构建的产学协同关系对创新绩效的影响概念模型、产学协同创新作用机制(中介效应)概念模型、创业导向对产学协同关系与创新绩效关系的调节作用模型等三个理论模型,阐述清楚了创业导向的产学协同创新机理理论模型。在该理论模型下,存在变量之间、变量的构念子维度之间多层次的联系与影响,提出相关理论假设共计 16 个,如果包含子假设命题,则全部理论假设共计 23 个,汇总见表 31、表 32、表 33。

表 31　产学协同关系与创新绩效的理论假设

序号	假设命题
H1	关联型产学协同关系对市场维度创新绩效有积极的正向作用,关联型关系强度越强,企业的市场维度创新绩效越高
H2	关联型产学协同关系对产品维度创新绩效有积极的正向作用,关联型关系强度越强,企业的产品维度创新绩效越高
H3	交易型产学协同关系对市场维度创新绩效有积极的正向作用,交易型关系强度越强,企业的市场维度创新绩效越高
H4	交易型产学协同关系对产品维度创新绩效有积极的正向作用,交易型关系强度越强,企业的产品维度创新绩效越高
H5	关联型产学协同关系与交易型产学协同关系正向相关,即关联型关系强度越强,交易型关系随之增强;反之亦然
H6	关联型和交易型产学协同关系对市场维度创新绩效有交互作用,即同时重视两类协同关系管理比只强调一种协同关系,更有助于提升市场维度创新绩效
H7	关联型和交易型产学协同关系对产品维度创新绩效有交互作用,即同时重视两类协同关系管理比只强调一种协同关系,更有助于提升产品维度创新绩效

表 32　产学协同创新作用机制的理论假设

序号		假设命题
H8		关联型产学协同关系对智力资本有积极的影响,关联型关系强度越强,智力资本的绩效越高
	H8a	关联型产学协同关系对人力资本有积极的影响,关联型关系强度越强,人力资本的绩效越高
	H8b	关联型产学协同关系对结构资本有积极的影响,关联型关系强度越强,结构资本的绩效越高
	H8c	关联型产学协同关系对关系资本有积极的影响,关联型关系强度越强,关系资本的绩效越高
H9		交易型产学协同关系对智力资本有积极的影响,交易型关系强度越强,智力资本的绩效越高
	H9a	交易型产学协同关系对人力资本有积极的影响,交易型关系强度越强,人力资本的绩效越高
	H9b	交易型产学协同关系对结构资本有积极的影响,交易型关系强度越强,结构资本的绩效越高
	H9c	交易型产学协同关系对关系资本有积极的影响,交易型关系强度越强,关系资本的绩效越高

续表

序号		假设命题
H10		人力资本对创新绩效有积极的正向作用,人力资本的绩效越好,企业的创新绩效越高
	H10a	人力资本对市场维度创新绩效有积极的正向作用,人力资本的绩效越好,企业的市场维度创新绩效越高
	H10b	人力资本对产品维度创新绩效有积极的正向作用,人力资本的绩效越好,企业的产品维度创新绩效越高
H11		结构资本对创新绩效有积极的正向作用,结构资本的绩效越好,企业的创新绩效越高
	H11a	结构资本对市场维度创新绩效有积极的正向作用,结构资本的绩效越好,企业的市场维度创新绩效越高
	H11b	结构资本对产品维度创新绩效有积极的正向作用,结构资本的绩效越好,企业的产品维度创新绩效越高
H12		关系资本对创新绩效有积极的正向作用,关系资本的绩效越好,企业的创新绩效越高
	H12a	关系资本对市场维度创新绩效有积极的正向作用,关系资本的绩效越好,企业的市场维度创新绩效越高
	H12b	关系资本对产品维度创新绩效有积极的正向作用,关系资本的绩效越好,企业的产品维度创新绩效越高

表 33 创业导向对产学协同关系与创新绩效关系的调节效应理论假设

序号	假设命题
H13	关联型产学协同关系对企业市场维度创新绩效的影响受到创业导向的调节作用,随着创业导向的增强,关联型产学协同关系对企业市场维度创新绩效的影响增强
H14	关联型产学协同关系对企业产品维度创新绩效的影响受到创业导向的调节作用,随着创业导向的增强,关联型产学协同关系对企业产品维度创新绩效的影响增强
H15	交易型产学协同关系对企业市场维度创新绩效的影响受到创业导向的调节作用,随着创业导向的增强,交易型产学协同关系对企业市场维度创新绩效的影响增强
H16	交易型产学协同关系对企业产品维度创新绩效的影响受到创业导向的调节作用,随着创业导向的增强,交易型产学协同关系对企业产品维度创新绩效的影响增强

第六章　创业导向产学协同创新的实证研究

第一节　研究设计与研究方法

除了理论推理和案例研究之外,本书还采用了问卷调研和管理统计分析方法,对创业导向的产学协同创新机理进行实证研究。本节对问卷设计、数据采集等研究设计进行了介绍和解释,对样本数据进行了统计描述,同时对采集来的样本数据进行因子分析,验证说明本研究测量数据的可信度和说服力。

问卷设计与因子分析

在本书的研究中,通过调查问卷对研究问题进行实证分析,在规范性的逻辑推理下解决所涉及的科学问题。结合文献研究、探索性案例分析、现场调研等研究基础,针对研究问题构建了问卷的内容框架。同时,借鉴和改良成熟的问卷量表进行测量,通过德尔菲法、问卷测试等方法对问卷量表进行调整修正,尽力保证问卷设计的科学性、合理性。

问卷内容紧紧围绕两个核心科学问题:产学协同创新的作用机理和创业导向态势下的产学协同创新影响机制。将与高校有合作关系的企业作为调研对象,结合企业语境和研究逻辑对问卷内容做了安排,问卷内容包括企业基本信息及填报者信息、判断企业"创业导向"的性格、企业与高校的协同关系类型以及协同关系强度的测度、企业的智力资本的测度、企业创新绩效的测度等5个模块。

本问卷的设计过程大致经历了三个阶段。第一阶段是文献研究阶段。结合研究问题,通过检索研读创新系统、开放式创新、技术创新、协同创新等创新管理文献,以及创业导向、智力资本等相关问题的研究文献,笔者对产学协同创新的影响因素和作用机理进行了逻辑梳理,形成了初步的调查思路和问卷结构。第二阶段是专家访谈和企业调研阶段。在已有的研究逻辑框架基础上,笔者征询了近 10 位创新管理领域的学者、产学研管理部门负责人等专家的建议与意见,对研究模型进行了反馈和修正,厘清了研究问题的理论构念。同时,对广州、北京、深圳、杭州、苏州、绍兴等地区的十几家企业进行了实地走访,这些企业涉及装备自动化、光学仪器、集成电路、医药、新材料等行业,与企业高管进行了深入交流,笔者对一些代表性企业采用了多轮深入调研,确定了研究的逻辑框架。结合第一阶段的文献资料,从相关文献中整理出变量的测量量表。例如:测量创业导向的量表来源于 Covin 和 Slevin(1989)、李雪灵等(2010),采用了目前国内外学术界高度认可的测量创业导向的量表;产学协同关系的类型与测量的问卷量表参考了 Tijssen(2006)、Perkmann 和 Walsh(2007)、叶伟巍(2009)等研究的理论框架,从关联型、交易型两个维度界定产学协同关系,增加了对每个分类变量的程度测量;智力资本的测量量表在一些指标设计上存在一些细微差异,但并不影响对变量维度的测量,综合了蒋天颖(2009)和李冬琴(2004)在各自研究中所采用的测量量表,对定义重复、与研究问题无关的指标进行了修正;创新绩效的量表则相对成熟,本研究主要结合了李冬琴(2004)和叶伟巍(2009)在各自博士学位论文研究中所采用的测量量表,设计了该模块的问卷题项内容。第三个阶段是问卷调整、测试与修正阶段。笔者将初步设计出的问卷,在学术团队的小范围内征求意见,这些意见对象包括 5 位教授、副教授、副研究员,以及十几位博士和硕士研究生,对题项设计的合理性、表述的准确性进行了修正,例如将 Perkmann 和 Walsh(2007)对产学协同关系类型的定义,不采用文献直接翻译过来的"高关联""中关联""低关联"来进行表述,而采用"关联型""交易型"等表述方式,以免答卷者引起误解。而后用调整后的问卷对具有代表性的 6 家企业高管进行预测试,笔者根据被测试对象的意见反馈,重点对问卷题项的表述方式进行了修正,形成了最终的调查问卷。

因子分析,可以将题项指标提取公共因子,减少变量的个数,从而提高测量指标体系设计的科学性和合理性,增加测量结果的可信度和说服力。研究所采用的问卷或是基于成熟量表,或是整合了相关成熟量表进行了微调,所以没有采用小样本测试的方法对问卷测量的变量进行因子分析。故在此直接采用采集来的样本数据进行因子分析,验证说明下测量结果的可信度和说服力。

用 SPSS 软件对关联型产学协同关系的 5 个题项进行探索性因子分析,经检验 KMO 样本测度和 Bartlett 球体检验结果显著(见表 34),适合作因子分析。因子分析结果如表 35 所示,按照预期 5 个题项归结为一个公共因子,该因子的累积解释变差为 68.243%，所有因子的载荷均大于 0.7，所以这 5 个题项显著地反映了关联型产学协同关系的情况，可称之为"关联型产学协同关系"因子。

表 34　关联型产学协同关系的 KMO 和 Bartlett 检验

Kaiser-Meyer-Olkin Measure of Sampling Adequacy		0.833
Bartlett's Test of Sphericity	Approx. Chi-Square	496.304
	df	10
	Sig.	0.000

表 35　关联型产学协同关系的探索性因子分析结果（N＝177）

题号	题项	因子载荷
第 22 题	在过去 3 年里，企业与高校联合实施了很多的研发项目	0.862
第 23 题	在过去 3 年里，企业委托高校开展了很多的研发项目或咨询服务	0.832
第 24 题	企业与高校共建了合作机构，并经常性开展合作	0.898
第 25 题	在过去 3 年里，企业派出很多人员到高校进行培训	0.777
第 26 题	在过去 3 年里，企业安排了很多大学雇员到企业进行授课或交流	0.752

Extraction Method：Principal Component Analysis.

再对交易型产学协同关系的 4 个题项进行探索性因子分析，经检验 KMO 样本测度和 Bartlett 球体检验结果显著，适合做因子分析。因子分析结果如表 36 所示，按照预期 4 个题项归结为一个公共因子，该因子的累积解释变差为 76.659%，所有因子的载荷均大于 0.7，所以这 4 个题项显著地反映了交易型产学协同关系的情况，可称之为"交易型产学协同关系"因子。

表 36　交易型产学协同关系的探索性因子分析结果（N＝177）

题号	题项	因子载荷
第 27 题	企业中大学雇员持股比例很高	0.847
第 28 题	企业的很多新设项目公司中都有大学雇员参股	0.896
第 29 题	在过去 3 年里，企业购买了很多大学或大学雇员的技术专利	0.885
第 30 题	在过去 3 年里，企业向大学或大学雇员支付了很多的技术许可费用	0.874

注：KMO 的值为 0.726，Bartlett 统计值显著异于 0（P＜0.001）。

用 SPSS 软件对创业导向的 9 个题项进行探索性因子分析，经检验 KMO 样本测度和 Bartlett 球体检验结果显著，适合做因子分析。按照文献的预期假设，在分析时强制提取三个因子，因子分析结果显示（见表 37），按照预期第 13、14、15 等 3 个题项归结为一个公共因子（创新性），第 16、17、18 等 3 个题项归结为一个因子(先动性),第 19、20、21 等 3 个题项归结为一个因子(先动性),所选三个因子的累积解释变差为 83.256%。所有因子的载荷均大于 0.7(见表 38),所以这 9 个题项显著地反映了创业导向变量的情况,归结为创新性、先动性和先动性三个因子。

表 37　旋转后的因子负载指表(创业导向)

题项	主成分分析			因子
	1	2	3	
第 13 题	0.180	0.883	0.280	创新性
第 14 题	0.245	0.892	0.125	
第 15 题	0.134	0.751	0.489	
第 16 题	0.856	0.235	0.203	先动性
第 17 题	0.803	0.157	0.376	
第 18 题	0.828	0.171	0.327	
第 19 题	0.378	0.245	0.743	先动性
第 20 题	0.398	0.263	0.772	
第 21 题	0.281	0.309	0.833	

注:KMO 的值为 0.875,Bartlett 统计值显著异于 0(P<0.001)。

表 38　创业导向的探索性因子分析结果(N=177)

题号	题项	因子载荷
第 13 题	在过去 3 年里,企业创造了很多新产品或服务	0.755
第 14 题	在过去 3 年里,企业对当前产品或服务组合进行了大幅度变更	0.703
第 15 题	企业高度重视研发活动,追求技术或服务领先与创新	0.782
第 16 题	企业管理团队更偏好可能获得高回报的高风险项目	0.749
第 17 题	面对不确定性时,企业倾向于采取积极行动来抓住机会而非守旧	0.779
第 18 题	为了实现经营目标,企业更倾向于采取大胆而迅速的行动	0.772
第 19 题	企业会首先发起竞争行动,然后竞争者被迫做出响应	0.803
第 20 题	企业在业内常常率先引入新商业模式、管理技巧和生产技术等	0.842
第 21 题	总体上,企业管理团队非常强调先于竞争者引入新产品或创意	0.835

注:KMO 的值为 0.726,Bartlett 统计值显著异于 0(P<0.001)。

根据文献研究,智力资本分为人力资本、结构资本和关系资本等三个因子,属于成熟量表,所以分别对三个因子进行探索性分析。首先用 SPSS 软件对人力资本的 7 个题项进行探索性因子分析,经检验 KMO 样本测度和 Bartlett 球体检验结果显著,适合做因子分析。因子分析结果如表 39 所示,按照预期 7 个题项归结为一个公共因子,该因子的累积解释变差为 63.692%,所有因子的载荷均大于 0.7,所以这 7 个题项显著地反映了人力资本的情况,可称之为"人力资本"因子。

表 39　人力资本的探索性因子分析结果(N=177)

题号	题项	因子载荷
第 31 题	企业员工对企业高度忠诚	0.854
第 32 题	企业员工有很好的专业技能	0.836
第 33 题	企业员工经常参加业务培训	0.770
第 34 题	企业员工具有很好的团队合作精神	0.858
第 35 题	企业员工具有丰富的工作经验	0.706
第 36 题	企业高管具有领导企业实现目标的能力	0.777
第 37 题	企业高管有担负领导企业并引导组织变革的能力	0.774

注:KMO 的值为 0.891,Bartlett 统计值显著异于 0(P<0.001)。

对结构资本的 5 个题项进行探索性因子分析,经检验 KMO 样本测度和 Bartlett 球体检验结果显著,适合做因子分析。因子分析结果如表 40 所示,按照预期 5 个题项归结为一个公共因子,该因子的累积解释变差为 73.096%,所有因子的载荷均大于 0.7,所以这 7 个题项显著地反映了结构资本的情况,可称之为"结构资本"因子。

表 40　结构资本的探索性因子分析结果(N=177)

题号	题项	因子载荷
第 38 题	企业有一整套完善的工作流程和激励机制	0.820
第 39 题	企业有很多的技术诀窍和专利	0.909
第 40 题	企业注重企业创新文化的塑造	0.884
第 41 题	企业建立了供企业员工方便查询的知识库	0.859
第 42 题	企业的研发投入很大	0.799

注:KMO 的值为 0.886,Bartlett 统计值显著异于 0(P<0.001)。

对关系资本的 7 个题项进行探索性因子分析,经检验 KMO 样本测度和 Bartlett 球体检验结果显著,适合做因子分析。因子分析结果如表 41 所示,按照预期 7 个题项归结为一个公共因子,该因子的累积解释变差为 64.777%,所有因子的载荷均大于 0.7,所以这 7 个题项显著地反映了关系资本的情况,可称之为"关系资本"因子。

表 41　关系资本的探索性因子分析结果(N＝177)

题号	题项	因子载荷
第 43 题	企业有很好的社会声誉	0.745
第 44 题	企业与很多顾客保持长期的良好关系	0.836
第 45 题	顾客对企业的产品或服务满意度很高	0.852
第 46 题	企业有很多优秀的供应商	0.841
第 47 题	企业与供应商保持着良好的关系	0.856
第 48 题	企业与政府、银行等合作伙伴保持着良好关系	0.734
第 49 题	企业与投资人保持着良好关系	0.759

注:KMO 的值为 0.914,Bartlett 统计值显著异于 0(P＜0.001)。

由于创新绩效的测量结合了不同的研究成果,且没有统一的典型量表进行测量,所以将所有题项放在一起进行探索性因子分析,经检验 KMO 样本测度和 Bartlett 球体检验结果显著,适合做因子分析,因子分析结果如表 42 和表 43 所示。

表 42　旋转后的因子负载指表(创新绩效)

题项	主成分分析		因子
	1	2	
第 50 题	0.319	0.805	市场维度
第 51 题	0.264	0.797	
第 52 题	0.271	0.877	
第 53 题	0.325	0.840	
第 54 题	0.801	0.210	产品维度
第 55 题	0.752	0.442	
第 56 题	0.878	0.205	
第 57 题	0.698	0.287	
第 58 题	0.756	0.430	

注:KMO 的值为 0.906,Bartlett 统计值显著异于 0(P＜0.001)。

信度分析中提取出两个因子,其中一个因子对第 50、51、52、53 等题项的影响较大,另一个因子对第 54、55、56、57、58 等题项的影响较大。前面一个因子主要反映了企业的总体经营业绩、市场表现情况,可以称之为"市场维度",第二个因子主要反映了企业产品方面的创新程度,可以称之为"产品维度"因子。

这两个因子的累积解释变差为 74.394％,所有因子的载荷均大于 0.7,所以这 9 个题项显著地反映了创新绩效变量的情况,归结为市场维度、产品维度两个因子。因此,可以将产学协同关系对创新绩效的影响就市场维度和产品维度两个因子分别进行测量,更加深入细致地考察对创新绩效的作用机理。

表 43 创新绩效的探索性因子分析结果(N=177)

题号	题项	因子载荷
第 50 题	企业销售收入年均增长率	0.792
第 51 题	企业年均利润总额	0.747
第 52 题	企业利润总额年均增长率	0.808
第 53 题	企业年均总资产收益率	0.820
第 54 题	企业产品品质	0.719
第 55 题	企业新产品的开发速度	0.846
第 56 题	企业新产品占总销售额的比例(越高越好)	0.770
第 57 题	新产品开发成本(越低越好)	0.700
第 58 题	产品的市场竞争力	0.841

注:KMO 的值为 0.726,Bartlett 统计值显著异于 0($P<0.001$)。

数据采集与样本说明

数据采集是提高问卷调研方法的科学性、有效性的重要过程,通过在问卷的采集对象、问卷填写者、采集渠道、数据筛选等工作节点上进行合理的安排,以期达到数据采集的成效。问卷采集的对象是近几年与高校有合作经历的企业,对于企业所处的行业并不做特殊要求。因为问卷调查的是企业整体经营情况,所以问卷填写者必须是企业负责人或熟悉产学合作的高管。

研究过程中所采用的问卷采集渠道主要分为三类,分别是网络填写、现场发放和中介调查。网络填写,主要是面向笔者所熟悉或曾经合作过的企业高管,通过发送问卷链接或电子邮件的方式向这些企业的高管采集问卷,该过程中共发送了近 100 封电子邮件;现场发放,主要是面向在杭州市高校进修的企业高级管理者,例如浙江大学、浙江工商大学等学校的 EMBA、MBA 学生,以及沟通联系在浙大科技园、苏州高新区、广州开发区的企业高管,共发放问卷 100 余份;中介调查,是通过一家专业的信息服务公司、以有偿付费的形式采集问卷,该公司成立于 2004 年,曾服务于国内诸多高校以及中国电信、麦肯锡、安永等国内外大型企业的问卷调查工作,有较高的可信度,共通过此方式采集了 100 余份问卷。

问卷中涉及了答卷者的基本信息,可以验证是否有足够的可信度来填写该份问卷。同时,还专门设计了一些陷阱题,以免答卷者不负责任地填写,以此来对数据有效性进行筛选。通过此三种问卷采集方式,共发放问卷 379 份,回收问卷 241 份,其中有效问卷共计 177 份。通过不同的问卷采集渠道,问卷回收情况及数据采集质量也不尽相同,现将数据采集情况做一下简单说明(见表 44)。

表 44　本研究的数据采集情况说明

问卷采集渠道	发放量/份	回收量/份	回收率/%	有效问卷/份	有效率/%
网络填写	78	25	32.1	23	92.0
现场发放	122	96	78.7	62	64.6
中介调查	179	120	67.0	92	76.7
合计	379	241	63.6	177	73.4

注:回收率=回收量/发放量;有效率=有效问卷/回收量。

可以看出,通过邀请熟人填写或朋友推荐填写的问卷质量最高,问卷有效率达到了 92.0%。需要进一步说明的是,通过信息服务公司采集数据的程序,是根据预设的问卷填写要求,采集回来一定数量的有效问卷数量(120 份),该公司通过问卷筛查机制以及与问卷提交方的联合筛查的方法,已经对问卷进行了一轮筛查,故在此统计的回收率表示的是通过此轮筛查的问卷数与问卷采集数的比例。作者根据问卷填写的质量,又对问卷进行了第二轮严格筛查,最终共采用了 92 份有效问卷。

因为在采集数据过程中采用了网络填写、现场发放、中介调查等不同渠道,在对不同采集来的数据进行合并分析之前,需要检验不同组别的数据之间是否存在显著差异性。考虑到网络填写问卷回收数量较少,样本量差异过大容易产生对组间数据分析的不准确,并且这种方式采集的数据面不够广泛,故将网络填写和现场发放的数据合并为一组,将中介调查的数据归为一组,比较这两组数据来源的差异性(见表 45)。

表 45　不同来源的样本数据情况

组别	数据来源	来源说明	样本数量/份	小计/份
第一组	网络填写	朋友填写、熟人推荐填写	23	85
	现场发放	政府委托、企业高管研修班	62	
第二组	中介调查	专业的信息服务中介公司	92	92
合计			177	

用 SPSS 软件对这两组数据的创新绩效测度指标进行方差分析,通过方差齐性检验(Levene Statistic)结果可以看出(见表 46),Levene 统计值的显著性概率均大于 0.05,表明不同来源的样本数据之间在创新绩效的各个指标维度上均

具有方差齐性。

表 46 不同来源样本的方差齐性检验

创新绩效指标	Levene Statistic	df1	df2	Sig.
销售收入	0.691	1	175	0.407
利润总额	2.350	1	175	0.127
利润总额增长率	0.021	1	175	0.884
资产收益率	3.809	1	175	0.053
产品品质	0.426	1	175	0.515
新品开发速度	0.041	1	175	0.839
新品占销售总额比例	2.476	1	175	0.117
新产品开发成本	0.846	1	175	0.359
产品竞争力	0.372	1	175	0.542

表 47 列出了两组数据来源的创新绩效各个指标的方差分析结果,F 统计值的显著性概率均大于 0.05,表明这两组数据在创新绩效各个指标测量上不存在显著性差异,可以将两组数据进行合并分析。

表 47 不同来源数据的方差分析

创新绩效指标		方差平方和	df	均方差	F	Sig.
销售收入	组间	0.499	1	0.499	0.407	0.524
	组内	214.146	175	1.224		
利润总额	组间	0.144	1	0.144	0.116	0.734
	组内	217.325	175	1.242		
利润总额增长率	组间	0.085	1	0.085	0.060	0.807
	组内	249.486	175	1.426		
资产收益率	组间	0.045	1	0.045	0.030	0.863
	组内	263.989	175	1.509		
产品品质	组间	3.040	1	3.040	2.939	0.088
	组内	180.994	175	1.034		
新品开发速度	组间	0.137	1	0.137	0.099	0.754
	组内	243.705	175	1.393		

续表

创新绩效指标		方差平方和	df	均方差	F	Sig.
新品占销售总额比例	组间	4.694	1	4.694	2.782	0.097
	组内	295.340	175	1.688		
新产品开发成本	组间	0.022	1	0.022	0.022	0.882
	组内	174.294	175	0.996		
产品竞争力	组间	0.033	1	0.033	0.027	0.870
	组内	216.181	175	1.235		

对有效样本数据进行简单统计,分别从样本企业性质、所处行业、成立年限、企业规模、研发投入强度等几个方面进行分析描述(见表48)。从177个有效样本数据分析来看,问卷调研对象(企业)的所有权属性以私营企业为主,共有87家企业,占样本总量的近一半。这与问卷采集区域集中在浙江、广东、江苏等民营经济发达省份有一定的关联性。中外合资企业和外资企业的总数达到了47家,占据样本总量的较高比例(26.6%),这是笔者所没有预料到的,这可能与长三角、珠三角等区域较高的经济开放度有关。其中,上市企业的数量与其他企业所有权属性是重复统计指标,表明177家样本企业中有11家上市公司。

表48　样本描述——企业类型分布

企业性质	数量/家	比例/%
国有独资企业	7	4.0
国有控股企业	30	16.9
集体所有制企业	6	3.4
外资企业	26	14.7
私营企业	87	49.2
中外合资企业	21	11.9
上市企业	11	6.2

随着产业的融合发展以及新兴产业的兴起,对企业所处的行业分类越来越成为一个难题,一些企业高管也对自己所处行业没有清晰的定义,时常会出现一个企业同时处于2个甚至更多的行业类别中的情况。参考《国民经济行业分类》(代码 GB/4754—2011)①对问卷题目进行了设计,以避免行业类别的重复统计,

---

① 《国民经济行业分类》国家标准于1984年发布,后于2011年经过第三次修订,由国家标准化委员会批准发布实施。

样本企业行业类别分布情况见表 49。

表 49　样本描述——企业所处行业分布

行业类别	数量/家	比例/%	累计/%
电子与通信设备	32	18.1	18.1
生物医药	12	6.8	24.9
化工材料	11	6.2	31.1
软件及 IT 服务	30	16.9	48.0
汽车与交通设备	19	10.7	58.8
建筑工程	24	13.6	72.3
电气与机械制造	16	9.0	81.4
纺织服装	3	1.7	83.1
食品饮料	4	2.3	85.3
钢铁冶金	2	1.1	86.4
能源	6	3.4	89.8
服务业	14	7.9	97.7
其他	4	2.3	100.0
合计	177	100.0	

在 177 个样本数据中,有电子与通信设备企业 32 家(18.1%),生物医药企业 12 家(6.8%),化工材料企业 11 家(6.2%),软件及 IT 服务企业 30 家(16.9%),汽车与交通设备企业 19 家(10.7%),建筑工程企业 24 家(13.6%),电气与机械制造企业 16 家(9.0%),纺织服装企业 3 家(1.7%),食品饮料企业 4 家(2.3%),钢铁冶金企业 2 家(1.1%),能源企业 6 家(3.4%),服务行业企业 14 家(7.9%)。经过甄别问卷,填写"其他"题项的企业均为金融行业,应归属于服务业,故服务行业企业为 18 家,占样本总量的 10.2%。样本企业的行业分布广泛,样本数据具有较高的代表性。

从样本企业的成立年限分布的分析来看(见图 56),成立 2 年以下的年轻企业有 10 家(5.6%),成立 2~5 年的企业有 17 家(9.6%),成立 5~10 年的企业有 21 家(11.9%),成立 10~20 年的企业有 83 家(46.9%),成立 20 年以上的企业有 46 家(26%)。由此可以看出,样本企业成立年限的分布不均衡,成立 10 年以上的企业占到了 72.9%。因为研究对象是有产学合作经历的企业,成立年限越久的企业,其与大学的合作的可能性越高、合作的经历越多。样本企业成立年限分布的不均衡,可能与该原因有关。

就样本数据中企业规模(销售收入)的分布来分析(见图 57),销售收入在

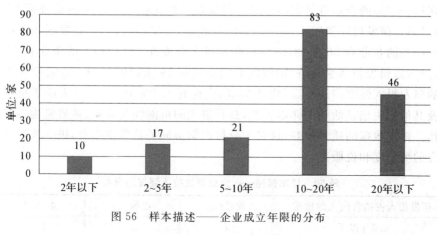

图 56　样本描述——企业成立年限的分布

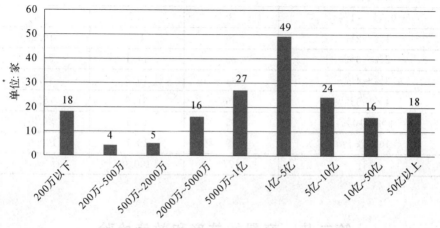

图 57　样本描述——企业规模的分布

200 万以下企业有 18 家(10.2%),销售收入在 200 万~500 万的企业有 4 家(2.3%),500 万~2000 万的企业有 5 家(2.8%),2000 万~5000 万的企业有 16 家(9%),5000 万~1 亿的企业有 27 家(15.3%),1 亿~5 亿的企业有 49 家(27.7%),5 亿~10 亿的企业有 24 家(13.6%),10 亿~50 亿的企业有 16 家(9%),销售收入在 50 亿以上的企业有 18 家(10.2%)。由此可以看出,所采集样本的企业规模分布较为均衡。

　　研发投入强度(研发投入占销售收入的比重)不仅与企业创新行为与创新绩效有相关性,还会影响企业与大学合作的可能性及合作关系。从 177 个有效样本的企业研发投入强度分析来看(见表 50),研发投入强度在 0.5% 以下的企业有 7 家(4%),研发投入强度在 0.5%~1% 的企业有 3 家(1.7%),研发投入强度在1%～2%的企业有 8 家(4.5%),研发投入强度在 2%～3%的企业有 25 家(14.1%),研发投入强度在 3%～4%的企业有 34 家(19.2%),研发投入强度在4%～5%的企业有 56 家(31.6%),研发投入强度在 5%～10%的企业有 25 家(14.1%),研发投入强度在 10%以上的企业有 19 家(10.7%)。这表明样本企业的研发投入强度普遍较高,超过 3%的企业有 134 家(75.7%),表明了重视研发及其他相关创新活动的样本企业,具有更大的可能性与大学、科研机构等开展合作。样本数据的质量较好,这对于分析产学协同关系非常重要,进一步提高了研究的可信度和说服力。

表 50　样本描述——企业研发投入强度的分布

研发投入占销售收入的比重	数量/家	比例/%	累计/%
0.5%以下	7	4.0	4.0
0.5%～1%	3	1.7	5.6
1%～2%	8	4.5	10.2
2%～3%	25	14.1	24.3
3%～4%	34	19.2	43.5
4%～5%	56	31.6	75.1
5%～10%	25	14.1	89.3
10%以上	19	10.7	100.0
总计	177	100.0	

第二节　变量的信度和效度检验

产学协同关系

首先对产学协同关系中的两个变量关联型关系和交易型关系用 SPSS 软件进行信度分析(见表 51),关联型关系和交易型关系变量的 Cronbach's α 系数大于 0.7,题项-总体相关系数(Item-Total Correlation)的数值远大于 0.35,各题项删除后的 Cronbach's α 值均分别小于 0.883(关联型变量)和 0.898(交易型变量),所以数据通过了信度检验(见图 58)。

再用 AMOS 软件对产学协同关系的测量进行效度检验,从测量拟合结果来看(见表 52),相对拟合指数 CFI 和 TLI 的值均小于 0.9,绝对拟合指数 RMSEA的值大于 0.1,说明整个模型与数据的拟合情况没有达到非常理想的状况,可能某些题项的残差的协方差较大,需要对模型进行修正。

表 51　产学协同关系的信度检验(N＝177)

变量	题项(简写)	题项-总体相关系数	删除该题项后的 Cronbach's α 值	Cronbach's α 值
关联型关系	联合研发	0.764	0.847	0.883
	委托开发	0.723	0.857	
	共建合作机构	0.821	0.832	
	合作培训	0.658	0.872	
	人员交流	0.633	0.876	
交易型关系	大学雇员持股	0.732	0.884	0.898
	合建公司	0.807	0.857	
	购买专利	0.788	0.864	
	技术许可	0.769	0.871	

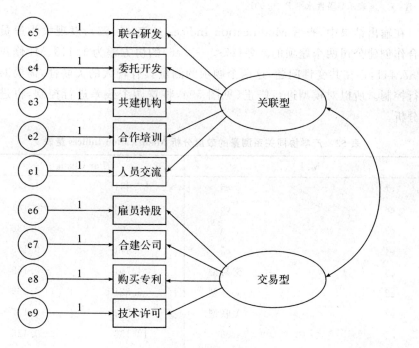

图 58　产学协同关系测量模型

表 52　产学协同关系的测量模型拟合结果

路径	路径系数	S. E.	C. R.	P
联合研发←关联型	1.420	0.146	9.729	＊＊＊
委托开发←关联型	1.313	0.142	9.276	＊＊＊
共建合作机构←关联型	1.560	0.156	9.982	＊＊＊
合作培训←关联型	1.230	0.148	8.313	＊＊＊
人员交流←关联型	1.000			
大学雇员持股←交易型	0.731	0.068	10.716	＊＊＊
合建公司←交易型	0.838	0.067	12.516	＊＊＊
购买专利←交易型	0.996	0.054	18.538	＊＊＊
技术许可←交易型	1.000			
Chi-square＝181.561			CFI	0.869
df＝26			TLI	0.819
Chi-square/df＝6.98			RMSEA	0.184

注:＊＊＊表示显著性水平 P＜0.001。

在输出结果中,查看 Modification Indices 量表(表 53),发现大学雇员持股和合作创建公司两个题项的残差(e7＜—＞e6)的协方差为 1.113、MI 修正指数为 87.441,存在共变性问题,这两个题项的测量具有较大的关联性,需要对残差进行控制。所以对模型进行修正(见图 59),将这两个残差进行控制,再进行效度分析。

表 53　产学协同关系测量的效度分析 Modification Indices 量表

	M. I.			Par Change
e7	＜—＞	e6	87.441	1.113
e8	＜—＞	e6	4.974	−0.181
e9	＜—＞	e6	7.707	−0.236
e4	＜—＞	e5	6.471	0.188
e3	＜—＞	交易型	4.701	−0.169
e2	＜—＞	交易型	6.821	0.269
e2	＜—＞	关联型	4.592	−0.137
e2	＜—＞	e6	12.136	−0.426
e2	＜—＞	e7	6.386	−0.295
e2	＜—＞	e8	4.027	0.162

续表

	M. I.		Par Change
e2	<—>	e9	11.097	0.281
e2	<—>	e5	12.677	−0.324
e2	<—>	e4	6.246	−0.244
e1	<—>	交易型	5.333	0.214
e1	<—>	e9	4.472	0.160
e1	<—>	e2	11.906	0.369

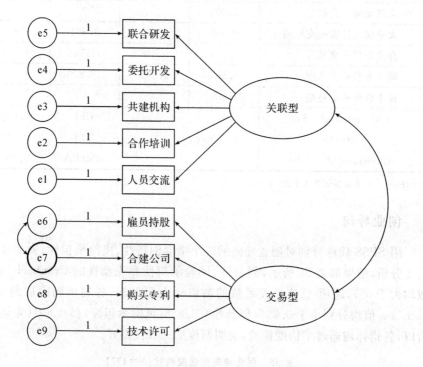

图59 产学协同关系测量模型(修正后)

从修正后的测量模型拟合结果表明(见表54),Chi-square 的值为 72.542,自由度 df 为 25,Chi-square/df 的值为 2.90,小于 5;CFL 和 TLI 的值分别为 0.960、0.942,均大于 0.9,接近于 1;RMSEA 的值为 0.104;各路径系数均在 P<0.001 的水平上具有统计显著性。绝对拟合指数 RMSEA 的值虽然稍微大于 0.1,但整个模型的拟合结果还是非常理想的,通过了效度检验。

虽然大学雇员持股和共建公司存在着共变问题,但是这两个题项测量的角度还是不一样,大学雇员持股表现了公司现有业务结构中与大学的合作关系,而共建公司表明了企业在新业务中与大学的合作关系。因此,不对该测度题项进行删减处理,依然采用现有的测量数据。

表 54　产学协同关系的测量模型拟合结果(修正后)

路径	路径系数	S. E.	C. R.	P
联合研←关联型	1.415	0.146	9.713	＊＊＊
委托开←关联型	1.310	0.141	9.272	＊＊＊
共建合作机构←关联型	1.560	0.156	9.994	＊＊＊
合作培训←关联型	1.238	0.148	8.368	＊＊＊
人员交流←关联型	1.000			
大学雇员持股←交易型	0.668	0.070	9.564	＊＊＊
合建公司←交易型	0.784	0.068	11.506	＊＊＊
购买专利←交易型	0.994	0.053	18.870	＊＊＊
技术许可←交易型	1.000			
Chi-square＝72.542			CFI	0.960
df＝25			TLI	0.942
Chi-square/df＝2.90			RMSEA	0.104

注:＊＊＊表示显著性水平 P＜0.001。

创业导向

用 SPSS 软件分别对创业导向的三个维度创新性、风险承担性、先动性进行信度分析,结果如表 55 所示,创新性、风险承担性和先动性的 Cronbach's α 系数均大于 0.7,题项-总体相关系数的数值远大于 0.35,各题项删除后的 Cronbach's α 值均分别小于 0.899(创新性)、0.888(风险承担性)和 0.891(先动性)。所以,各指标均通过了信度检验,说明测度的一致性良好。

表 55　创业导向的信度检验(N＝177)

变量	题项(简写)	题项-总体相关系数	删除该题项后的 Cronbach's α 值	Cronbach's α 值
创新性	投入新产品	0.861	0.807	0.899
	产品创新	0.781	0.874	
	重视研发	0.765	0.887	

续表

变量	题项（简写）	题项-总体相关系数	删除该题项后的 Cronbach's α 值	Cronbach's α 值
风险承担性	风险偏好	0.768	0.851	0.888
	机会把握	0.787	0.835	
	积极行动	0.787	0.835	
先动性	发起竞争	0.754	0.871	0.891
	领先学习	0.789	0.842	
	前瞻性研发	0.815	0.818	

　　再用 AMOS 软件对创业导向这一变量进行验证性因子分析（如图 60），从创业导向测量模型的拟合结果表明（见表 56），Chi-square 的值为 67.753，自由度 df 为 24，Chi-square/df 的值为 2.82，小于 5；CFL 和 TLI 的值分别为 0.963、0.945，均大于 0.9，接近于 1；RMSEA 的值为 0.102；各路径系数均在 P＜0.001 的水平上具有统计显著性。虽然绝对拟合指数 RMSEA 的值稍微大于 0.1，但整个模型的拟合结果还是良好的，通过了效度检验。

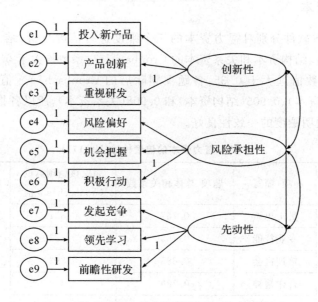

图 60　创业导向的效度测量模型

表 56 创业导向的测量模型拟合结果

路径	路径系数	S. E.	C. R.	P
投入新产品←创新性	1.048	0.068	15.482	＊＊＊
产品创新←创新性	1.015	0.074	13.641	＊＊＊
重视研发←创新性	1.000			
风险偏好←风险承担性	0.926	0.071	13.103	＊＊＊
机会把握←风险承担性	1.033	0.072	14.279	＊＊＊
积极行动←风险承担性	1.000			
发起竞争←先动性	0.898	0.066	13.603	＊＊＊
领先学习←先动性	1.007	0.066	15.229	＊＊＊
前瞻性研发←先动性	1.000			
Chi-square＝67.753			CFI	0.963
df＝24			TLI	0.945
Chi-square/df＝2.82			RMSEA	0.102

注：＊＊＊表示显著性水平 P＜0.001。

智力资本

用 SPSS 软件分别对智力资本的三个维度进行信度分析，结果如表 57 所示，人力资本、结构资本和关系资本的 Cronbach's α 系数均大于 0.7，题项-总体相关系数的数值远大于 0.35，各题项删除后的 Cronbach's α 值均分别小于 0.903（人力资本）、0.905（结构资本）和 0.908（关系资本），所以各指标均通过了信度检验，说明测度的一致性良好。

表 57 智力资本的信度检验（N＝177）

变量	题项（简写）	题项-总体相关系数	删除该题项后的 Cronbach's α 值	Cronbach's α 值
人力资本	员工忠诚	0.787	0.881	0.903
	专业技能	0.763	0.883	
	培训机会	0.685	0.893	
	合作精神	0.789	0.880	
	工作经验	0.610	0.900	
	目标能力	0.690	0.892	
	变革能力	0.685	0.892	

续表

变量	题项（简写）	题项-总体相关系数	删除该题项后的Cronbach's α值	Cronbach's α值
结构资本	流程机制	0.715	0.894	0.905
	技术专利	0.843	0.867	
	企业文化	0.806	0.875	
	知识库	0.771	0.883	
	研发投入	0.694	0.900	
关系资本	社会声誉	0.654	0.902	0.908
	顾客关系	0.764	0.890	
	满意度	0.783	0.888	
	供应商品质	0.768	0.890	
	供应商关系	0.790	0.887	
	战略合作伙伴	0.644	0.904	
	投资人关系	0.674	0.900	

再用 AMOS 软件对智力资本这一变量进行效度检验（如图 61），从智力资本测量模型的拟合结果表明（见表 58），Chi-square 的值为 343.716，自由度 df 为 149，Chi-square/df 的值为 2.31，小于 5；CFL 和 TLI 的值分别为 0.923、0.911，均大于 0.9，接近于 1；RMSEA 的值为 0.086，小于 0.1；各路径系数均在 $P<0.001$ 的水平上具有统计显著性。整个模型的拟合结果非常好，通过了效度检验，说明对智力资本的测度是有效的。

表 58 智力资本的测量模型拟合结果

路径	路径系数	S.E.	C.R.	P
员工忠诚←人力资本	1.000			
专业技能←人力资本	1.043	0.083	12.600	***
培训机会←人力资本	1.089	0.093	11.721	***
合作精神←人力资本	1.155	0.086	13.372	***
工作经验←人力资本	0.750	0.082	9.130	***
目标能力←人力资本	0.785	0.072	10.887	***
变革能力←人力资本	0.857	0.080	10.758	***
流程机制←结构资本	1.000			
技术专利←结构资本	1.225	0.088	13.982	***

续表

路径	路径系数	S. E.	C. R.	P
企业文化←结构资本	1.156	0.092	12.551	* * *
知识库←结构资本	1.253	0.104	11.998	* * *
研发投入←结构资本	1.125	0.107	10.535	* * *
社会声誉←关系资本	1.000			
顾客关系←关系资本	1.075	0.123	8.725	* * *
满意度←关系资本	1.218	0.119	10.213	* * *
供应商品质←关系资本	1.277	0.125	10.248	* * *
供应商关系←关系资本	1.246	0.117	10.608	* * *
战略合作伙伴←关系资本	1.188	0.117	10.151	* * *
投资人关系←关系资本	0.982	0.114	8.633	* * *
Chi-square=343.716			CFI	0.923
df=149			TLI	0.911
Chi-square/df=2.31			RMSEA	0.086

注：* * * 表示显著性水平 P<0.001。

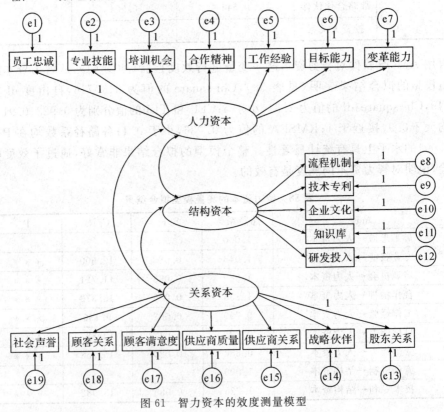

图 61　智力资本的效度测量模型

创新绩效

用 SPSS 软件分别对创新绩效的两个维度进行信度分析,结果如表 59 所示,市场维度和产品维度的 Cronbach's α 系数均大于 0.7,题项-总体相关系数的数值远大于 0.35,各题项删除后的 Cronbach's α 值均分别小于 0.905(市场维度)、0.895(产品维度),所以各指标均通过了信度检验,说明测度的一致性良好。

表 59　创新绩效指标的信度检验(N＝177)

变量	题项(简写)	题项-总体相关系数	删除该题项后的 Cronbach's α 值	Cronbach's α 值
市场维	销售收入	0.776	0.881	0.905
	利润总额	0.726	0.898	
	利润增长	0.838	0.858	
	资产收益	0.810	0.869	
产品维	产品品质	0.704	0.880	0.895
	研发速度	0.790	0.861	
	新品销售	0.803	0.859	
	开发成本	0.645	0.892	
	竞争力	0.782	0.863	

再用 AMOS 软件对创新绩效进行效度分析(如图 62),从创新绩效测量模型的拟合结果表明(表 60),Chi-square 的值为 65.844,自由度 df 为 26,Chi-square/df 的值为 2.53,小于 5;CFL 和 TLI 的值分别为 0.964、0.950,均大于 0.9,接近于 1;RMSEA 的值为 0.093,小于 0.1;各路径系数均在 $P<0.001$ 的水平上具有统计显著性。整个模型的拟合结果非常好,通过了效度检验,说明对创新绩效的测度是有效的。

表 60　创新绩效的测量模型拟合结果

路径	路径系数	S. E.	C. R.	P
销售收入←市场维度	1.000			
利润总额←市场维度	0.932	0.080	11.595	＊＊＊
利润增长←市场维度	1.164	0.080	14.462	＊＊＊
资产收益←市场维度	1.175	0.083	14.091	＊＊＊

续表

路径	路径系数	S. E.	C. R.	P
产品品质←产品维度	1.000			
研发速度←产品维度	0.733	0.072	10.213	＊＊＊
新品销售←产品维度	1.155	0.087	13.313	＊＊＊
开发成本←产品维度	1.079	0.077	14.043	＊＊＊
竞争力←产品维度	0.814	0.072	11.390	＊＊＊
Chi-square＝65.844			CFI	0.964
df＝26			TLI	0.950
Chi-square/df＝2.53			RMSEA	0.093

注:＊＊＊表示显著性水平 P<0.001。

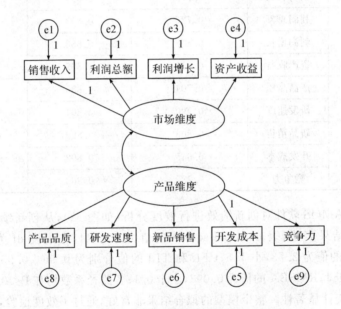

图 62　创新绩效的测量模型

　　虽然在检验过程中发现产学协同关系测量题项中,"大学雇员持股"和"合建公司"两个测量指标的残差存在共性,具有较强的相关性。从文献研究可以看出,这两个题项测量的维度并不一样,所以保留该两个题项,并对其残差进行了控制,结果显示整个模型的测量拟合结果非常理想。总的来说,变量测量经过了信度和效度检验,数据与模型的拟合结果理想,可以进一步深入分析创业导向产学协同创新机理问题。

第三节　协同关系对创新绩效的影响

协同关系对创新绩效的作用路径

关联型协同关系与交易型协同关系存在一定的相关性，可以相互促进来提升企业的创新绩效。通过路径分析方法来分析产学协同关系对创新绩效的作用路径，在 SPSS 软件中，先将关联型产学协同关系作为因变量放入模型，将交易型产学协同关系作为自变量放入模型，进行回归分析检验。继而，从创新绩效的市场维度、产品维度这两个子维度，用 SPSS 软件分别对产学协同关系对创新绩效的作用路径进行分析。

首先从关联型协同关系与交易型协同关系的回归分析结果来看（见表 61），DW 的值为 1.757，接近于 2，表明两者的残差序列之间几乎无自相关。可以得出，关联型协同关系与交易型协同关系存在较强的相关性，存在正向的相互作用，标准化回归系数为 0.717。由此，假设 H5 得到验证。

表 61　关联型协同关系与交易型协同关系回归分析结果

模型		非标准化系数		标准化系数	t	Sig.
		B	Std. Error	Beta		
1	(Constant)	2.204	0.214		10.319	0.000
	交易型关系	0.633	0.047	0.717	13.608	0.000

注：DW＝1.757,0＜VIF＜5,F 统计值在 0.001 水平上显著。

用 SPSS 软件对产学协同关系和创新绩效的两个子维度进行回归分析，为了更严谨地解释两者之间的相关性，在研究中引入企业成立年限和企业规模两个控制变量，尽量消除一些干扰项所带来的影响。产学协同关系与市场维度创新绩效的回归分析结果显示（见表 62），在模型 1 和模型 2 中企业成立年限与企业规模与创新绩效均存在显著的正相关性，这与企业经营的财务业绩有一定的内在联系；产学协同关系在 0.05 水平上存在与市场维度创新绩效的显著正效应，因此假设 H1 和假设 H3 成立。对比模型 1 和模型 2 的 R^2，发现从 0.216 增加到 0.469，有明显变化，说明有一定规模和经营时限的企业，更容易通过产学协同关系的管理来获得更高的市场维度创新绩效。

表 62　产学协同关系与市场维度创新绩效的回归分析结果

模型		非标准化系数		标准化系数	t	Sig.
		B	Std. Error	Beta		
1	(Constant)	3.672	0.244		15.058	0.000
	成立年限	0.278	0.089	0.301	3.114	0.002
	企业规模	0.091	0.044	0.198	2.052	0.042
2	(Constant)	2.009	0.273		7.364	0.000
	成立年限	0.186	0.074	0.202	2.497	0.013
	企业规模	0.114	0.037	0.249	3.062	0.003
	关联型关系	0.253	0.063	0.332	4.028	0.000
	交易型关系	0.145	0.055	0.215	2.627	0.009

注:DW=2.042,0<VIF<5,F 统计值在 0.001 水平上显著。

　　进而对产学协同关系与产品维度创新绩效进行回归分析,见表 63 所示,控制变量在模型 2 中对产品维度的创新绩效影响不显著。从回归分析结果看,产学协同关系与企业的产品维度创新绩效有密切的关系,t 检验值在 0.1 水平上具有显著性。由此,假设 H2、H4 得到验证。

表 63　产学协同关系与产品维度创新绩效的回归分析结果

模型		非标准化系数		标准化系数	t	Sig.
		B	Std. Error	Beta		
1	(Constant)	4.687	0.250		18.735	0.000
	成立年限	0.204	0.091	0.239	2.227	0.027
	企业规模	−0.035	0.046	−0.082	−0.765	0.445
2	(Constant)	2.571	0.240		10.695	0.000
	成立年限	0.087	0.066	0.102	1.326	0.187
	企业规模	−0.017	0.033	−0.041	−0.527	0.599
	关联型关系	0.423	0.055	0.600	7.643	0.000
	交易型关系	0.085	0.049	0.136	1.747	0.082

表注:DW=2.306,0<VIF<5,F 统计值在 0.05 水平上显著。

　　基于回归分析结果,构建了产学协同关系对企业创新绩效的作用路径,如图 63 所示。企业与大学建立并管理良好的产学协同关系,对企业创新绩效有积极的影响,关联型产学协同关系与交易型产学协同关系通过交互作用对企业创新绩效产生影响,假设 H1、H2、H3、H4、H5 均成立。

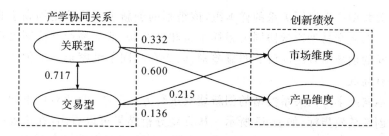

图 63 产学协同关系与创新绩效的作用路径分析（验证过的 RP model）

产学协同关系的交互作用

通过均值分离方法，以 177 个样本数据的产学协同关系强度均值将总样本分成四个对照组，即高关联/高交易、高关联、高交易、低关联/低交易等四个组别，利用方差分析来比较这四个组的创新绩效差异（见表 64）。

表 64 不同产学协同关系类型的创新绩效均值比较分析

组别	样本数量	绩效均值		标准差
高关联/高交易	83	创新绩效	5.77	0.495
		市场维度	5.75	0.748
		产品维度	5.80	0.418
高关联	26	创新绩效	5.44	0.386
		市场维度	5.41	0.463
		产品维度	5.46	0.419
高交易	12	创新绩效	4.41	1.174
		市场维度	4.35	1.105
		产品维度	4.47	1.352
低关联/低交易	56	创新绩效	4.56	0.890
		市场维度	4.57	1.068
		产品维度	4.54	1.020

四个对照分析组的描述性统计如表 64 所示，高关联/高交易组样本数量为 83，占总样本的 46.9%；高关联组的样本数量为 26，占总样本的 14.7%；高交易组的样本数量为 12，占比为 6.8%；低关联/低交易组的样本数为 56，占比为 31.6%。从简单的均值分析来看，同时重视关联型协同关系和交易型协同关系的企业，在总体创新绩效以及两个子维度的创新绩效指标上，均高于其他组别。

之后是关联型产学协同关系的样本组,该组别的创新绩效均值也均高于其他两个组别。然而交易型产学协同关系样本组和低关联/低交易产学协同关系的样本组之间的创新绩效之间没有明显差别,因为在不同子维度指标上创新绩效的均值各有高低。

对不同产学协同关系类型的创新绩效进行方差分析,两两对比不同样本组之间的创新绩效指标,如表65所示。从方差分析结果可以看出,在市场维度指标上,高关联/高交易的产学协同关系样本组的创新绩效与其他对照组有显著性差异,市场维度的创新绩效明显高于其他组别,假设 H6 成立。与此同时,关联型产学协同关系管理的企业,也比只重视交易型协同创新关系或不重视产学协同关系的样本组有较高的市场维度创新绩效;然而,交易型产学协同关系的企业与不重视产学协同关系管理的企业之间在市场维度创新绩效上并不存在显著性差异。

表 65　不同产学协同关系类型的创新绩效方差分析

维度	来源渠道	来源渠道	均值差异	标准差	显著性概率
市场	双高	高关	0.33353	0.19290	0.086
		高交	1.39282*	0.26508	0.000
		双低	1.17556*	0.14843	0.000
	高关	双高	−0.33353	0.19290	0.086
		高交	1.05929*	0.29955	0.001
		双低	0.84203*	0.20369	0.000
	高交	双高	−1.39282*	0.26508	0.000
		高关	−1.05929*	0.29955	0.001
		双低	−0.21726	0.27304	0.427
产品	双高	高关	0.33605*	0.16744	0.046
		高交	1.33092*	0.23009	0.000
		双低	1.25473*	0.12884	0.000
	高关	双高	−0.33605*	0.16744	0.046
		高交	0.99487*	0.26001	0.000
		双低	0.91868*	0.17681	0.000
	高交	双高	−1.33092*	0.23009	0.000
		高关	−0.99487*	0.26001	0.000
		双低	−0.07619	0.23699	0.748

续表

维度	来源渠道	来源渠道	均值差异	标准差	显著性概率
创新总绩效	双高	高关	0.33479*	0.15526	0.032
		高交	1.36187*	0.21335	0.000
		双低	1.21515*	0.11946	0.000
	高关	双高	−0.33479*	0.15526	0.032
		高交	1.02708*	0.24109	0.000
		双低	0.88036*	0.16394	0.000
	高交	双高	−1.36187*	0.21335	0.000
		高关	−1.02708*	0.24109	0.000
		双低	−0.14673	0.21975	0.505

注:显著性概率值选取($P<0.1$)。

在产品维度的指标上,高关联/高交易的产学协同关系样本组的创新绩效与其他对照组有显著性差异,产品维度的创新绩效明显高于其他组别,假设 H7 成立。关联型产学协同关系管理的企业,比只重视交易型协同创新关系或不重视产学协同关系的样本组有较高的产品维度创新绩效;同时,交易型产学协同关系的企业与不重视产学协同关系管理的企业之间在产品维度创新绩效上并不存在显著性差异。

综合上述分析,结合关于产学协同关系对创新绩效的作用路径分析结论,可以发现企业只重视技术并购、合建企业、技术入股等交易型产学协同关系的管理,对企业创新绩效有一定的正相关性,但对企业创新绩效影响程度不高。如果在此过程中同时强调关联型产学协同关系的管理,促进人才的互动以及隐性知识的交流,则会对企业创新绩效产生更加显著的影响。研究结论对 Cummings 和 Teng(2003)、Eun 等(2006)的理论成果有较好的补充,对产学协同创新的理论研究是非常有价值的发现。

本节的实证分析,对产学协同关系与创新绩效的关系假设进行了验证,验证结果如表 66 所示。所有的假设均通过了实证验证,说明产学协同关系对企业创新绩效有积极的影响,企业重视与大学的协同关系管理,有利于促进企业创新绩效的提升。同时,企业在与大学的协同关系管理中,应该同时强调关联型产学协同关系与交易型产学协同关系。相比较而言,关联型产学协同关系对企业创新绩效的影响更为显著。

从实践和理论分析可知,一方面,大学可成熟转化的专利技术并不多,一些专利技术需要与其他技术组成一定的技术组合才能显示较好的商业价值;另一方面,在企业与大学的合作中,隐性知识的获得与生产比显性知识的转移更为有价值,也就是说大学技术能力的转移是产学合作的重点。因此,企业如果只单纯强调技术许可、技术并购、合建企业等交易型产学协同关系管理对企业的创新绩效影响比较有限;如果配合进行关联型产学协同关系的建设与管理,则会更为显著地提升企业的创新绩效。

表 66   产学协同关系与创新绩效的理论假设验证结果

序号	假设命题	结果
H1	关联型产学协同关系对市场维度创新绩效有积极的正向作用,关联型关系强度越强,企业的市场维度创新绩效越高	通过
H2	关联型产学协同关系对产品维度创新绩效有积极的正向作用,关联型关系强度越强,企业的产品维度创新绩效越高	通过
H3	交易型产学协同关系对市场维度创新绩效有积极的正向作用,交易型关系强度越强,企业的市场维度创新绩效越高	通过
H4	交易型产学协同关系对产品维度创新绩效有积极的正向作用,交易型关系强度越强,企业的产品维度创新绩效越高	通过
H5	关联型产学协同关系与交易型产学协同关系正向相关,即关联型关系强度越强,交易型关系随之增强;反之亦然	通过
H6	关联型和交易型产学协同关系对市场维度创新绩效有交互作用,即同时重视两类产学协同关系管理比只强调一种产学协同关系,更有助于提升市场维度创新绩效	通过
H7	关联型和交易型产学协同关系对产品维度创新绩效有交互作用,即同时重视两类产学协同关系管理比只强调一种产学协同关系,更有助于提升产品维度创新绩效	通过

注:根据理论假设,综合本节的实证分析结论得出该结果。

第四节　产学协同创新作用机理

在对数据分析之前需要对所有涉及的变量及变量的子维度进行相关性分析,分析结果见表 67 所示。关联型产学协同关系、交易型产学协同关系与市场维度创新绩效、产品维度创新绩效在 0.01 水平上有显著的正相关性,这在前一章节的回归分析中已经得到了验证。关联型产学协同关系与交易型产学协同关系与智力资本的三个构念子维度均存在相关性,且在 0.01 水平上有显著的正相关关系；智力资本的三个构念子维度人力资本、结构资本、关系资本，与创新绩效的两个维度之间也存在相关性，且在 0.01 水平上有显著的正相关关系。

表 67　变量之间的相关性分析(N=177)

变量		关联型关系	交易型关系	人力资本	结构资本	关系资本	市场维	产品维
关联型关系	相关系数	1	0.717**	0.598**	0.643**	0.532**	0.549**	0.710**
	Sig.（2-tailed）		0.000	0.000	0.000	0.000	0.000	0.000
	N	177	177	177	177	177	177	177
交易型关系	相关系数	0.717**	1	0.565**	0.563**	0.399**	0.439**	0.572**
	Sig.（2-tailed）	0.000		0.000	0.000	0.000	0.000	0.000
	N	177	177	177	177	177	177	177
人力资本	相关系数	0.598**	0.565**	1	0.839**	0.745**	0.515**	0.715**
	Sig.（2-tailed）	0.000	0.000		0.000	0.000	0.000	0.000
	N	177	177	177	177	177	177	177
结构资本	相关系数	0.643**	0.563**	0.839**	1	0.813**	0.567**	0.799**
	Sig.（2-tailed）	0.000	0.000	0.000		0.000	0.000	0.000
	N	177	177	177	177	177	177	177
关系资本	相关系数	0.532**	0.399**	0.745**	0.813**	1	0.599**	0.777**
	Sig.（2-tailed）	0.000	0.000	0.000	0.000		0.000	0.000
	N	177	177	177	177	177	177	177
市场维绩效	相关系数	0.549**	0.439**	0.515**	0.567**	0.599**	1	0.659**
	Sig.（2-tailed）	0.000	0.000	0.000	0.000	0.000		0.000
	N	177	177	177	177	177	177	177
产品维绩效	相关系数	0.710**	0.572**	0.715**	0.799**	0.777**	0.659**	1
	Sig.（2-tailed）	0.000	0.000	0.000	0.000	0.000	0.000	
	N	177	177	177	177	177	177	177

注：** 表示相关系数在 0.01 水平上显著（双尾检验）。

协同关系与智力资本

用 SPSS 软件对产学协同关系与智力资本的关系进行回归分析，首先将人力资本作为因变量，关联型产学协同关系与交易型产学协同关系作为自变量，企业成立年限和企业规模作为控制变量(见表 68)。控制变量在模型 1 和模型 2 中的 t 检验值均不显著,对人力资本无显著影响。产学协同关系对人力资本的回归分析 t 检验值在 0.05 水平上显著,证明关联型和交易型协同关系对企业人力资本均具有积极的影响,假设 H8a 和假设 H9a 成立。此结果说明产学协同关系强度越高,越能够促进企业员工的素质与能力的提升。

表 68 产学协同关系与人力资本的回归分析结果

模型		非标准化系数		标准化系数	t	Sig.
		B	Std. Error	Beta		
1	(Constant)	5.932	0.239		24.850	0.000
	成立年限	0.015	0.087	0.019	0.173	0.863
	企业规模	−0.033	0.043	−0.083	−0.762	0.447
2	(Constant)	4.104	0.250		16.414	0.000
	成立年限	−0.086	0.068	−0.107	−1.256	0.211
	企业规模	−0.009	0.034	−0.022	−0.259	0.796
	关联型关系	0.290	0.058	0.438	5.040	0.000
	交易型关系	0.148	0.051	0.252	2.918	0.004

注:DW=1.965,0<VIF<5,模型 2 中 F 统计值在 0.001 水平上显著。

表 69 产学协同关系与结构资本的回归分析结果

模型		非标准化系数		标准化系数	t	Sig.
		B	Std. Error	Beta		
1	(Constant)	5.300	0.267		19.876	0.000
	成立年限	0.098	0.097	0.109	1.004	0.317
	企业规模	0.000	0.049	−0.001	−0.014	0.989
2	(Constant)	3.199	0.274		11.686	0.000
	成立年限	−0.018	0.075	−0.020	−0.242	0.809
	企业规模	0.024	0.038	0.054	0.650	0.517
	关联型关系	0.356	0.063	0.480	5.658	0.000
	交易型关系	0.147	0.055	0.224	2.650	0.009

注:DW=2.046,0<VIF<5,模型 2 中 F 统计值在 0.001 水平上显著。

再将结构资本作为因变量,进行回归分析(见表 69)。控制变量对结构资本无显著影响,关联型产学协同关系和交易型产学协同关系对结构资本存在显著的正效应,说明企业重视产学协同关系的管理对企业知识储备、流程制度、企业文化等结构资本绩效有积极的影响,假设 H8b 和假设 H9b 成立。

最后将关系资本作为因变量,进行回归分析(见表70)。控制变量对关系资本无显著影响,关联型产学协同关系对关系资本存在显著的正效应,说明企业重视关联型产学协同关系的管理对企业关系资本绩效有积极的影响,假设 H8c 成立。然而,交易型产学协同关系对关系资本的影响不显著,假设 H9c 没有得到验证。

表 70 产学协同关系与关系资本的回归分析结果

模型		非标准化系数		标准化系数	t	Sig.
		B	Std. Error	Beta		
1	(Constant)	5.499	0.226		24.342	0.000
	成立年限	0.055	0.083	0.072	0.668	0.505
	企业规模	0.034	0.041	0.090	0.831	0.407
2	(Constant)	4.089	0.261		15.637	0.000
	成立年限	−0.023	0.071	−0.030	−0.317	0.751
	企业规模	0.043	0.036	0.114	1.214	0.227
	关联型关系	0.301	0.060	0.476	4.999	0.000
	交易型关系	0.038	0.053	0.068	0.714	0.476

注:DW=2.133,0<VIF<5,模型2中F统计值在0.001水平上显著。

综合上述实证结果,以及对两种不同类型产学协同关系的交互作用机理分析,得出产学协同关系对智力资本的影响机理,如图64所示。

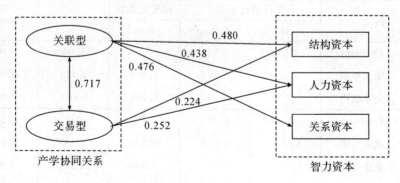

图 64 产学协同关系对智力资本的影响机理

综上来看,关联型产学协同关系对智力资本有积极的正向影响(假设 H8 成立),企业重视与大学的联合研发、委托开发、人才交流、培训进修、共建合作机构等关联型协同关系的管理,对企业智力资本提升有积极影响。交易型产学协同关系对人力资本、结构资本有积极的影响(假设 H9 部分通过,H9a 和 H9b 成立),而对关系资本没有显著的正向影响(H9c 不成立),说明企业与大学的交易型协同关系并不会对企业社会形象、用户关系、供应商关系、产品满意度等关系资本产生显著的积极影响。

智力资本与创新绩效

用 SPSS 软件对智力资本与市场维度创新绩效的关系进行回归分析(见表 71),同样引入企业成立年限和企业规模两个控制变量。企业成立年限和企业规模在回归分析中的模型 1 和模型 2 中均在 0.05 水平上显著,说明企业成立年限、企业规模与企业市场维度创新绩效有显著的正相关关系,成立年限越久、规模越大的企业越有可能具有较高的市场维度创新绩效。两个模型中的 R^2 有明显增大,从 0.216 增加到 0.546,这证明引入智力资本这一解释变量后,对解释市场维度创新绩效有较明显的增量作用。

在引入控制变量消除一些干扰项的影响后,回归分析结果显示人力资本、关系资本与企业市场维度创新绩效在 0.01 水平上存在显著正相关关系,企业人力资本和关系资本的绩效越好,企业市场维度的创新绩效越高。综合前人的研究结论,发现在人力资本对创新绩效存在直接还是间接的影响上存在分歧,该研究证明了人力资本对市场维度的创新绩效存在直接影响,这与企业员工在获取市场机会、制定良好的营销策略等方面对提升企业业绩存在直接的贡献有关。

表 71　智力资本对市场维度创新绩效的回归分析结果

模型		非标准化系数		标准化系数	t	Sig.
		B	Std. Error	Beta		
1	(Constant)	3.672	0.244		15.058	0.000
	成立年限	0.278	0.089	0.301	3.114	0.002
	企业规模	0.091	0.044	0.198	2.052	0.042
2	(Constant)	−0.409	0.429		−0.954	0.342
	成立年限	0.248	0.069	0.269	3.599	0.000
	企业规模	0.091	0.035	0.198	2.624	0.009
	人力资本	0.325	0.116	0.282	2.790	0.006
	结构资本	0.068	0.115	0.066	0.586	0.558
	关系资本	0.326	0.111	0.271	2.944	0.004

注:DW=1.761,0<VIF<5,F 统计值在 0.001 水平上显著。

用 SPSS 软件对智力资本与产品维度创新绩效的关系进行回归分析(见表 72),同样引入企业成立年限和企业规模两个控制变量。对于两个控制变量的分析来看,企业成立年限在回归分析中的模型 1 和模型 2 中均在 0.05 水平上显著,这说明成立年限久的企业更具有经验和资源,更易获得产品维度创新绩效,两者之间存在显著的正相关关系;企业规模在模型 1 中不显著,在模型 2 中在 0.1 水平上显著,标准回归系数为负值(-0.105),说明规模小的企业在运用智力资本获得产品维度创新绩效方面更有优势。模型 2 的 R^2(0.701)相比模型 1 的 R^2(0.036)有非常明显的增加,表明智力资本对产品维度创新绩效有很好的解释力。

在引入控制变量消除一些干扰项的影响后,回归分析结果显示结构资本、关系资本与企业产品维度创新绩效在 0.01 水平上存在显著正相关关系,企业结构资本和关系资本的绩效越好,企业产品维度的创新绩效越高。

表 72　智力资本对产品维度创新绩效的回归分析结果

模型		非标准化系数		标准化系数	t	Sig.
		B	Std. Error	Beta		
1	(Constant)	4.687	0.250		18.735	0.000
	成立年限	0.204	0.091	0.239	2.227	0.027
	企业规模	-0.035	0.046	-0.082	-0.765	0.445
2	(Constant)	-0.226	0.322		-0.701	0.484
	成立年限	0.142	0.052	0.166	2.737	0.007
	企业规模	-0.045	0.026	-0.105	-1.714	0.088
	人力资本	0.109	0.087	0.102	1.246	0.214
	结构资本	0.393	0.087	0.414	4.536	0.000
	关系资本	0.397	0.083	0.356	4.770	0.000

注:DW=2.254,0<VIF<5,模型 2 中 F 统计值在 0.001 水平上显著。

分析引入控制变量对创新绩效的影响结果看,企业成立年限与企业创新绩效影响存在正相关关系,即成立年限越久的企业越可能具有较高的企业创新绩效;企业规模与企业市场维度创新绩效存在正相关关系,实证分析结果还表明规模越大的企业在运用智力资本获得产品维度创新绩效方面越有优势。这些研究结论与 Adams 等(2001)、Santoro 和 Chakrabarti(2002)、Belderbos 等(2004)、Fontana 等(2006)、Bruneel 等(2010)等的研究成果一致,补充和完善了该领域的相关研究。

回归分析结果验证了关系资本对创新绩效存在积极的正向影响(假设 H12 通过),结构资本对产品维度创新绩效有显著的正相关关系(假设 H11 部分通过,H11b 成立),人力资本对市场维度创新绩效存在显著的正相关关系(假设 H10 部分通过,H10a 成立)。

实证分析结果表明人力资本对产品维度创新绩效没有直接的影响,而 Bontis(1998)、Bontis 等(2000)的研究结论指出人力资本可能通过结构资本、关系资本来影响企业的产品维度创新绩效。我们将人力资本作为因变量,结构资本、关系资本作为自变量,对其进行回归分析(见表 73)。人力资本与结构资本、关系资本在 0.01 水平上存在正相关性,表明人力资本通过结构资本、关系资本对产品维度创新绩效产生间接的积极影响。该研究结论进一步补充和完善了人力资本对企业创新绩效的理论研究。实证分析结果表明人力资本对企业创新绩效的影响是多重的,其对企业市场维度创新绩效存在直接的积极影响,通过企业的结构资本和关系资本对企业产品维度创新绩效有间接的积极影响。

表 73 人力资本与结构资本、关系资本的回归分析结果

模型		非标准化系数		标准化系数	t	Sig.
		B	Std. Error	Beta		
1	(Constant)	1.182	0.252		4.688	0.000
	结构资本	0.616	0.062	0.691	9.954	0.000
	关系资本	0.191	0.073	0.183	2.633	0.009

注:DW=1.881,0<VIF<5,F 统计值在 0.001 水平上显著。

综合上述分析结论,得出智力资本对创新绩效的影响机理如图 65 所示。

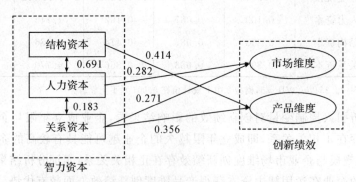

图 65 智力资本对创新绩效的影响机理

产学协同创新作用路径

在本章的前半部分已经对产学协同关系对创新绩效的影响作用,以及智力资本在产学协同创新过程中所起到的中介作用进行了验证,本节通过 SPSS 软件对智力资本在产学协同创新过程中的中介效应进行层次回归分析。

首先对智力资本在产学协同关系与市场维度创新绩效的中介效应进行分析(见表74)。

表 74 智力资本对产学协同关系与市场维度创新绩效关系的中介效应

模型		非标准化系数		标准化系数	t	Sig.
		B	Std. Error	Beta		
1	(Constant)	3.672	0.244		15.058	0.000
	成立年限	0.278	0.089	0.301	3.114	0.002
	企业规模	0.091	0.044	0.198	2.052	0.042
2	(Constant)	2.009	0.273		7.364	0.000
	成立年限	0.186	0.074	0.202	2.497	0.013
	企业规模	0.114	0.037	0.249	3.062	0.003
	关联型关系	0.253	0.063	0.332	4.028	0.000
	交易型关系	0.145	0.055	0.215	2.627	0.009
3	(Constant)	−0.229	0.415		−0.552	0.581
	成立年限	0.212	0.067	0.230	3.170	0.002
	企业规模	0.102	0.034	0.221	3.017	0.003
	关联型关系	0.099	0.061	0.129	1.607	0.110
	交易型关系	0.108	0.051	0.160	2.101	0.037
	人力资本	0.221	0.115	0.192	1.921	0.056
	结构资本	−0.064	0.116	−0.062	−0.554	0.580
	关系资本	0.376	0.108	0.312	3.475	0.001

注:DW=1.761,0<VIF<5,F 统计值在 0.001 水平上显著。

从回归分析结果可以得出,企业成立年限和企业规模等控制变量与企业市场维度创新绩效存在正相关性,这与前面的讨论结论一致。在第一步、第二步和第三步回归分析中,模型中 R^2 的值增加明显,模型1的 R^2 值为 0.216,引入自变量(产学协同关系)后增加到 0.469,放入中介变量(智力资本)后增加到 0.585,回归结果表明智力资本作为中介变量对企业市场维度的创新绩效有明显的解释力。

关联型产学协同关系的 t 检验值在第二步回归分析中显著,在第三步回归分析中不显著,结果表明关联型协同关系对市场维度创新绩效产生间接的影响,人力资本、关系资本在关联型产学协同关系与市场维度创新绩效关系间起到完全中介效应,关联型产学协同关系通过人力资本、关系资本对市场维度创新绩效产生间接的积极影响。交易型产学协同关系在第二步和第三步回归模型中均在0.05 水平上显著,表明交易型产学协同关系对市场维度创新绩效同时存在直接和间接的影响。又因为交易型产学协同关系与人力资本存在显著的正相关性,因此人力资本在交易型产学协同关系与市场维度创新绩效间起到了部分中介效应。

继而对智力资本在产学协同关系与产品维度创新绩效的中介效应进行分析(见表 75)。

表 75　智力资本对产学协同关系与产品维度创新绩效关系的中介效应

模型		非标准化系数		标准化系数	t	Sig.
		B	Std. Error	Beta		
1	(Constant)	4.687	0.250		18.735	0.000
	成立年限	0.204	0.091	0.239	2.227	0.027
	企业规模	−0.035	0.046	−0.082	−0.765	0.445
2	(Constant)	2.571	0.240		10.695	0.000
	成立年限	0.087	0.066	0.102	1.326	0.187
	企业规模	−0.017	0.033	−0.041	−0.527	0.599
	关联型关系	0.423	0.055	0.600	7.643	0.000
	交易型关系	0.085	0.049	0.136	1.747	0.082
3	(Constant)	0.000	0.293		−0.002	0.999
	成立年限	0.102	0.047	0.119	2.154	0.033
	企业规模	−0.042	0.024	−0.098	−1.757	0.081
	关联型关系	0.203	0.043	0.288	4.689	0.000
	交易型关系	0.031	0.036	0.049	0.850	0.396
	人力资本	0.008	0.081	0.008	0.103	0.918
	结构资本	0.252	0.082	0.265	3.078	0.002
	关系资本	0.423	0.076	0.380	5.542	0.000

注:DW=2.337,0<VIF<5,模型 2 和模型 3 中的 F 统计值在 0.001 水平上显著。

从第二步和第三步的回归结果可以得出,企业成立年限越久、规模越小的企业越容易在产学协同关系管理中通过智力资本获得更高的产品维度创新绩效。

第一步、第二步和第三步回归结果的 R^2 值增加明显,从模型 1 的 R^2 为 0.036,模型 2 的 R^2 为 0.519,模型 3 的 R^2 为 0.758,说明中介变量(智力资本)对被解释变量(产品维度创新绩效)有较好的解释力。

在第二步和第三步回归模型中关联型产学协同关系与产品维度创新绩效在 0.01 水平上均存在显著的正相关关系,表明关联型产学协同关系对产品维度创新绩效同时存在直接和间接的影响,结构资本、关系资本在关联型产学协同关系与产品维度创新绩效间起到部分中介效应。交易型协同关系在第二步回归模型中显著,在第三步模型中不显著,又因为交易型协同关系与结构资本存在显著的正相关关系,因此表明结构资本在交易型产学协同关系与产品维度创新绩效间起到完全中介效应,交易型协同关系通过结构资本对产品维度创新绩效产生间接的积极影响。

综合上述实证分析及本章节的其他相关研究结论,检验了产学协同作用机制全部理论假设(见表 76),提出了产学协同创新的作用机理(如图 66 所示)。

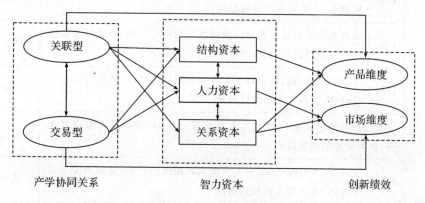

图 66 产学协同创新作用机理(中介效应模型)(修正后的 RIP model)

企业与大学在关联型产学协同关系管理过程中,通过人力资本和关系资本的提升,对企业市场维度创新绩效产生积极的影响,人力资本和关系资本在此影响关系中起到完全中介效应。关联型产学协同关系对企业产品维度的创新绩效有直接的影响,这主要是因为通过对大学创新资源的联结降低了企业研发成本、提高了研发效率;同时,通过结构资本、关系资本对产品维度创新绩效产生间接的影响,因为在关联型产学协同关系管理中企业和大学的合作产生了新知识、新技能,并通过关系资本的积累从外部专家、供应商、用户等处获得了更多的知识信息和创新资源,提高了产品创新能力。

企业与大学在交易型产学协同关系管理过程中,交易型协同关系越强,越能够促进企业市场维度创新绩效提升,这是因为交易型协同关系可以让企业从大学的技术交易中获得更多的市场机会、降低产品成本,提升企业的市场竞争能力,从而促进企业的财务绩效(市场维)提升;同时,也会通过技术交易获得结构资本的提升,来对产品维度创新绩效产生间接的影响。交易型产学协同关系通过人力资本对企业的市场维度创新绩效产生间接的影响,这表明技术许可、技术并购、合建企业等交易型产学协同关系管理不能够直接地显著提升企业的技术创新能力,而是通过此过程来促进人才交流或人员流动,促进商业机会的开发,对企业财务绩效(市场维度创新绩效)产生积极影响。

表76 产学协同创新作用机制的理论假设验证结果

序号		假设命题	结果
H8		关联型产学协同关系对智力资本有积极的影响,关联型关系强度越强,智力资本的绩效越高	通过
	H8a	关联型产学协同关系对人力资本有积极的影响,关联型关系强度越强,人力资本的绩效越高	成立
	H8b	关联型产学协同关系对结构资本有积极的影响,关联型关系强度越强,结构资本的绩效越高	成立
	H8c	关联型产学协同关系对关系资本有积极的影响,关联型关系强度越强,关系资本的绩效越高	成立
H9		交易型产学协同关系对智力资本有积极的影响,交易型关系强度越强,智力资本的绩效越高	部分通过
	H9a	交易型产学协同关系对人力资本有积极的影响,交易型关系强度越强,人力资本的绩效越高	成立
	H9b	交易型产学协同关系对结构资本有积极的影响,交易型关系强度越强,结构资本的绩效越高	成立
	H9c	交易型产学协同关系对关系资本有积极的影响,交易型关系强度越强,关系资本的绩效越高	不成立
H10		人力资本对创新绩效有积极的正向作用,人力资本的绩效越好,企业的创新绩效越高	部分通过
	H10a	人力资本对市场维度创新绩效有积极的正向作用,人力资本的绩效越好,企业的市场维度创新绩效越高	成立
	H10b	人力资本对产品维度创新绩效有积极的正向作用,人力资本的绩效越好,企业的产品维度创新绩效越高	不成立

序号		假设命题	结果
H11		结构资本对创新绩效有积极的正向作用,结构资本的绩效越好,企业的创新绩效越高	部分通过
	H11a	结构资本对市场维度创新绩效有积极的正向作用,结构资本的绩效越好,企业的市场维度创新绩效越高	不成立
	H11b	结构资本对产品维度创新绩效有积极的正向作用,结构资本的绩效越好,企业的产品维度创新绩效越高	成立
H12		关系资本对创新绩效有积极的正向作用,关系资本的绩效越好,企业的创新绩效越高	通过
	H12a	关系资本对市场维度创新绩效有积极的正向作用,关系资本的绩效越好,企业的市场维度创新绩效越高	成立
	H12b	关系资本对产品维度创新绩效有积极的正向作用,关系资本的绩效越好,企业的产品维度创新绩效越高	成立

第五节 创业导向的调节效应

本节用 SPSS 软件对创业导向在产学协同关系与创新绩效之间的调节作用进行分析,在此之前首先将自变量(产学协同关系)、调节变量(创业导向)做中心化处理,然后将关联型产学协同关系、交易型产学协同关系与创业导向两两相乘,得到 2 个乘积项,以备回归分析之用。采用层次回归分析方法来验证创业导向对产学协同关系与创新绩效关系的调节作用。

关联型关系与创新绩效之间的调节作用

首先,通过 SPSS 软件采用层次回归方法先分析创业导向对关联型产学协同关系与市场维度创新绩效关系的调节作用,在回归模型中首先放入自变量(关联型产学协同关系)、调节变量(创业导向),第二步放入关联型产学协同关系与创业导向的乘积项,第三步放入中介变量(智力资本)。回归模型的 DW 值为 1.749(接近 2),共线性检验值 VIF 均大于 0 且小于 5,所以不存在异方差、序列相关性、多重共线性等回归三大问题。

从回归分析结果可以看出(见表 77),关联型产学协同关系与创业导向的乘积项对企业市场维度创新绩效存在显著的积极影响,说明关联型产学协同关系与企业市场维度创新绩效的关系受到创业导向的调节作用。又因为乘积项的标准化回归系数为正值(0.145),所以随着企业创业导向的增强,关联型产学协同关系对企业市场维度创新绩效的作用增强,假设 H13 成立。

进一步分析第三步回归模型中的中介变量与因变量的关系,发现关系资本对因变量(市场维度创新绩效)影响显著。结合本章总结的产学协同创新机理的中介效应模型,关联型产学协同关系通过关系资本和人力资本对企业市场维度创新绩效产生间接的影响。因此,关联型产学协同关系与企业市场维度创新绩效的关系受到创业导向的正向调节作用,在创业导向的调节作用过程中,增强了关联型协同关系通过关系资本对企业市场维度创新绩效的作用。

表 77　创业导向对关联型协同关系与市场维度绩效关系的调节作用

模型		非标准化系数		标准化系数	t	Sig.
		B	Std. Error	Beta		
1	(Constant)	1.866	0.330		5.661	0.000
	关联型关系	0.181	0.062	0.238	2.908	0.004
	创业导向	0.457	0.084	0.446	5.453	0.000
2	(Constant)	1.273	0.452		2.814	0.005
	关联型关系	0.183	0.062	0.240	2.950	0.004
	创业导向	0.553	0.097	0.540	5.683	0.000
	创业×关联	0.074	0.039	0.145	1.900	0.059
3	(Constant)	0.426	0.523		0.815	0.416
	关联型关系	0.161	0.061	0.212	2.645	0.009
	创业导向	0.392	0.117	0.383	3.361	0.001
	创业×关联	0.071	0.039	0.139	1.823	0.070
	人力资本	−0.151	0.130	−0.131	−1.160	0.248
	结构资本	0.053	0.134	0.052	0.396	0.693
	关系资本	0.407	0.120	0.338	3.379	0.001

注:DW=1.749,0<VIF<5,模型2和模型3的 F 统计值在 0.001 水平上显著。

其次,通过 SPSS 软件采用层次回归方法先分析创业导向对关联型产学协同关系与产品维度创新绩效关系的调节作用(见表 78)。回归模型的 DW 值为2.383(接近2),共线性检验值 VIF 均大于 0 且小于 5,所以不存在异方差、序列相关性、多重共线性等回归三大问题。

从第二步的回归分析结果得出,关联型产学协同关系与创业导向的乘积项对企业产品维度的创新绩效影响不显著(显著性概率为 0.996),说明创业导向在关联型产学协同关系与企业产品维度创新绩效间没有显著的调节作用。创业导向这种"新进入"的战略态势,推动了企业在关联型产学协同关系中加大对新产品、新技术的研发投入,然而与企业原有的知识、人才等创新资源没有产生显著的交互作用从而实现明显的增值效应。因此关联型产学协同关系对产品维度创新绩效影响关系没有受到创业导向的显著调节作用,假设 H14 不成立。

表 78　创业导向对关联型协同关系与产品维度绩效关系的调节作用

模型		非标准化系数		标准化系数	t	Sig.
		B	Std. Error	Beta		
1	(Constant)	1.504	0.243		6.189	0.000
	关联型关系	0.266	0.046	0.378	5.790	0.000
	创业导向	0.452	0.062	0.477	7.311	0.000
2	(Constant)	1.503	0.337		4.461	0.000
	关联型关系	0.266	0.046	0.378	5.773	0.000
	创业导向	0.452	0.072	0.477	6.236	0.000
	创业×关联	0.000	0.029	0.000	0.004	0.996
3	(Constant)	−0.015	0.330		−0.045	0.964
	关联型关系	0.210	0.039	0.297	5.437	0.000
	创业导向	0.114	0.074	0.120	1.542	0.125
	创业×关联	0.019	0.025	0.040	0.760	0.448
	人力资本	−0.029	0.082	−0.027	−0.349	0.728
	结构资本	0.266	0.085	0.281	3.149	0.002
	关系资本	0.384	0.076	0.345	5.052	0.000

注:DW=2.383,0<VIF<5,模型 2 和模型 3 的 F 统计值在 0.001 水平上显著。

交易型关系与创新绩效之间的调节作用

通过 SPSS 软件采用层次回归方法先分析创业导向对交易型产学协同关系与市场维度创新绩效关系的调节作用(见表 79),在回归模型中首先放入自变量(交易型产学协同关系)、调节变量(创业导向),第二步放入交易型产学协同关系与创业导向的乘积项,第三步放入中介变量(智力资本)。

回归模型的 DW 值为 1.792(接近 2),共线性检验值 VIF 均大于 0 且小于

5,所以不存在异方差、序列相关性、多重共线性等回归三大问题。在回归模型2中交易型协同关系与创业导向的乘积项 t 检验值在 0.1 水平上显著,表明创业导向对交易型协同关系与市场维度创新绩效的关系具有显著的调节作用。又因为标准化系数为正值(0.147),验证了随着企业创业导向的增强,交易型产学协同关系对企业市场维度创新绩效的作用增强,假设 H15 成立。

从模型3中分析可知,中介变量中只有关系资本对企业市场维创新绩效的关系显著,结合本章节中关于产学协同创新机理(中介效应)的分析,交易型协同关系没有通过关系资本对市场维度创新绩效产生显著性影响,而对企业市场维度创新绩效存在显著的直接影响。因此说明,创业导向对交易型协同关系与企业市场维度创新绩效的关系存在正向调节效应,增强了交易型产学协同关系对企业市场维度创新绩效的直接作用。

表 79　创业导向对交易型协同关系与市场维度绩效关系的调节作用

模型		非标准化系数		标准化系数	t	Sig.
		B	Std. Error	Beta		
1	(Constant)	1.893	0.340		5.570	0.000
	创业导向	0.575	0.080	0.561	7.219	0.000
	交易型关系	0.054	0.052	0.080	1.030	0.305
2	(Constant)	1.300	0.458		2.836	0.005
	创业导向	0.684	0.097	0.667	7.019	0.000
	交易型关系	0.038	0.053	0.057	0.727	0.468
	创业×交易	0.075	0.039	0.147	1.913	0.057
3	(Constant)	0.551	0.525		1.050	0.295
	创业导向	0.441	0.120	0.431	3.666	0.000
	交易型关系	0.065	0.053	0.097	1.227	0.221
	创业×交易	0.057	0.040	0.111	1.427	0.155
	人力资本	−0.164	0.134	−0.142	−1.226	0.222
	结构资本	0.076	0.136	0.074	0.560	0.577
	关系资本	0.421	0.128	0.349	3.276	0.001

注:DW=1.792,0<VIF<5,模型2和模型3的 F 统计值在 0.001 水平上显著。

其次,通过 SPSS 软件采用层次回归方法先分析创业导向对交易型产学协同关系与产品维度创新绩效关系的调节作用(见表80)。回归模型的 DW 值为2.371(接近2),共线性检验值 VIF 均大于 0 且小于 5,所以不存在异方差、序列相关性、多重共线性等回归三大问题。

在模型 2 中交易型产学协同关系与创业导向的乘积项在 0.1 水平上显著，说明创业导向对交易型产学协同关系与企业产品维度创新绩效的关系存在显著的调节作用；又因为其标准化回归系数为正值（0.110），说明随着企业创业导向的增强，交易型产学协同关系对企业产品维度创新绩效的作用增强，假设 H16 成立。

通过模型 3 的回归结果分析，结构资本和关系资本在 0.01 水平上显著，结合产学协同创新机理（中介效应）的相关分析，证明交易型产学协同关系与企业产品维度创新绩效受到创业导向的正向调节作用，随着创业导向的增强，增强了交易型产学协同关系通过结构资本对企业产品维度创新绩效的作用。

表 80 创业导向对交易型协同关系与产品维度绩效关系的调节作用

模型		非标准化系数		标准化系数	t	Sig.
		B	Std. Error	Beta		
1	(Constant)	1.567	0.263		5.955	0.000
	创业导向	0.600	0.062	0.633	9.739	0.000
	交易型关系	0.104	0.040	0.167	2.572	0.011
2	(Constant)	1.156	0.355		3.253	0.001
	创业导向	0.676	0.076	0.713	8.940	0.000
	交易型关系	0.093	0.041	0.150	2.289	0.023
	创业×交易	0.052	0.030	0.110	1.706	0.090
3	(Constant)	−0.319	0.339		−0.944	0.347
	创业导向	0.233	0.078	0.246	3.005	0.003
	交易型关系	0.087	0.034	0.140	2.551	0.012
	创业×交易	0.059	0.026	0.125	2.309	0.022
	人力资本	−0.047	0.086	−0.044	−0.544	0.587
	结构资本	0.342	0.088	0.360	3.907	0.000
	关系资本	0.376	0.083	0.337	4.536	0.000

注：DW=2.371,0<VIF<5,模型 2 和模型 3 的 F 统计值在 0.001 水平上显著。

创业导向的调节作用分析

综合上述分析，验证了创业导向对产学协同关系与企业创新绩效关系之间存在比较理想的调节效应。实证分析结果证明，随着企业创业导向的增强，产学协同关系对企业市场维度创新绩效作用增强,交易型产学协同关系对企业产品维度的创新绩效作用增强(如图 67 所示)。

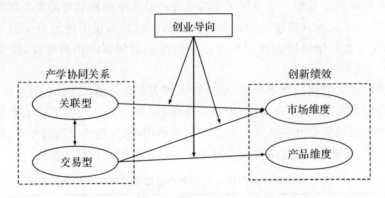

图 67　创业导向的调节作用模型(修正后的 REP model)

　　数据分析支撑了本研究的大部分理论假设,在创业导向的调节作用全部四个理论假设中有三个假设得到了验证通过,假设 H13、H15、H16 成立。研究证明了企业采用创业导向战略态势,对缓解产学协同的冲突和克服产学合作瓶颈具有积极的影响,能够让企业在与大学的协同关系管理中获得更高的创新绩效。

　　结合产学协同创新机理的实证分析结果,进一步探究创业导向具体对哪些协同创新作用路径起到了显著的调节作用。利用 SPSS 软件进行层次回归分析,得到了创业导向调节作用显著的三条路径(如图 68 所示):路径 a,随着企业创业导向的增强,加强了关联型产学协同关系通过关系资本对企业市场维度创新绩效的作用;路径 b,随着企业创业导向的增强,加强了交易型产学协同关系直接对企业市场维度创新绩效的作用;路径 c,随着企业创导向的增强,加强了

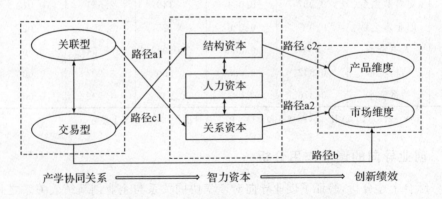

图 68　创业导向具有调节效应的产学协同创新作用路径

交易型产学协同关系通过结构资本对企业产品维度创新绩效的作用。

通过实证分析,从产学协同创新机理中的全部 8 条作用路径中,找出了企业创业导向具有显著调节作用的 3 条作用路径(见表 81),在协同创新、创业导向等理论研究领域是非常有价值的发现,并且对企业创新创业实践和制定创新创业政策具有很好的指导意义。

表 81　创业导向的调节作用理论假设验证结果

序号	假设命题	结果
H13	关联型产学协同关系对企业市场维度创新绩效的影响受到创业导向的调节作用,随着创业导向的增强,关联型产学协同关系对企业市场维度创新绩效的影响增强	通过
H14	关联型产学协同关系对企业产品维度创新绩效的影响受到创业导向的调节作用,随着创业导向的增强,关联型产学协同关系对企业产品维度创新绩效的影响增强	没通过
H15	交易型产学协同关系对企业市场维度创新绩效的影响受到创业导向的调节作用,随着创业导向的增强,交易型产学协同关系对企业市场维度创新绩效的影响增强	通过
H16	交易型产学协同关系对企业产品维度创新绩效的影响受到创业导向的调节作用,随着创业导向的增强,交易型产学协同关系对企业产品维度创新绩效的影响增强	通过

第六节　理论模型的结构方程检验

本章前半部分已经通过回归分析方法验证和检验了产学协同创新机理变量间的逻辑关系和理论模型,为了更全面地检验整个模型与数据的拟合结果,通过 AMOS 软件再一次进行检验,构建的结构方程模型如图 69 所示。

该结构方程模型是基于实证分析结果所构建的,其中有 7 个潜变量和 37 个显变量,关联型产学协同关系和交易型产学协同关系等 2 个潜变量是外生变量,人力资本、结构资本、关系资本、市场维创新绩效、产品维创新绩效等 5 个潜变量是内生变量,整个模型共有 11 条逻辑关系路径(见表 82)。结合交易型协同关系变量的效度分析结果,"雇员持股"和"合建公司"两个题项间的残差相关性较大,同样在该模型中对这两个题项的残值(e6 和 e7)进行了控制。

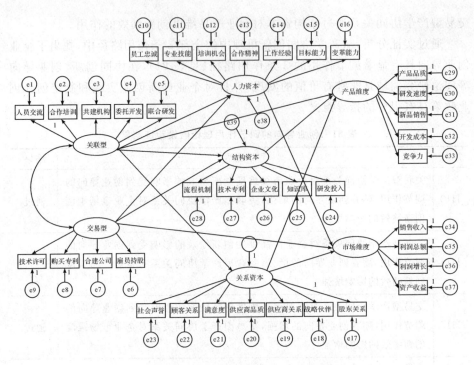

图 69　产学协同创新机理的结构方程模型

表 82　结构方程模型中的逻辑关系路径

序号	逻辑关系路径		
路径 1	关联型协同关系	→	人力资本
路径 2	关联型协同关系	→	结构资本
路径 3	关联型协同关系	→	关系资本
路径 4	交易型协同关系	→	人力资本
路径 5	交易型协同关系	→	结构资本
路径 6	结构资本	→	产品维度创新绩效
路径 7	关系资本	→	产品维度创新绩效
路径 8	关联型协同关系	→	产品维度创新绩效
路径 9	人力资本	→	市场维度创新绩效
路径 10	关系资本	→	市场维度创新绩效
路径 11	交易型协同关系	→	市场维度创新绩效

　　用 AMOS 软件对该模型进行运算,结果显示 Chi-square 的值为 1464.983,

自由度(df,Degrees of freedom)为616,Chi-square/ df 的值(2.378)小于5,表明模型的拟合结果较好;同时,RMSEA 的值为0.088,小于0.1,在可接受的范围内;但是,TLI 和 CFI 的值分别为0.834 和0.846,接近于1,但小于理想的拟合指标(TLI 和 CFI 的值大于0.9 表明拟合效果非常理想)。鉴于整体模型中涉及的变量多、逻辑关系复杂,智力资本作为中介变量,其三个构念子维度人力资本、结构资本、关系资本之间存在相互作用的内在机理,例如结构资本和关系资本的残差修改指数(MI)就达到了33;另外,样本采集过程中存在一些不可控因素,样本数据的质量未必十分理想。因此,该结构方程模型检验结果总体上是可接受的,模型和数据的拟合结果较好。

从结构方程的运算结果看(见表83),11 条变量间的逻辑关系路径中有10条路径的 C. R. 绝对值大于1.96,且在 P≤0.05 水平上存在显著性关系,得到了验证。人力资本与市场维度创新绩效的关系没有在该结构方程模型中通过显著性验证,P 值为0.389,在该模型的结构方程检验中没有证明存在显著性关系。但是,本研究对智力资本与创新绩效关系的回归分析结果已经验证了人力资本对市场维度创新绩效存在显著性的正向影响,Huselid (1995)、Kor 和 Leblebici (2005)、Chen 等(2005)的实证研究也得出了人力资本对企业财务绩效(市场维度创新绩效)存在正向作用的结论。

该路径关系在进行结构方程模型运算中没有通过,可能的原因主要有:第一,整个模型的框架较大,逻辑关系较多,一些关系强的逻辑关系路径可能隐藏了关系相对较弱的逻辑路径;第二,智力资本的三个构念子维度之间存在相关性,例如关系资本对市场维度创新绩效的影响可能包含了人力资本对企业市场维度创新绩效;第三,本研究的样本数据质量可能也影响了该路径在结构方程模型运算中的结果。

综合上述因素,最终采用了本书实证分析结果以及前人关于人力资本与市场维度创新绩效关系的理论研究成果,认为该逻辑路径是成立的。

运用结构方程模型的分析方法对产学协同创新机理进行了检验,虽然模型拟合结果不是十分理想(部分拟合指标没有达到参考值)、有一条逻辑路径没有得到显著性验证,但模型拟合效果可以接受,文中也给出了这些"不理想"状况的原则性解释。所以总的来说,理论模型通过了结构方程检验,较好地验证了研究中所得出的结论。

回顾本章的实证研究过程,对产学协同关系与企业创新绩效的关系、产学协同创新机理、创业导向的调节作用等问题进行了分析,对理论假设进行了检验(见表84)。除了创业导向对关联型产学协同关系与企业产品维度创新绩效关系的调节作用假设(H14)没通过,其他假设均通过或部分通过了实证检验,表明本研究所提出的理论模型与样本数据的拟合程度非常理想,实证分析结果支撑了文献研究、探索性案例分析所提出的创业导向产学协同创新机理的理论模型。

表 83　结构方程模型的运算结果(N=177)

路径			Estimate	S. E.	C. R.	P
人力资本	←	关联型协同	1.632	0.252	6.480	* * *
人力资本	←	交易型协同	-0.582	0.128	-4.548	* * *
结构资本	←	交易型协同	-0.588	0.128	-4.601	* * *
关系资本	←	关联型协同	0.528	0.074	7.131	* * *
结构资本	←	关联型协同	1.608	0.256	6.291	* * *
市场维度绩效	←	人力资本	-0.075	0.087	-0.861	0.389
市场维度绩效	←	关系资本	0.687	0.134	5.128	* * *
产品维度绩效	←	关系资本	0.539	0.097	5.545	* * *
产品维度绩效	←	关联型协同	0.376	0.107	3.519	* * *
市场维度绩效	←	交易型协同	0.213	0.055	3.875	* * *
产品维度绩效	←	结构资本	0.229	0.109	2.094	0.036

注:* * * 表示 $P \leqslant 0.001$ 水平上存在显著性关系。

表 84　创业导向产学协同创新理论模型的假设验证结果

序号	假设命题	结果
H1	关联型产学协同关系对市场维度创新绩效有积极的正向作用,关联型关系强度越强,企业的市场维度创新绩效越高	通过
H2	关联型产学协同关系对产品维度创新绩效有积极的正向作用,关联型关系强度越强,企业的产品维度创新绩效越高	通过
H3	交易型产学协同关系对市场维度创新绩效有积极的正向作用,交易型关系强度越强,企业的市场维度创新绩效越高	通过
H4	交易型产学协同关系对产品维度创新绩效有积极的正向作用,交易型关系强度越强,企业的产品维度创新绩效越高	通过
H5	关联型产学协同关系与交易型产学协同关系正向相关,即关联型关系强度越强,交易型关系随之增强;反之亦然	通过
H6	关联型和交易型产学协同关系对市场维度创新绩效有交互作用,即同时重视两类产学协同关系管理比只强调一种产学协同关系,更有助于提升市场维度创新绩效	通过

续表

序号	假设命题	结果
H7	关联型和交易型产学协同关系对产品维度创新绩效有交互作用,即同时重视两类产学协同关系管理比只强调一种产学协同关系,更有助于提升产品维度创新绩效	通过
H8	关联型产学协同关系对智力资本有积极的影响,关联型关系强度越强,智力资本的绩效越高	通过
H9	交易型产学协同关系对智力资本有积极的影响,交易型关系强度越强,智力资本的绩效越高	部分通过
	交易型产学协同关系与关系资本的关系假设不成立	
H10	人力资本对创新绩效有积极的正向作用,人力资本的绩效越好,企业的创新绩效越高	部分通过
	人力资本与产品维度创新绩效的关系假设不成立	
H11	结构资本对创新绩效有积极的正向作用,结构资本的绩效越好,企业的创新绩效越高	部分通过
	结构资本与市场维度创新绩效的关系假设不成立	
H12	关系资本对创新绩效有积极的正向作用,关系资本的绩效越好,企业的创新绩效越高	通过
H13	关联型产学协同关系对企业市场维度创新绩效的影响受到创业导向的调节作用,随着创业导向的增强,关联型产学协同关系对企业市场维度创新绩效的影响增强	通过
H14	关联型产学协同关系对企业产品维度创新绩效的影响受到创业导向的调节作用,随着创业导向的增强,关联型产学协同关系对企业产品维度创新绩效的影响增强	没通过
H15	交易型产学协同关系对企业市场维度创新绩效的影响受到创业导向的调节作用,随着创业导向的增强,交易型产学协同关系对企业市场维度创新绩效的影响增强	通过
H16	交易型产学协同关系对企业产品维度创新绩效的影响受到创业导向的调节作用,随着创业导向的增强,交易型产学协同关系对企业产品维度创新绩效的影响增强	通过

第七章 面向产学合作的技术转移转化

在当前世界各国抢占科技创新制高点、实施创新驱动发展战略的背景下,技术转移转化工作仍面临较大挑战,还没有很好地解决"科技与经济两张皮"的问题,问题主要是技术转移存在障碍和约束,技术转化缺少服务支撑,对科技成果发明人的创造性劳动价值有所忽视,造成技术转移转化的效率过低。2015 年对《中华人民共和国促进科技成果转化法》进行了第二次修订,着重解决了科技成果转移的处置权、收益权、管理权等障碍和约束,进一步激发了科技成果发明人的创新积极性。促进技术转移转化是一个系统性问题,需要对国家和区域技术创新体系进行优化提升,早在 2012 年中共中央、国务院就发布了《关于深化科技体制改革加快国家创新体系建设的意见》,2016 年 4 月 21 日国务院又专门出台了《促进科技成果转移转化行动方案》,近两年中央以及各地政府将鼓励和扶持创新创业摆在空前重要的位置上,研究制定了一系列政策,足见从技术转移转化这一关键视角对技术创新体系进行优化重构的必要性和迫切性。

第一节 技术转移转化的现状与趋势

高校院所技术转移的现状

公平的市场竞争机制和适度宽松的知识产权制度是促进科技成果生产和转移的根本制度,美国早在 1890 年就出台了《谢尔曼反托拉斯法》,我国在 2008 年 8 月 1 日正式实施《中华人民共和国反垄断法》,用以保障公平竞争的市场机制。自从兼具教育与研究双重职能的现代大学制度建立以来,政府资助的高校、科研院所研发的科技成果愈发得到重视,技术转移遇到一系列的新问题和新挑战。

第一，国家创新体系建设日臻完善，知识经济迅猛发展，世界各国积极建立完善促进技术有效流动的制度体系。近年来随着国家创新体系建设的逐步完善，美国学者埃兹科维茨教授指出政府、企业、高校在推动创新过程中在不同发展阶段分别起到了主导作用，如何进一步促进高校、科研院所的技术转移成为社会关注的研究重点。

一是建立促进技术跨组织流动的法律。截至 1980 年，美国联邦政府持有近 2.8 万项专利，但只有不到 5% 的专利技术被转移到工业界进行商业化。1980 年美国国会通过了《拜杜法案》，在《拜杜法案》制定之前，由政府资助的科研项目产生的专利权一直由政府拥有，复杂的审批程序导致政府资助项目的专利技术很少向私人部门转移。我国高校技术转移率一直较低，技术转移制度的缺失成为"科技、经济两张皮"问题的主要症结所在。2015 年修订完成的《中华人民共和国促进科技成果转化法》是促进技术转移的一支强心剂，不低于 50% 的技术成果转让收入归发明人所有的政策激励远远大于美国联邦技术转移法规（美国联邦实验室可以从技术转移收入中提取不低于 15% 的比例奖励发明人，但不能超过 15 万美元，如果超过需要美国总统批准）。有相关研究表明过度的技术商业化导向有可能破坏重大原创性科技成果的技术研发体系，美国贝尔实验室的衰落正是此类典型案例，因此加快建立完善促进技术转移转化的体制机制是落实好该法案的关键所在。

二是完善加快技术转移的制度。日本在第二次世界大战之后为了重塑国民经济，在政府扶持下积极开展产学研合作研究，倾向性地在科研项目申报评选中提高企业参与度的权重指数，不仅使得研发活动紧密对接市场需求，研发经费得到补充保障，同时加快实现了技术向企业转移。日本在 2000 年制定了《产业技术力强化法》，在大学设立技术转移机构，建立加快尖端科技领域产学合作新制度，鼓励企业长期委托国立大学进行研究开发，并研究制定了促进产学合作的税收制度。与此同时，探索建立多元化的技术转移方式，包括技术转让、技术许可、技术作价入股等，进一步提高了技术转移效率。我国近年来也建立了较为完善的技术转移制度，然而受制于职务发明类科技成果管理制度的约束，还没有建立完善以技术转移转化作为科研评价指标的激励制度，技术转移效率仍远落后于欧美以及日本等国家和地区。

第二，中介服务组织在促进技术转移过程中发挥了关键基础作用，推动技术转移组织体系的研究与建设。一方面，技术转移是发生在组织间的权益变更，尤其是高校、科研院所和企业这类异质性组织间的流动，技术转移过程中的不对称性所衍生的商业价值，催生了一批企业化运作的知识产权运营服务公司，促进了技术的转移，例如德国的史太白技术转移中心拥有 1000 多名员工、年收入过亿欧元。另一方面,技术自身的专有性价值又刺激一些知识产权运营公司从知识产权诉讼中谋取利益,例如美国"专利巨头"高智公司(Intellectual Ventures)的发展一直充满着争议,从一定程度上讲反而制约了技术创新活动。如何规范和引导知识产权运营服务行业的发展,也是当前面临的重要问题。除此之外,高校内部也建立了专门的技术转移管理机构,例如美国高校的技术许可办公室(Office of Technology License,OTL)、技术转移办公室(Technology Transfer Office,TTO)等,这些组织机构在促进高校技术转移方面发挥了重要作用,将技术转移收入在学校、个人、管理机构三者之间建立了均衡的利益分配机制。在英国等欧洲国家,高校直接将技术转移机构以企业化形式运作,例如牛津大学的Isis Innovation、英国帝国理工大学的创新中心等。我国许多高校也成立了技术转移管理机构,但没有建立起市场化运营机制,加之知识产权运营服务行业发展滞后,没有很好地发挥中介服务组织在促进技术转移方面的作用。

高校院所技术转化的现状

企业作为创新主体,在技术转化过程中发挥着基础性作用。技术转化过程遵循技术创新的基本规律,需要一定的资源投入和组织保障,存在较高的风险和不确定性,例如一项基础型科技成果的转化一般需要 5 到 10 年时间。因此,政府在促进科技成果转化中同样发挥着重要作用,支持和鼓励产学合作、企业间合作,建立并完善鼓励技术创新的体系。

第一,发挥中小企业在技术转化中的生力军作用,建立完善包容失败、激励创新的政策体系,推动促进技术转化的制度建设。1982 年美国国会通过了《小企业创新发展法》,后续又配套出台了一系列法规,鼓励中小企业提高技术水平、加大创新力度、推进技术创新成果的转化。对企业技术创新活动进行专项补贴,在政府支持下为中小企业提供低息贷款,建立了完备的企业信用担保体系,并在企业所得税、风险投资税收等方面提供优惠政策。更为重要的是,美国、欧洲等国家和地区建立了人才流动机制,高校、科研院所的人员可以到企业兼职,并从事企业经营活动,这进一步提高了科技成果的转化效益。近年来,我国也陆续出台了鼓励企业技术创新和产学合作的激励政策,然而在政策体系设计上还有一些缺陷,例如尚没有很好地建立起支持中小企业发展的金融服务体系,鼓励科研人员创业的政策在本质上也没有解决提高创新能力的问题。

第二,创新技术转化的体制,加强技术转化的载体建设。为了进一步加快技术转化,鼓励和支持企业技术中心建设,以市场化机制建立技术研究转化平台。提高企业技术能力建设是促进技术转化的最直接方式,政府支持一批行业领军企业建立研发中心、实验室,大大提高了技术转化效率,例如美国贝尔实验室早期就是建立在美国电话电报公司内。在我国,建立校办企业曾被认为是促进高校技术转化的有效方式,但在体制上还没有充分与市场接轨,导致成功的校办企业寥寥无几。改革传统科研机构,建立从技术研发到转化应用的新型科研体制,以企业化形式和市场机制运营技术研究转化平台,例如新加坡科技研究局、香港应用科技研究院等。与此同时,为了加强技术转化过程中的信息交流与中介服务,形成促进技术转化的有机载体,在产业集聚区、高校周边自发形成或者设计建立了一批科技园,例如美国硅谷、剑桥科技园、台湾新竹科技园、北京中关村等。

第三,推进政产学研协同创新,构筑促进技术转化的生态体系。政产学研协同创新是实现创新资源优化配置、促进技术有效转化的关键举措,在政府支持下建立产学研深度合作的技术转化促进联盟是一条重要路径。例如,2001 年日本经济产业省实施了产业群推进计划,共有 200 多所大学和 4000 多家企业参加,建立了 19 个产业群;2002 年日本文部省又在 12 个地区建立了有风险企业参加的,以大学和国立研究机构为中心的技术创新基地;美国 Hollings 制造业延伸伙伴计划(MEP)是一个非营利性的全国性网络,由商务部的国家标准和技术研究所牵头实施,在联邦政府、州和地方政府以及私营部门之间建立伙伴关系,为中小型美国制造企业提供技术支持和其他服务,以提升其开发新客户、扩展到新市场以及创造新产品等能力。除此之外,服务企业技术创新活动的中介组织也是推动技术转化的重要因素,这其中天使基金、创投基金发挥着非常关键的作用。有学者将美国硅谷所取得的巨大成功较多地归因于天使基金和创投基金,曾经有 300 多家基金公司落地在硅谷,这些基金公司极大地推动了中小企业的发展。反观国内,行业联盟性质的产学研协同创新组织尚没有建立完善,能够包容失败的天使基金也没有发展成熟,促进技术转化的生态体系仍需构筑完善。

技术转移转化的发展趋势

技术转移转化既要遵循技术创新的基本规律,更要深刻理解技术的重要特征。总的来说,随着科技进步与社会发展,技术自身呈现三大特点。第一,技术的多元性。随着国家技术创新体系的建立完善,已经形成了从基础研究、应用研究到产品开发的完整的科技研发链条,一方面,技术包含基础型技术、应用型技术、商业型技术等不同类型;另一方面,技术的拥有主体也分为高校、科研院所、企业等不同性质的组织。宏观来看,不同类型的技术的结构特征,不仅与社会经济发展的层次水平有关,也与国家和地区所实施的经济发展模式相关。第二,技术的复合性。随着科学技术的进步,技术交叉融合发展的趋势愈发明显,单独一项技术很难体现出较高的社会经济价值,需要形成技术的集合或者与其他类型的技术相融合。第三,技术的泛在性。技术的泛在性,一方面指信息技术的发展以及完整信息披露制度使得技术信息能够及时获得,经济活动的全球化促进了技术领域的国际合作和跨国流动;另一方面,随着教育的发展,社会的智力资本水平得到显著提升,在促进技术转化的政策保障下个体和团队的创造性得到充分激发,全员创新已经成为不可忽视的创新活动发展趋势。

结合技术的多元性、复合性、泛在性等特征,纵观当前促进技术转移转化的探索实践,技术转移转化机制体现了体系化、专业化、网络化三大发展趋势。

促进技术转移转化的制度体系化。不同类型技术的转移转化,以及技术在不同组织间的转移转化,是一个复杂系统性工程,涵盖了技术转移管理制度、产学研合作政策、技术创新激励政策等方面,加强政策制度的顶层设计和系统化设计成为促进技术转移转化的重要趋势,尤其是近年来国内外出台了一系列有关推动创新的发展计划、行动方案、政策法规;这些都表明了建立完善促进技术转移转化的体系化制度非常重要。

促进技术转移转化的组织专业化。技术转移转化工作不仅涉及技术本身的知识,还涉及技术商业化的复合型知识,是一项专门性工作,亟须专业人才和专业机构来做。近年来,一批知识产权运营服务公司、技术转移中介机构孕育而生,呈现了繁荣发展的态势。然而,我国有关促进技术转移转化的中介组织发展相对滞后,缺乏市场化机制成熟的知识产权运营、技术转移、科技担保、创投等中介服务组织,更缺乏技术转移转化的专业人才。

促进技术转移转化的平台网络化。技术转移机构、科技园区、创客空间等为纽带和载体的技术转移转化平台,加强了信息交流、产学研合作、政策集成,有效推动了技术转移转化。然而技术的泛在性,推动着技术跨组织、跨行业、跨地域的转移转化,技术转移转化的平台呈现了网络化发展趋势,例如美国的 MEP 计划,建立了网络化的合作组织,以及 Kickstarter、YET2 等网络型技术转移转化平台;国内也建立了一批技术交易市场、知识产权交易中心,促进技术的转移转化。技术转移转化的核心是实现增值性的交易,构筑多主体、多层次有效联结的技术转移转化的交易平台,是有力促进技术转移转化的一项重要举措。研究和把握好该发展趋势,将大大提升技术转移转化效率。

推动基于创新的创业范式(entrepreneurship based on innovation,EBI)正成为实施"大众创业、万众创新"的重要路径,技术作为创新驱动发展战略的核心要素,愈发得到重视。2015 年 6 月国务院颁布了《关于大力推进大众创业万众创新若干政策措施的意见》,其本质是为解决社会经济发展的动力问题,关键是全面激发创新创业活力,核心是实现从要素驱动、投资驱动向创新驱动的转型。2015 年,国家新兴产业创投计划累计支持设立 206 家创业投资企业,资金总规模 557 亿元,投资创业企业 1233 家。各地加快推进各类科技园、孵化器、创客空间的建设,为科技型和创新型企业给予财税、金融等方面的优惠政策,为创新创业营造良好环境。创业是方式、创新是内涵,基于创新的创业范式(EBI)是实施"大众创业、万众创新"的重要路径,也是加快技术转移转化的体制机制改革方向。知识产权作为技术产权化的产物,其管理工作愈发得到重视。2015 年 12 月国务院发布了《关于新形势下加快知识产权强国建设的若干意见》,指出"到 2020 年,在知识产权重要领域和关键环节改革上取得决定性成果,知识产权授权确权和执法保护体系进一步完善,基本形成权界清晰、分工合理、责权一致、运转高效、法治保障的知识产权体制机制,知识产权创造、运用、保护、管理和服务能力大幅提升,创新创业环境进一步优化,逐步形成产业参与国际竞争的知识产权新优势"。

第二节　面向产学合作的技术转移体系

技术转移管理的组织体系一般是设立在学校内部的相关部门,或者是与学校关联或者合作的相应机构。从世界各国高校院所的案例比较分析来看,其运行的机制并不一样,但一般都会包含科技成果交易的制度设计与管理、科技成果对接服务、科技成果转移管理等职能。

斯坦福大学于 1970 年成立了技术许可办公室(OTL),帮助师生把科技成果转化为有形产品并为社会造福,为发明者和校方带来收入回报,进一步支持大学的自由研究和教育。需要强调的是,大学开展技术转移工作是带有公益服务属性的,技术转移不是大学获取科研经费的主要目的。OTL 的组织架构(见图 70)在校内接受分管研究的副教务长的领导,OTL 主任直接向其报告工作。校方除要求 OTL 能够自行维持运转外,并不对其订立每年的收入目标,在财务、人事、职权等方面保持独立性。当技术商业化成功后,OTL 从企业获得版税或转让金。技术转移成功后,15% 的特许权使用费用于维持 OTL 的运营和缴纳专利申请费等,结余部分放入 OTL 的研究激励基金,保证技术转移工作的良性循环和可持续发展。技术转移收入的另外 85% 的分配原则是:发明者、所在系、所在学院各占 1/3;给予发明人的分享比例通常更高;分配给院、系的特许权使用费主要通过研究基金和奖学金基金的形式用于研究和教育。《斯坦福大学 2015 年度报告》(*Stanford Facts* 2015)显示,在 2013—2014 财政年度,斯坦福大学 OTL 从 655 项技术转移中收到了总值超过 1.086 亿美元的特许权使用费收入,获得了 106 个新的许可证,其中,40 项发明创造了 10 万美元甚至更多的特许权使用费,6 项发明创造了 100 万美元甚至更多的特许权使用费。

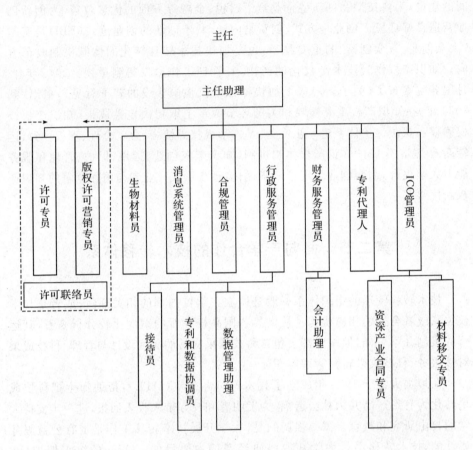

图 70　斯坦福大学 OTL 组织架构

　　1987 年剑桥大学圣约翰学院仿效美国经验,设立了商业孵化器——圣约翰创新中心(St John's Innovation Centre,SJIC)。这是全英和全欧洲第一个商业孵化器,全球知名的大数据企业、全球企业级搜索的领头羊 Autonomy 公司就是该中心孵化出的企业。进入 21 世纪,剑桥大学技术转移和商业化以美国斯坦福大学、麻省理工学院为榜样,在移植美国经验的同时,还根据剑桥大学实际,大胆创新。2006 年,时任剑桥大学校长、曾担任美国耶鲁大学教务长的艾莉森·理查德(Alison Richard)女士聘请了技术转移专家、曾担任美国普渡大学技术转移机构副主任、芝加哥大学副校长的特里·威利(Teri Willey)女士负责剑桥大学的技术转移和商业化工作。特里·威利上任后旋即组建了全新的技术转移和商业化专门机构——剑桥企业有限公司(Cambridge Enterprise Limited),并担任首席执行官。剑桥企业有限公司是剑桥大学全资子公司,专门负责将剑桥大学的科研成果推向市场。

　　日本为了解决高校院所的技术转移效率问题,于 1998 年制定并实施了《促进大学等机构的技术研究成果向民间企业转移法》,目的是设立 TLO(Technology Licensing Organization,技术转移机构),与高校和科研机构合作,提高专利的转化和实施率等。这些 TLO 机构的工作场所虽然大多设在大学校园或科研机构院内,但大多以独立法人的公司形式存在,其资本和财务均是独立的,到 2016 年 8 月被承认的 TLO 有 37 家。这 30 多家 TLO 中,经营状况参差不齐,其中以东京大学 TLO、关西 TLO、东北 TechnoArch 这三家经营状况最佳。以关西 TLO 为例,该机构不仅承担了位于关西地区的大学的技术转移等工作,还接受包括远离关西地区的九州大学等高校的委托业务。

　　清华大学在国内率先成立了"成果与知识产权办公室(Office of Technology Licensing,下称 OTL)",列入学校行政部门序列(副处级),OTL 是学校知识产权管理领导小组的日常办事机构。OTL 领导小组由学校主管科研、产业和校地合作的校领导,以及技术转移研究院、资产处、科研院等多部门领导组成,统筹领导学校知识产权和技术转移工作(见图 71)。浙江大学依托"市场特性的科技园、直属单位的工研院、专业特色的技术转移中心"三位一体的组织架构,管理全国 9 个工研院分院、5 个科技园分园区、98 个技术转移分中心,并统筹推进学校"十三五"期间重点工作"学校科技成果转化基地——紫金众创小镇"建设,初步构建了高效的科技成果转移转化体系,服务国家和区域发展战略。

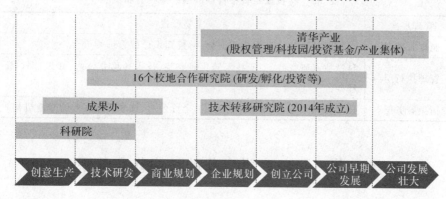

图 71　清华大学技术转移的管理机构与创新价值链

　　技术转移管理机构一般是由制度管理层、管理执行层、衍生服务层等三级结构组成(见表 85)。制度管理层,主要是由学校领导,以及相关部门负责人组成,负责科技成果转移管理办法的制定、政策的设计,以及制度实施情况的监督反馈工作。管理执行层一般是设立在高校院所内部的执行机构,例如技术转移办公室、科技成果转化办公室等等。衍生服务层是服务于科技成果转移的运营服务机构,可以是设立在校内的相应机构,也可以是与高校院所直接关联的机构或公司。

由于高校院所所处的市场环境不一样,加之不同高校院所开展技术转移工作的形式不一样,在管理执行层和衍生服务层上存在一定的差异。我国高校院所往往是通过设立不同的机构或通过外部合作,将两者功能进行分离,例如,浙江大学工业技术转化研究院承担了管理执行层的功能,浙江大学技术转移中心承担了衍生服务层的功能;英国的高校通过直接设立企业,把知识产权交由旗下的企业进行市场化转移,将管理执行层和衍生服务层的职能进行了整合;美国的高校也是把两者的功能结合在一起,但采取的形式往往是设立在学校内部的机构,例如,斯坦福OTL办公室是专业化水平很高的运营管理团队,可以就专利技术的商业化价值做出判断,并决定是否申请专利并进行技术转移推广;日本政府非常重视技术转移工作,技术转移机构是由政府认定的专业机构,不隶属于特定某家高校院所,可以为多家大学、科研院所提供技术转移服务;以色列在高校系统建立了7个技术转移机构,集中于将先进的科技成果推向市场,与此同时许多高校都成立了全资技术转移公司来负责学校科技成果的商业化,这些公司制定了高度市场化运作的技术转化流程,保证筛选出具有较高转化价值的科技成果,通过制度保证高校技术转化高成功率和高收益,并保证科学家全心投入技术研发获得稳定收益,不必为技术转化的商业运作而分心。

表85 科技成果转移管理的组织架构分析

管理层次	主要形式
制度管理层	学校促进科技成果转化委员会、学校知识产权管理委员会
管理执行层	科学技术研究院、工业技术转化研究院、技术转移办公室、知识产权管理办公室、全资公司
衍生服务层	技术转移中心、技术转移办公室、全资公司、技术转移服务的专业机构

第三节 面向产学合作的技术转化体系

技术转化服务体系的构建是一项系统工程,主要包括结构建设和平台建设,结构建设又包括主体建设和网络建设(熊霖,2015)。孙力(1998)和孙智强(2016)认为,完善的技术转化服务体系起码应该具备以下服务功能。其一,技术信息服务、咨询、评估和中介服务功能。这一功能体现为降低交易成本和机会成本,为实现技术的经济价值、提高技术交易成功率提供良好的外部环境。其二,技术的工程化服务功能。该功能体现为解决行业领域中具有共性的难点、重点技术的成熟配套问题,提高技术的成熟度,使其能够直接应用于生产领域。其三,孵化功能。本功能体现为降低高技术中小企业和企业家的创业风险,向社会源源不断地提供成熟的中小型高技术企业和企业家。技术转化服务的内涵外延可以无限放大,必须界定一个清晰的概念边界,否则将技术转移转化放在一起进行研究就没有意义了。

技术转移主要指或者是特指大学、科研院所的技术转移,由企业这一创新主体去实施转化。从该角度去理解和定义技术转化服务体系,是指在企业和大学、科研院所之间所建立的直接联结的体系,这种联结体系促进了技术的生产、转移、转化等过程融合发展,加快了技术转移效率和激发技术的持续产生。

技术转化服务体系所建立的这种联结体系,既包括了制度联结,又包括了结构联结(见表86)。无论哪种联结方式,其本质是推动了技术产出、技术转移与技术转化三者之间的过程融合,加快了技术转移转化效率。

第一,促进技术转化的制度联结,提供技术转化的运营服务。其实质是建立了促进产学研合作的关系,提供了产学研合作进行技术转移转化的运营服务,例如提供信息服务的中介机构、提供产学研合作联系的行业技术联盟等等,其特点是主要推动了技术产出和技术转移这两个过程的融合。第二,促进技术转化的结构联结,提供技术转化的孵化服务。这种结构联结,一种是搭建了促进产学研合作技术转化的载体平台,例如大学科技园、地方研究院等;另一种是服务于技术转化落地的服务机构,例如校办产业、创投机构等,其特点是主要推动了技术转移和技术转化这两个过程的融合。

表86　技术转化服务体系的内涵

服务方式	服务内容	服务主体		服务特点
制度联结	运营服务	技术中介;技术联盟;联合实验室;联合研发中心;等等		促进技术产出与技术转移活动的融合发展
结构联结	孵化服务	平台型	大学科技园;孵化器;面向产学研合作的研究院;众创空间;新型产学研载体;等等	促进技术转移与技术转化活动的融合发展
		功能型	校办产业公司;创投机构;产业引导基金;等等	

技术转化的运营服务

1998 年德国非营利公益组织——史太白经济促进基金会成立史太白技术转移公司,负责技术转移中心的管理和市场化运作。为培养更多技术转移专业人才,同年在柏林创办史太白大学。自 2005 年起,史太白技术转移公司的业务由单纯的技术转移延伸至咨询、研发等领域,并为此设立了多家咨询中心和研究中心(见图 72)。2011 年,史太白共有 855 家技术转移、咨询和研究中心,销售额由 1983 年的 235 万欧元增至 1.34 亿欧元,雇用了 1462 名正式员工、3631 名合同工和 697 名教授。史太白为技术的供需之间搭建了桥梁,每年完成 5000 多个技术转移项目,主要集中在汽车、机械制造、航空航天、能源和环境等德国优势产业。按照转移中心年度总销售额 10 亿欧元测算,史太白每年至少创造或保障了 1 万个就业岗位。

理事会	史太白基金会(StW)	执行委员会
史太白技术转移有限公司(StC) 管理委员会		
史太白企业(SU)		

史太白技术转移中心(STC)	史太白研究中心(SRC)	史太白咨询中心(SCC)	柏林史太白大学(SHB)和史太白技术转移研究所(STI)	史太白控股(SRC)
其他技术转移支持机构: 史太白资产　费迪南史太白研究所　史太白讨论会　史太白出版物				

图 72　史太白体系的组织架构

以色列科技比较发达,它是世界上科技人员比例最高的国家,每万人中有 140 名科技人员。高技术产业占工业产品的 50% 以上,高技术产品出口占工业出口的 50% 以上。以色列也是世界上最早成立技术转移机构的国家之一,每一所以色列大学、科研院所都有其技术转移机构,这些机构是公司化运作的实体。以色列成立了技术转移组织联盟(ITTN),这个组织由 12 家技术转移机构组成。Yeda 研究与开发公司是魏茨曼科学院的技术中介公司,成立于 1958 年,魏茨曼科学院是以色列最小的大学,这所大学只颁发硕士和博士学位,但是,它的专利收入却位列世界前五位。以色列理工学院技术转移公司(T3)是以色列理工学院的技术转移公司,2009 年 T3 对外发布了 107 项以色列理工学院发明技术,90 项递交或准备递交专利申请,有 24 项获得专利许可,其中排在前三位的分别是电子工程、药学、化学。2008 年以色列理工学院投入科研经费约 6250 万美元,通过技术许可获得的收入却高达 7194 万美元。

国内的技术转化服务机构起步较晚,近年来涌现出一些市场化运营的公司,例如,上海迈坦信息科技有限公司成立于 2014 年,凭借技术资源及服务网络,快速、精准地为企业匹配合适的技术研发团队及技术解决方案;上海晓家网络科技有限公司是 2015 年 9 月份成立的一家互联网公司,位于上海浦东,致力于为用户提供高质量的企业知识问答服务,公司主要产品是"大牛家",包括 Web 版和App;"科学家在线"于 2016 年 6 月正式上线,由清华-哈佛创业团队创建,平台通过线上平台与分布在全国的线下站点渠道,为科研人员提供科研工具、实现技术转化,帮助企业对接技术专家、解决技术难题。

随着这么多年来产学研合作实践的推动深化,校企联合研发中心、联合实验室等传统的产学研合作促进科技成果转化的运营服务方式也已经发展成熟,涌现了很多产学研合作促进科技成果转化的成功案例。这其中,关键因素是企业对大学、科研院所等外部科技资源的整理运用能力,以及自身的技术消化能力,提高这些能力才能有效提升企业技术创新水平。在政府的积极推动下,行业技术联盟也在对接产学研合作项目,联合攻关关键核心技术,加快促进科技成果转化方面发挥了积极作用。《关于推动产业技术创新战略联盟构建的指导意见》(国科发政〔2008〕770 号)中指出,产业技术创新战略联盟是市场经济条件下产学研结合的新型技术创新组织,有利于提高产学研结合的组织化程度,在战略层面建立持续稳定、有法律保障的合作关系;有利于整合产业技术创新资源,引导创新要素向优势企业集聚;有利于保障科研与生产紧密衔接,实现创新成果的快速产业化;有利于促进技术集成创新,推动产业结构优化升级,提升产业核心竞争力。

比较国内外在技术转化运营服务体系上的差异,主要是在技术转化服务中介机构的发展情况上。通过典型案例比较分析,可以发现国外的技术转化服务中介机构往往依附于大学、科研院所,或者是在政府的支持下有效整合利用了高校院所资源,并且是高度市场化运作的公司机构。例如,日本高度重视科技中介机构在技术转化中的载体作用,他们的科技中介服务体系比较健全,其主要由日本产业技术振兴会、促进专利转化中心、大学专利技术转让促进中心、新技术开发实业集团、中小企业事业集团等构成,成为促进技术转化和产业化的重要推动力量。科技中介服务体系的基本运作模式主要为:通过中介机构对重大战略性基础技术实行委托开发,将新技术的开发以"委托"的形式交给企业,技术所有者从中介机构获得技术使用费,企业将技术产业化或商业化后,从利润或销售收入中提取偿还金。根据《大学技术转让促进法》第六条的规定,由经济产业省管理产业基础巩固基金。产业基础巩固基金对同一 TLO 的资助,每年最高可达

3000 万日元,产业基础巩固基金 2000 年度用于 TLO 事业的资助预算为 4.2 亿日元,2001 年增加到 5 亿日元。2002 年,经济产业省有关 TLO 事业的各种资助预算达 25 亿日元,特别是新增了对 TLO 与企业合作将大学的科研成果进行实用化的研究开发予以资助的项目。

这样的发展路径,是与我国的情况不一样的。一方面,国内高校院所虽然建立了技术转移服务机构,但更多的是扮演"管理者"的角色,而没有充分发挥好市场化"运营者"的作用,作为设立在单位内部的职能机构,往往缺乏市场化运作的机制;另一方面,近年来市场上涌现出来的技术转移服务机构,在高校院所技术转化运营服务上缺乏与大学、科研院所的紧密联结,技术信息的沟通不够充分和全面,专业化人才队伍严重不足,导致了技术转化运营服务水平偏低。以山东省为例,省内注册开展技术运营服务的机构有 60 家左右,但能够正常开展技术运营业务的只有 2 家,且这两家只是开展技术合同为主的研发外包服务。

技术转化的孵化服务

技术转化的孵化服务是高度市场化的体系,其主要是实现技术转移和转化的过程相融合,通过载体建设、技术孵化等手段直接促进科技成果转移转化,主要包括孵化器载体、面向产学研合作的研究院、校办产业、创投等形式。随着我国产学研合作的深化和市场经济的发展,在科技部、教育部联合推动下,大学科技园、众创空间等孵化器建设取得了显著成绩,国内很多高校院所也在积极探索推进面向科技成果转化的地方研究院建设,高校院所下属的产业平台公司也在促进科技成果转移转化方面发挥了积极作用。除此之外,创投机构在促进技术转化方面发挥着举足轻重的作用,硅谷的成功,一定意义上归功于集聚在硅谷的数百家创投基金。因为创投基金的出现,使得科技成果转化的风险得到了市场的包容与承载,大量的可能存在商业价值的科技成果就有了"试错机会",涌现了一大批科技型企业。需要注意的是,政府主导下的创投基金与天使投资人发起的创投基金在运作机制上存在较大差异,其对风险的偏好和对科技成果项目的评判标准差异较大。

面向产学合作的大学科技园

1951 年,斯坦福大学创办了世界上第一个大学科技园——斯坦福研究园,随着第二次世界大战后美国经济的崛起逐步发展成为世界著名的创新高地"硅谷",在促进斯坦福大学发展和集成电路领域的创新成果产业化方面都发挥了极为重要的作用,而硅谷的兴起在很大程度上是靠斯坦福大学多方位的支持。欧洲的大学科技园起步略晚于美国,1972 年英国在赫里奥瓦特大学建立了英国第一个大学科技园,1975 年英国剑桥大学建立了世界著名的剑桥科技园。德国的起步晚于英国,在 1983 年依托柏林工业大学建立了"西柏林革新与创新中心",这是德国第一个大学科技园。在国内,1988 年东北大学借鉴斯坦福大学科技园模式,建立了我国第一个大学科技园。1992 至 1993 年,上海工业大学、哈尔滨工业大学、北京大学、清华大学相继建立了大学科技园。1995 年科技部和教育部启动了国家大学科技园建设计划,确定了 15 个大学科技园作为国家大学科技园建设试点单位。

目前,全世界范围已建成的各类大学科技园有数千家,其中 80％以上的大学科技园位于发达国家或地区,美国、英国、法国、德国、日本、韩国、印度、加拿大、新加坡等国家和地区纷纷建立了适合本国国情和特色的大学科技园。以德国为例,拥有 300 多个科技园和孵化器,院内各类企业超过 1 万家,员工人数逾 50 万人,入园企业的孵化成功率超过 90％。斯坦福大学周边的硅谷,近年来累计共创办了 4 万多家公司,创造了 540 万个工作机会,斯坦福大学校友所创办的公司年营业收入超过 2.7 万亿美元;波士顿 128 公路作为大学科技园的发展典范,累计共创办了 2.58 万家企业,创造了 350 万个就业机会;麻省理工学院的校友所创企业年营业收入超过 2 万亿美元。

当前从国内的科技园发展历程来看,也出现了二元型发展模式。一个是,偏向小空间或特定物理空间的专业孵化器模式,例如众创空间、创业咖啡、创业工场等等。这些小型的专业孵化器,为入驻孵化器的企业提供了更为精细、专业的辅导服务,包括企业工商注册、人力资源、财务管理等等,以及帮助企业融资的金融服务。举例来说,绿城服务集团作为国内一家物业服务集团,服务了国内逾 300 个特色小镇、科技园区。在香港上市之后,集团设立了科技产业服务公司,着力打造为园区、小镇内企业提供专业化运营服务的平台,设计开发了企业非核心业务外包的运营服务体系。另一个是,融合产业、商业、生活、环境等功能为一体的产城融合模式,例如特色小镇、科技城等等。在这方面国内也有很好的探索,例如中关村科技园,已经实现了从"园"到"城"的发展转变,还有很多例如华夏幸福、天安数码、浙大网新等等市场化公司,都在推进产城融合的项目开发,在较大的物理空间内整合创新创业资源。但是,在"造城运动"下,其中不容忽视的是房地产逻辑对产城融合项目所造成的干扰,从创新的基本规律上去理解,这样的模式在推动科技成果转移转化的作用上仍需要加以充分重视和提高资源投入。2017 年正式启用的康奈尔大学科技园,更是将大学、科技园、产业、生活等功能直接融合在一起,用全新的空间联结方式促进产学研的深度融合,加快推动科技成果转移转化。

面向产学合作的研究院

大学的兴起与发展,既是通过与社会经济的紧密联结来汲取养分,又是通过对科学真理的不断探索进行知识创造,引领着社会经济发展。大学和企业这两类组织的目标定位差异,使得合作存在导向性障碍,这决定了两者之间一定还存在技术合作的断层,在科技成果转移转化体系中需要一类弥合这一断层的组织,也就是面向产学研合作的研究院。

弗劳恩霍夫协会(德语:Fraunhofer-Gesellschaft),是德国也是欧洲最大的应用科学研究机构,成立于 1949 年 3 月 26 日,以德国科学家、发明家和企业家约瑟夫·弗劳恩霍夫(Joseph von Fraunhofer,1787—1826)的名字命名,定位于填补重点领域的技术研发与产业化的鸿沟。弗劳恩霍夫协会在德国有 67 个研究机构(见图 73),约 24500 名员工(截至 2017 年 5 月),2016 年预算约为 21 亿欧元,总部位于德国慕尼黑。协会聚焦信息和通信科技、生命科学、微电子、表面科技和光子、产品与工艺、材料与组件和国防与安全等重点领域,解决技术研发与产业化中间的鸿沟。非竞争性/竞争性平衡的经费收入模式,是推动弗劳恩霍夫面向产学研合作研发的根本动力。协会采取绩效挂钩的财务管理体制,其收入的 1/3 来自政府的事业经费拨款(通常被称为"非竞争性资金"),1/3 来自政府的竞争性项目,1/3 来自企业的合同收入(二者通常被称为"竞争性资金")。弗劳恩霍夫协会建立了开放式研发合作网络,大大提高了研发效率。弗劳恩霍夫协会的研发人员队伍还包含了德国合作院校的大量教授以及参与实习的学生,每个研究机构的负责人基本上都是所在领域的大学知名教授,一年为 3000

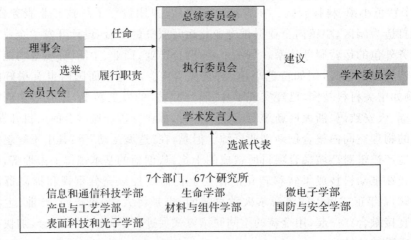

图 73　弗劳恩霍夫协会的组织结构

多企业客户完成约 1 万项科研开发项目,年经费逾 21 亿欧元。

深圳清华大学研究院(以下简称"研究院")是由深圳市政府和清华大学于 1996 年 12 月共建、以企业化方式运作的事业单位,是一个高层次、综合性、开放式的产学研相融合的实体(见图 74)。建院以来,研究院以体制机制创新为核心,以学校与地方结合、研发与孵化结合、科技与金融结合、国内与国外结合为抓手,探索出一条创新驱动的发展道路,取得了一批具有自主知识产权的科研成果,建立了高效的科技创新孵化体系,形成了科技金融深度融合的发展驱动方式。截至 2013 年 12 月 31 日,研究院累计孵化企业 1508 家,目前在孵 807 家,投资企业 145 家,培育 20 家上市公司。孵化投资了达实智能、和而泰、拓邦等多家上市公司,目前控股及参股企业 150 多家。

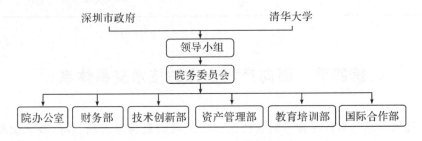

图 74　深圳清华大学研究院组织架构

为了弥补科技研发与产业化的鸿沟,很多国家和地区都做了很好的尝试,一方面,改革政府研究机构的运行机制,建立竞争性的财务投入体制(见表 87),例如日本科学技术振兴机构、中国科学院等;另一方面,建立面向产学研合作的市场化运作的研究组织,例如弗劳恩霍夫协会、新加坡科技研究局(Agency for Science,Technology and Research,A∗Star)、香港应用科学技术研究院、深圳清华大学研究院等等。

总体来讲,我国面向产学研合作的研究院建设取得了显著的成绩,在推动科技成果转移转化、弥补科技研发与产业化鸿沟方面发挥了积极作用。但是,对标国际一流的研究院,分析我国的研究院运行的体制机制,在建立非竞争性与竞争性相结合的经费投入体制上还存在不足,很多研究院还是事业法人单位性质,不能良好地解决科研人员的激励机制问题;另外,在科技成果孵化功能布局上略显滞后,清华大学在此方面进行了非常好的探索,值得国内其他面向产学研合作的研究院借鉴。

表 87 面向产学研合作的研究院比较分析

性质	职能	运行机制特点	代表性案例
政府管理机构	经费管理、项目管理	改革研究管理机构的职能,建立促进科技成果转移转化的经费投入与项目管理机制	法国原子能与可替代能源委员会;日本科学技术振兴机构;中国科学院等
市场运营机构	项目研发与孵化	非竞争性与竞争性相结合的项目经费投入方式;具备项目孵化投资功能	弗劳恩霍夫协会;新加坡科技研究局;深圳清华大学研究院;中科院云计算中心;浙江大学苏州工研院等

第四节　面向产学合作的技术交易体系

技术交易额是国家技术转移体系建设成效的最为显著的指标,技术交易市场是促进科技成果转移转化的市场流通环节。少数境外设立的技术交易市场,如芝加哥国际知识产权交易所、香港知识产权交易所,是基于知识产权证券化探索建立的金融服务机构。1985 年,中共中央《关于科学技术体制改革的决定》明确提出"开放技术市场,实行科技成果商品化",技术市场由此诞生,作为科技体制改革的突破口,开启了科技成果转移转化的市场化实践。因为我国高校院所科技成果的国有属性和成果发明人的职务属性,我国技术交易市场与国外的建设主体性质不同、服务对象不同、运行机制不同。

需要强调的是,充分发挥技术交易市场在促进技术转移中的政策集成与协调作用,是加快完善技术转移制度体系的中国特色与优势。目前,几乎每个省市都成立了知识产权交易中心或技术交易市场,在各级政府的推动下,走在了技术转移工作的市场化前沿。建设与发展技术交易市场,既发挥了市场在促进转移中的决定性作用,又体现了"市场主导、政府推动"在技术转移体系建设发展中的协同效应,影响和推动了我国技术转移的制度体系建设与完善,例如浙江、北京、湖北、广东等地技术交易市场都有很好的探索实践。这是我国在技术转移体系建设上区别于其他国家的特色与优势,研究与建设好技术交易市场,对于发展完善科技成果转移转化体系会起到事半功倍的效果。

国内技术交易市场发展起步较早,但缺乏体系化的制度支撑,在促进高校院所科技成果转移转化方面,有些举步维艰。随着 2015 年《中华人民共和国促进科技成果转化法》修订案出台实施,科技体制机制改革步伐加快,制度环境在逐步完善,很多技术交易市场更加明确了工作方向与发展思路。

2009 年 8 月 8 日,经国务院批准设立,由科技部、国家知识产权局、中国科学院和北京市人民政府联合共建的中国技术交易所诞生于中关村核心区。2014 年 12 月,由中技所依托科技部科技支撑计划项目建设的国家级技术交易网络服务平台"技 E 网(www.ctex.cn)"正式上线运营。该平台可提供信息披露、路演推介、在线竞价、挂牌交易、成交信息公示等服务。到 2016 年年底,技 E 网已在全国 20 多个省市联网运行,从实践看,"技 E 网"在为科技型企业、高校院所、科研机构、地方科技管理部门提供科技成果转化服务方面,发挥了重要的支撑作用。2009 年 11 月,深圳国际高新技术产权交易所与深圳市产权交易中心合并,组建成为深圳联合产权交易所。深圳联交所内设有战略性新兴产业专利技术交易、国际专利技术交易、技术优势企业专利技术交易、港澳台专利技术交易、国家级高等院校科研机构专利技术交易、现代农业技术交易等若干"专业板块",并组建了专利技术投资基金。浙江知识产权交易中心由浙江省科技厅、浙江大学联合发起,于 2016 年 8 月授牌成立。浙江知识产权交易中心结合促进科技成果转移转化的国家法律、地方条例以及高校院所制定的管理办法,形成了一整套国有科技成果产权交易的规范与制度,先后与浙江大学、浙江工业大学、中科院等近 30 家浙江省内外高校院所签订科技成果转化合作协议并进场交易,形成了具有自主知识产权的项目评价筛选、交易评估和展示系统,在全国率先参照国有产权交易规范实现高校科研院所专利的公开挂牌交易。截至 2018 年 9 月底,自开业以来累计成交 329 笔科技成果项目,包含 872 件知识产权,总成交金额为3.6027 亿元人民币。

技术交易市场既是我国国情决定的特色产物,又是中国特色社会主义经济体制的发展优势。根据《中华人民共和国促进科技成果转化法》(2015 年修订)以及相关政策规定,当前法律赋予了高校院所科技成果的处置权,同时明确了"通过技术交易市场挂牌交易、拍卖等方式确定价格,或者通过协议定价并在本单位及技术交易市场公示拟交易价格"的免责条款。但是,没有对"技术交易市场"进行明确的法律概念定义,以及确定规范的管理体系,致使目前很多高校院所在科技成果处置过程中仍心存疑虑。据了解,目前仅有浙江、湖北、北京、江苏等地的部分高校院所参照当地技术交易市场的交易管理制度进场交易,且绝大多数是通过协议定价公示的交易方式,限制了技术交易市场的发展成熟以及科技成果转移转化市场环境的形成。

从目前技术交易市场的发展实践来看,很多技术交易市场偏离了作为科技成果交易市场管理方的角色,开始做科技成果转移转化的运营商,没有很好地发挥好市场纽带作用。学术界对国内技术交易市场的相关研究很少,对其在国家技术转移体系建设中的作用重视不够。基于我国技术转移体系建设的情境,探索建立全国性技术交易市场,有助于形成"技术发明人—技术经纪人—技术转化人"的创新价值链,是加快发展完善技术转移制度体系的可行路径。

第八章　提升产学协同创新绩效的启示与建议

第一节　政策现状及设计思路

改革开放以来,我国推动大学与产业合作的政策大体经历了四个阶段。

第一个阶段是 20 世纪七八十年代,邓小平提出了"科学技术是第一生产力"的政治主张,鼓励大学、科研院所等科技机构的工作紧密结合经济建设需求,例如 1984 年中共中央《关于经济体制改革的决定》指出"进一步解决科技和经济结合的问题",1985 年中共中央《关于科学技术体制改革的决定》则明确了"科学技术工作必须面向经济建设"的战略要求。第二个阶段是 20 世纪 90 年代,以"科教兴国"为导向,强调了大学对企业这一技术创新主体的支撑作用,例如 1992 年原国家经贸委、国家教委、中国科学院启动了"产学研联合开发工程",1996 年国家《中华人民共和国促进科技成果转化法》出台,1999 年中共中央、国务院《关于加强技术创新、发展高科技、实现产业化的决定》明确提出企业的技术创新主体地位。第三个阶段是 2000 年到 2012 年,具有里程碑意义的政策是 2006 年颁布实施的《国家中长期科学和技术发展规划纲要(2006—2020)》,正式提出我国要在 2020 年进入世界创新型国家行列,据统计该阶段密集颁布了 95 项产学合作相关的国家级政策(李世超,蔺楠,2011)。胡锦涛在清华大学百年校庆上的讲话中提出,以"协同创新"深化大学与企业的合作,2012 年教育部和财政部联合推动了"2011 计划"来深化产学合作的体制机制改革。第四个阶段是 2012 年至今,习近平提出并阐述了"中国梦",强调实现中华民族的伟大复兴,实施创新驱动发展战略,加快科技体制机制改革,推进以科技创新为核心的全面创新。在此期间,全国人大通过了《中华人民共和国促进科技成果转化法(2015年修订)》,这一标志性里程碑政策,极大地激发了科研人员从事科技创新的积极性。

将已有产学协同创新的代表性政策进行归类分析,可以看出国内目前关于产学协同创新的政策体系已经基本完备,涵盖了战略导向、资源配置、激励创新、效率优化、平抑风险等各个方面,在推动我国产学协同创新实践中发挥了重要的作用。然而,现有政策体系对产学协同创新深层次的内在机理分析不足,对大学、企业这两个创新主体在协同创新中的战略、动机、行为等创新机理认识不够深刻,在微观政策层面的设计上还有较大的政策空间,大大降低了现有政策体系的执行效率。

产学协同创新政策体系在宏观层面上已经基本完备,从国家到省市各级政府对产学合作的重视和投入都达到了历史最高点。然而,微观层面的政策设计不足将导致现有政策体系的效率低下,致使政府对产学协同创新的配置资源造成一定程度的浪费。结合技术转移管理体系、技术转化服务体系以及协同关系理论工具框架,可以得出产学研深度融合的网络体系(见图75)。分析来看,我国技术转移转化体系的主要薄弱点在于,现行的技术转移管理制度还不能够充分和持续激励科研人员的科技创新积极性,以及缺乏市场化运作的中介机构。

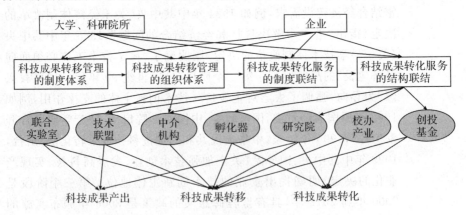

图 75　产学研深度融合的网络体系

考虑到我国大学、科研院所,以及一些在财政支持下建立的面向产业发展重大需求研发的研究院,所产生的科技成果具有"国有属性",在技术转移管理上遭遇"如何定价"的困扰。因此,通过扎根理论研究,引入技术交易市场在国有科技成果产权的价格形成方面的作用,以市场为导向确定"价格",探索设计符合我国国情的产学研深度融合的技术创新体系,如图 76 所示。

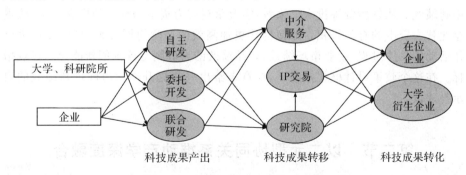

图 76　产学研深度融合的技术创新体系

根据本书的研究结论,以及当前产学协同创新现状及瓶颈问题,结合创业导向产学协同创新机理以及创新政策的分析框架,可以提出一个创业导向产学协同创新的政策设计框架(见图 77)。创业导向是提高产学协同创新绩效的环境

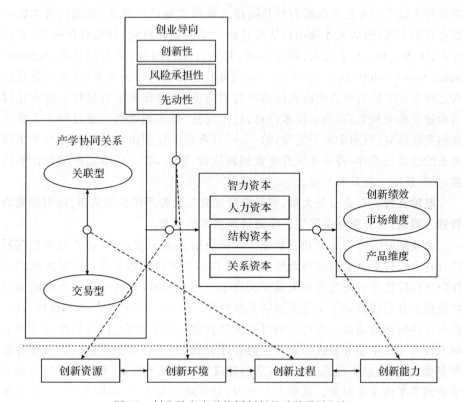

图 77　创业导向产学协同创新的政策设计框架

调节变量,激发企业实现创业导向的战略态势,能够有效促进产学合作以及提升创新绩效。从创新资源投入上来看,需要重视智力资本为核心的中介变量,注重企业智力资本的有效累积。如何构建更加高效的产学协同关系,是实施产学合作活动的具体过程,企业市场绩效、产品绩效的高低则是评价创新能力的客观指标。在这个政策设计框架指导下,在章末给出一些提升产学协同创新绩效的启示与建议。

第二节　以二元型协同关系推动产学深度融合

由于对产学研协同创新机理的认识不足,以往过度关注科技成果转化的产学研合作政策存在一定的误区。从理论层面上,可将大学、科研院所与企业的协同关系分为关联型协同关系和交易型协同关系:关联型关系(related relationship)是基于跨组织知识交流和效用化知识生产为目标的协同关系,企业和高校院所基于技术商业化的战略目的共同投入资源实施研发活动,并通过组织联结促进知识交流(包括人才流动),从而达成一定的创新目标,例如合作研发、委托开发、学术交流、人才交流、联合培训、共建合作机构等;交易型关系(transactional relationship)是基于组织间知识商业化为目标的协同关系,企业和高校院所之间合作实施创新活动或直接参与技术商业化,存在为了直接技术商业化目的而建立的交易关系,例如技术许可、技术交易、学术创业等。通过对 177 家企业的实证研究,有两个重要发现:第一,同时重视关联型协同关系与交易型协同关系的建设与管理,将显著提升企业创新绩效;第二,智力资本是产学合作的纽带,是创新能力提升的关键。

鼓励支持现有企业与大学、科研院所建立二元型产学协同关系,以创新能力转移为重点,充分重视关联型产学研协同关系的管理。

企业同时重视关联型和交易型产学研协同关系的管理,将会从与高校院所的合作中获得显著更高的创新绩效(见图78),也就意味着企业与高校院所的合作应该以隐性知识的交流和人员互动为主。与此同时,通过对科研人员的知识产权保护和股权激励等交易型协同关系管理,可以进一步激发创新积极性,从而获得更高的创新绩效。以往强调科技成果转移的政策导向,以及鼓励支持建立网上技术交易市场等显性知识为主的合作方式,并没有为企业创新能力提升带来显著影响,这也正是我国高校院所科技成果转移效率偏低、科研人员创办的企业表现平平的重要因素。从根本上来说,只注重交易型产学协同关系的企业不会获得显著更高的创新绩效,相反会导致创新资源配置的极大浪费。因此,应该

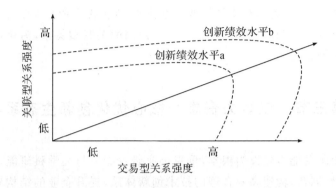

图 78　二元型产学协同关系的政策设计逻辑

从科技成果转移发展到创新能力转移的工作重心上来,鼓励高校院所科研人员参与到当前企业的创新实践中去,依托市场机制对创新活动进行筛选、组织和管理,高校院所与企业的创新资源得到高效合理的配置。

以产学研关联型协同关系为纽带,用开放式创新思维建立并管理协同创新资源网络。

高校院所不仅是企业可利用的最重要的外部创新源,还是企业进一步联结更广泛创新资源的桥梁和纽带(见图 79)。关联型产学研协同关系的建立和管理,可以有效提高企业关系资本,进而对企业的创新绩效产生积极影响。高校院所可以作为企业外部联结的纽带,是因为:第一,现代大学的历史使命赋予了其更多的功能,其自身发展的内在需求推动大学与外部知识源建立更加紧密的联系,跟踪全球前沿科技信息,大学与大学之间、大学与企业之间已经联结成一个广泛的知识、人才交流网络;第二,大学作为一个公益性的教育、科研以及社会服务机构,与外部资源联结的屏障较低,促进了资源联结的广度和强度。因此,政策上要支持企业与大学开展联合研发、人员交流、建立校企联合研发中心等关联

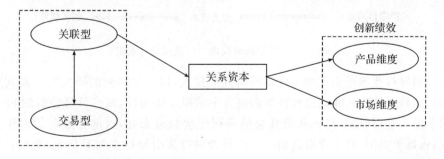

图 79　关联型产学协同关系的"资源纽带"政策设计逻辑

型协同关系的管理,尤其是支持行业领军企业、规模性企业与大学建立产学合作的载体(协同创新中心),建立与大学持续、稳固的关联型关系,为企业发展提供源源不断的创新资源。

第三节　以智力资本为核心优化创新生态系统

以企业研发能力建设为根本,重视企业研发能力与大学科研能力结合的二次创新、原始创新,构建高效合理的技术创新体系,提升企业的结构资本。从本研究的结论可以得出(见图 80),过多地依靠高校研发力量无法有效提高企业产品创新能力,倡导高校科技成果转化的创新政策也无法从根本和长远角度解决企业创新能力不足的问题。我国企业技术引进的费用占总经费的 90% 以上,消化创新的费用不足 10%,应该高度重视通过与高校的联合研发、委托开发的二次创新、原始创新模式。政府通过扶持企业技术中心的建设、激发高校科研人员参与企业研发活动的积极性、支持建立例如校企协同创新中心等各类合作载体等手段,促进大学与企业的人员互动、知识交流,实现企业研发能力的快速提升和企业结构资本的良好积累。

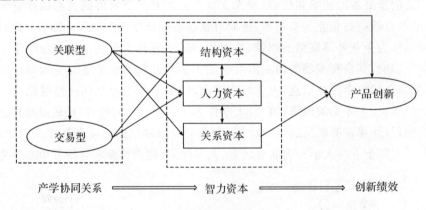

图 80　产学协同研发能力的政策设计逻辑

引导行业领军企业加大对基础研究的投入,以产学协同的研发组织模式重构国家科研体系。我国高校在基础研究中承担主体地位,高校科研经费的 80% 以上投入基础研发,然而从全社会的科研经费总量来看,这部分经费的占比很少,远低于美国、日本等发达国家。应该通过政策引导行业领军企业,尤其是掌握垄断性资源的央企,深化与高校的研发合作,加大对基础研究领域的投入,在具有突破带动性行业领域构建具有国际竞争力的科研能力,形成一批具有自主知识产权的关键核心技术(结构资本),通过产学协同的研发模式培养一批掌握先进技术能力的领军人才(人力资本)。

　　在高等教育能力建设战略上,要将经营管理人才和营销人才的教育培养,与人才的创造力开发、卓越工程师教育放在同样重要的位置上。现在的大学教育,已经基本改变了以往"填鸭式"的知识传授模式,开始重视对人才的创造力开发、创新性思维的训练。结合本研究发现(见图81),大学与企业的协同创新,不仅体现在研发能力、知识产品的贡献,还体现在通过经营管理类、营销类的人力资本培育提高企业的财务绩效。因此,高等教育要摆脱聚焦于培养"卓越工程师"的传统思维,重视提高对企业经营管理人才、营销人才的培养能力和教育质量,这将对企业创新能力建设有显著推动作用。

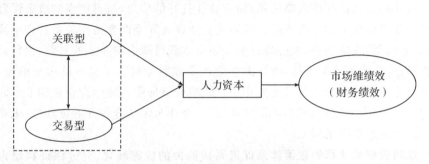

图81　产学协同人才开发能力的政策设计逻辑

第四节　以创新创业联动提高协同创新效率

　　企业的创业导向能够对产学协同创新过程产生正向的调节作用,有效地克服大学与企业合作瓶颈和障碍。通过对创业导向的作用机制分析(见图82),在某些产学协同创新路径上,创业导向具有显著的正向调节作用,能够显著地提高产学协同创新效率。创业导向是企业自身的"性格"特征,但与外部的行业环境、政策环境密切相关(Covin,Slevin,1991;Zahra,1993),因此政府政策应该合理引导和有效激励企业创业导向,从而提升产学协同创新绩效。

　　通过政府采购、税收优惠、财务补贴等政策体系,鼓励和引导企业和大学的前瞻性技术研发和创新性产品开发活动(路径 a)。根据本研究结论,关联型产学协同关系与创新绩效的关系受到创业导向的正向调节作用,这其中主要通过关系资本影响企业的市场维度绩效(财务绩效)。企业积累的关系资本,有利于

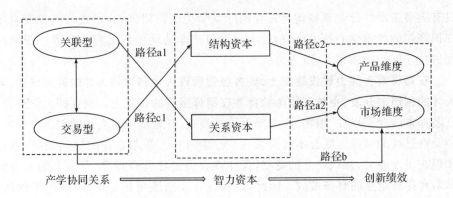

图 82 创业导向的"资源与环境"政策设计逻辑

企业与外部建立良好的战略关系,树立企业良好的形象,获得更多的政策性资源以及降低交易成本和经营风险。这表明企业在关联型产学协同关系管理中采取"创业导向"的战略态势,通过良好的关系资本获得政府对企业的补贴、银行低息贷款、政府采购等政策支持,或帮助企业产品或服务树立了良好的市场形象,为企业财务绩效的提升发挥了重要作用。政府应该加强构建激发企业创业导向行为的"供给和需求相结合"的政策体系,鼓励企业与大学合作开展创新性、未知领域的新产品和新技术研发。

以知识成果共享的政策体系促进科研能力的快速转化,充分保证科研人员在技术转化中的收益权(路径 b)。 企业的创业导向对交易型产学协同关系与企业财务绩效的关系起到正向调节作用,说明企业"创业导向"战略更容易帮助企业获得具有较高市场回报的技术产品,然而很多企业也会将其视为"运气"或"眼光",从而不愿意在与大学的合作中承担该类风险。这其中的主要原因是,单纯的显性知识交易很难形成具备产业化基础的技术体系,存在许多未知的技术风险,需要通过激励科研人员的参与,从而快速获得市场上的产品竞争力和良好利润回报。因此,政府应该充分保证科研人员在技术转化中的收益权,激发科研人员参与到技术转移的全过程中去,从而推动产学协同创新效率的提升。

构建"科技+产业+金融"的创新体系,减少政府的无效政策干预,以市场机制鼓励和支持科研人员创新创业(路径 c)。 鼓励和支持科研人员创新创业,是解放生产力,激发更多创新资源的有效举措。然而,本研究的结论表明,只重视技术创业、技术交易等交易型产学协同关系的企业很难获得较高的创新绩效,这也与现实中我国很多科研人员创业公司业绩表现平平的现象相吻合。目前许多地方政府对于科研人员的创新创业行为政策干预过多,导致了资源配置的低效和浪费。政府应该通过分类管理、绩效考核、职称评定等等政策设计为大学科研人员的创新创业实践营造宽松的政策环境,并为校企之间的人才流动建立政策通道,鼓励技术专家团队与已有产业基础的行业企业合作,促进校企之间的人员互动和知识交流,加快知识创新效率和提高技术创新能力。通过构建支持科技创业和技术交易的风险投资、科技银行、小额贷款公司等金融体系,替代政府直接财政投入的低效甚至无效的政策干预行为,平抑企业与大学建立和管理交易型协同关系的风险,激发企业与大学的合作积极性,从而推动企业技术创新能力的提升。

第五节　以体制机制创新促进技术转移转化

建设"1＋N"国家技术交易市场体系

结合地方技术交易市场和国内部分高校院所的科技成果转移转化的探索实践,为推动产学研深度融合的科技创新体系"换轨提速",应进一步加强顶层设计、统筹规划,建立发展"1＋N"国家技术交易市场体系,这既是贯彻落实科技成果转化系列法律政策的一项重要举措,有利于加快形成科技成果转移转化的优良市场环境,有利于打造产学研协同创新的运营服务体系,也是加快建成产学研深度融合的"科技创新高速路"的基础工程,有助于将产学研协同创新推到更高效率的发展轨道上来。

效率优先、规范先行,做好顶层设计,构建(1 个)全国性技术交易所。 据不完全统计,截至 2018 年,经省级政府批准建成运行的技术交易市场有 20 家左右。普遍存在的突出问题主要有:交易管理制度缺乏体系化;交易规则、定价机制和收费标准不统一;没有实现信息互联互通,成果信息孤岛现象严重;运营管理主体规模偏小,人才队伍薄弱;等等。也有些好的经验做法,例如北京中技所建成了国有科技成果协议定价公示系统,浙江知识产权交易中心在国内率先建成了体系化的交易制度并顺利实现 600 多项科技成果交易。但是,地方性技术交易市场在推动形成科技成果转移转化大环境方面力量有限,同时在经营发展中还面临做"裁判员"还是"运动员"的尴尬境地。

建设全国性的技术交易场所,统一国有科技成果的交易规范,有利于贯彻落实和宣传发动中央的政策文件,解除高校院所的疑虑,加快形成科技成果转移转化的优良市场环境。 技术交易市场,根本上解决的是"价格形成机制",通过市场询价机制或已成交科技成果数据的定价机制来确定"交易价格",并按照统一的规范进行协议定价、挂牌交易以及组织技术拍卖活动,从而形成可以"免责"的市场化价格,彻底扫清高校院所在科技成果处置过程中的疑惑与顾虑。全国性技术交易市场的建设,有利于政策制度集成、成果资源集成、运营服务集成,起到规范、保障、活跃技术交易的管理作用,形成有利于科技创新的闭环价值链。

坚持市场导向、管运分离,通过技术交易所做好价值链整合,发展扶持一批(N个)技术运营服务会员机构。缺乏市场化运营的技术中介机构和专业的技术经纪人队伍,是导致当前高校院所科技成果转移转化效率低的深层次原因之一。参照证券交易市场的管理结构,技术交易所作为技术交易市场管理单位,牵头制定完善技术运营服务会员机构管理办法,以市场化导向发展一批专业化技术运营服务会员机构,建立形成"成果发明人—技术经纪人—技术投资人"的创新价值链。通过技术交易所和会员管理方式形成闭环价值链条,保障技术经纪机构的利益空间和利益回报,释放科研人员自己卖技术或自己从事技术转化的工作压力,让科研人员专注高质量技术研发、让技术经纪人开展高效率技术转移、让企业从事高水平技术转化,加快形成有利于创新的产学研深度合作研发体系。

以技术交易所为平台,建设完善技术交易服务系统,推进科技成果的资本化、证券化。不断完善集交易审批、技术评价、技术路演、支付结算等功能为一体的交易服务系统,与各省市已建成的技术市场形成有机协同。发挥平台优势,重点建设好科技成果库、已成交数据库、技术投资人信息库,通过大数据分析来掌握科技成果转移转化情况,为国家科研投入方向、投入方式提供决策依据,将系统发展成为服务国家科技创新体系建设的智库平台。

通过建立一个规范、高效、信任的全国性技术交易所,推动科技成果的全领域流转,推动技术交易所与金融机构、资本市场有效衔接,加快促进科技成果资本化、证券化。推动科技成果全领域流转,例如在国家重大科技项目承担过程中,国有企业已成为重要科研力量,高校和国企共同拥有专利已司空见惯,建议在高校国企协商一致时,对其持有的科技成果,可以自主决定转让、许可或者作价投资。与金融机构、资本市场有效衔接,加快促进科技成果资本化、证券化。例如,与地方股权交易中心协同解决技术作价入股的公司融资审批问题,探索知识产权质押融资、专利池运营基金等科技金融服务产品,加快实现科技成果高效流转。

发展面向产学合作的新型研究院

弗劳恩霍夫协会在产业共性技术研发上的贡献,对战后德国的迅速崛起起着至关重要的作用,它有效理顺了政府、科研机构和产业间的关系,突破了传统产学研合作的瓶颈。我国在建设创新型国家、推动创新驱动发展战略过程中,最紧要的问题就是要有机整合产学研资源,突破从实验室到产业化推广的"最后一公里"问题,实现科研界与产业界的无缝对接。

充分发挥面向产学研合作的新型研究院在促进科技成果转移转化中的桥梁作用,促进科技成果产出、转移、转化三个过程的融合发展。

当前,我国正在积极推动国家技术创新体系的建设,在建设过程中,应积极发挥企业、科研院所的联动作用,尤其要重视行业研究院、地方研究院等新型产学研合作组织的力量。一直以来,我国积极推动研究院所的转制,经过多年的企业化运作,转制院所已具备判断某项技术和成果是否具有市场前景的能力,同时也对市场竞争规则逐步熟悉,容易进入市场和判断风险,加快了科技成果产出、科技成果转移、科技成果转化三个过程的融合。此外,由于科研院所承担了大量国家重点项目和经费投入,拥有丰富的技术、人才、知识产权等无形资产积累,使其更容易承担起行业共性技术研发的功能。

以政府支持、市场需求、企业运作为原则,建立完善新型研究院运行的体制机制。借鉴弗劳恩霍夫协会、新加坡科技研究局、香港应用科学技术研究院、深圳清华大学研究院等代表性案例的成功经验,来自企业的竞争性资金的投入体制是其活力所在,非竞争性经费和竞争性经费相结合的平衡型结构最大程度地保证了机构的自主运行效率。

在建设我国新型研究院时,政府应加强研发方向的统筹规划,通过给予事业运行费补贴以及允许其参与政府发布的课题招标等形式,让研究院和企业共同参与技术研发与转化。同时,在建设我国新型研究院时,要准确把握研究院的基本定位,建立面向市场需求的研发体系、成果孵化与转化体系,才能确保研究院在国家创新体系中所处的位置,实现科学技术与市场有机对接。

第六节　结论与展望

本书从跨组织关系管理的视角,在前人的理论研究基础上,将企业与大学的协同关系分为关联型关系和交易型关系,并对这两种类型的产学协同关系给出了定义、内涵和对比分析。关联型产学协同关系和交易型产学协同关系对企业创新绩效的影响机理是内容重点,以智力资本为中介变量剖析了产学协同创新机理,并结合创业导向理论,提出了创业导向产学协同创新的理论模型,总结得出三个比较有意思的结论。

第一,关联型产学协同关系和交易型产学协同关系对企业创新绩效产生积极的交互作用,同时重视两种类型的协同关系管理更有利于获得较高的创新绩效。除此之外,研究中还发现关联型产学协同关系管理是协同创新活动的重点,企业与大学合作过程中,隐性知识的交互作用是核心、知识产权共享机制是保障。通过对样本企业的分组比较分析看出,高交易型产学协同关系、低关联/低交易型产学协同关系在创新绩效方面没有显著差异,也就是说只重视交易型产学协同关系管理的企业很难获得较高的创新绩效。与 Bensaou 和 Venkatraman(1995)、Kumar 和 Van Dissel(1996)、Choudhury(1997)等人的研究结论有一致性,且在产学协同创新领域补充和完善了他们的研究成果。

第二,以智力资本为中介变量,以跨组织关系管理的视角剖析了产学协同创新机理,提出了产学协同创新机理的作用模型。关联型产学协同关系直接或者通过结构资本对企业产品维度创新绩效产生积极的影响,通过关系资本、人力资本对市场维度创新绩效(财务绩效)产生间接的影响;交易型产学协同关系直接或通过人力资本对市场维度创新绩效产生积极的影响,通过结构资本对产品维度创新绩效产生间接的积极影响。与此同时,在剖析产学协同创新机理的理论探索中,本研究对人力资本与企业创新绩效的关系也得到了非常有价值的发现。前人关于人力资本与创新绩效的关系研究存在分歧,本书的研究结论表明,企业人力资本对市场维度创新绩效(财务绩效)有直接的积极影响,通过结构资本、关系资本对产品维度的创新绩效产生间接的影响,人力资本对企业创新绩效产生双重作用机制,该结论补充和完善了人力资本理论相关的研究。

第三,结合我国现阶段的"创业"情境,分析了创业导向对产学协同创新过程中的调节作用机制。研究结论很好地证明了本书提出的理论假设,创业导向在关联型产学协同关系与市场维度创新绩效之间产生正向的调节作用,关联型产学协同关系与企业产品维度创新绩效却没有受到创业导向的显著性调节作用;创业导向对交易型产学协同关系与企业创新绩效关系产生显著的正向调节作用。进而通过层次回归方法,从 8 条产学协同创新作用路径中找出了 3 条受到创业导向显著调节作用的 3 条创新路径,揭示了创业导向对产学协同创新的影响机理。

我国当前产学协同创新实践的热情高涨,社会对于协同创新的投入空前巨大,然而协同创新的效率仍略显不足。本书的研究成果不仅在理论探索上有所贡献,对指导产学协同创新实践也具有一定的借鉴意义。

创造性地以跨组织关系管理的视角切入创新机理的研究,这在国内外都是较新的研究内容,虽然结合了大量关于产学合作关系、开放式创新等研究成果,并结合 Tijssen(2006)、Perkmann 和 Walsh(2007)等研究基础上提出的关联型和交易型产学协同关系的定义,较清晰地厘清了这两个变量的差异。但是,受制于本书的关注重点和研究深度,对这两个变量的内涵及内在互动机理分析仍然不足,这将是未来研究的一个有趣的方向。另外,产学协同关系的管理受到内外部因素的影响,随着企业自身创新能力、大学功能演化、外部政策环境等因素变化,产学协同关系也会随之发生变化,而本书并没有涉及对产学协同关系的动态性管理的问题研究。最后,企业与大学的合作在不同学科之间存在显著性差异,本文也没有从学科差异的角度来分析产学协同创新作用机理的差异性。

受限于作者水平,上述这些问题也许是未来延续本研究的重要方向和值得探索的理论问题。除此之外,未来研究还可以重点关注这三个方面的问题。第一,结合 Williams(2005)的研究理论模型,对产学协同关系的规范性、强度、密度、集中性、稳定性等几个维度分别进行测量,同时结合跨组织关系的动态性管理问题,深化产学协同关系管理的理论研究,以此进一步推动协同创新理论体系的发展。第二,大学作为企业重要的外部创新源,与企业的多元化发展战略有着密切关系,结合战略管理理论体系,将企业多元化发展战略与产学协同关系管理之间的关系作为未来研究的一个问题,相信也能得到一些有价值的理论发现和实践启示。第三,企业与大学的搜索、匹配、构建联结的过程是确立产学协同关系的前提,研究这两个创新主体如何寻找和确定与其自身组织资源与发展战略相适应的合作伙伴,也将是一个非常有趣的理论问题。

从理论发展现状看,产学协同创新自身理论体系并不完善,但是大学与企业的协同创新实践必定是过去、当前以及未来社会高度关注和值得理论研究工作者深入探讨的重要问题,结合创新管理、战略管理、创业管理以及经济学的理论框架去分析协同创新问题,不断完善协同创新理论成果,依然是一个充满生命力和具有巨大社会经济价值的工作。

参考文献

[1] Adams J D, Chiang E P, Starkey K. Industry-university cooperative research centers [J]. The Journal of Technology Transfer, 2001, 26 (1-2): 73-86.

[2] Agrawal A K. University-to-industry knowledge transfer: Literature review and unanswered questions [J]. International Journal of Management Reviews, 2001, 3(4): 285-302.

[3] Amit R, Schoemaker P J H. Strategic assets and organizational rent [J]. Strategic Management Journal, 1993, 14(1): 33-46.

[4] Anand V, Glick W H, Manz C C. Thriving on the knowledge of outsiders: Tapping organizational social capital [J]. The Academy of Management Executive, 2002, 16(1): 87-101.

[5] Arvanitis S, Kubli U, Woerter M. University-industry knowledge and technology transfer in Switzerland: What university scientists think about cooperation with private enterprises [J]. Research Policy, 2008, 37(10): 1865-1883.

[6] Asheim B T, Coenen L, Svensson-Henning M. Nordic SMEs and regional innovation systems [DB]. http://www.keg.lu.se/forska/project/nordic-final-report.pdf,2003-11.

[7] Asheim B T, Isaksen A. Location, agglomeration and innovation: towards regional innovation systems in Norway? [J]. European Planning Studies, 1997, 5(3): 299-330.

[8] Azagra-Caro J M. What type of faculty member interacts with what type of firm? Some reasons for the delocalisation of university-industry interaction [J]. Technovation, 2007, 27(11): 704-715.

[9] Baird I S, Thomas H. Toward a contingency model of strategic risk taking [J]. Academy of Management Review, 1985, 10(2): 230-243.

［10］Barnes T, Pashby I, Gibbons A. Effective University-Industry Interaction: A Multi-case Evaluation of Collaborative R & D Projects ［J］. European Management Journal, 2002, 20(3): 272-285.

［11］Barney J B. Resource-based theories of competitive advantage: A ten-year retrospective on the resource-based view ［J］. Journal of Management, 2001, 27(6): 643-650.

［12］Bassi L J, Ludwig J, McMurrer D P, et al. Profiting from learning: Firm-level effects of training investments and market implications ［J］. Singapore Management Review, 2002, 24(3): 61-76.

［13］Belderbos R, Carree M, Diederen B, et al. Heterogeneity in R & D cooperation strategies ［J］. International Journal of Industrial Organization, 2004, 22(8): 1237-1263.

［14］Bensaou M, Venkatraman N. Configurations of inter-organizational relationships: a comparison between US and Japanese automakers ［J］. Management Science, 1995, 41(9): 1471-1492.

［15］Bonaccorsi A, Piccaluga A. A theoretical framework for the evaluation of university-industry relationships［J］. R & D Management, 1994, 24(3): 229-247.

［16］Bontis N, Keow W C C, Richardson S. Intellectual capital and business performance in Malaysian industries ［J］. Journal of Intellectual Capital, 2000, 1(1): 85-100.

［17］Bontis N. Intellectual capital: an exploratory study that develops measures and models ［J］. Management Decision, 1998, 36(2): 63-76.

［18］Brennan M C, Wall A P, McGowan P. Academic entrepreneurship: Assessing preferences in nascent entrepreneurs ［J］. Journal of Small Business and Enterprise Development, 2005, 12(3): 307-322.

［19］Brennan N, Connell B. Intellectual capital: current issues and policy implications ［J］. Journal of Intellectual Capital, 2000, 1(3): 206-240.

［20］Breschi S, Malerba F. Sectoral innovation systems: technological regimes, Schumpeterian dynamics and spatial boundaries ［M］. C Edquist Systems of Innovation Technologies Institutions & Organization, 1997.

[21] Brooking A, Board P, Jones S. The predictive potential of intellectual capital [J]. International Journal of Technology Management, 1998, 16(1): 115-125.

[22] Bruneel J, D'Este P, Salter A. Investigating the factors that diminish the barriers to university-industry collaboration [J]. Research Policy, 2010, 39(7): 858-868.

[23] Carayannis E G, Alexander J, Ioannidis A. Leveraging knowledge, learning, and innovation in forming strategic government-university-industry (GUI) R & D partnerships in the US, Germany, and France[J]. Technovation, 2000, 20(9): 477-488.

[24] Carayannis E. The strategic management of technological learning: transnational decision making frameworks and their empirical effectiveness [J]. Published PhD dissertation, School of Management, Rensselaer Polytechnic Institute, Troy, NY, 1994.

[25] Cassiolato J E, Lastres H M M. Local, national and regional systems of innovation in the Mercosur [M]. Federal University of Rio de Janeiro, 1999.

[26] Chen J, Zhu Z, Xie H Y. Measuring intellectual capital: a new model and empirical study [J]. Journal of Intellectual Capital, 2004, 5 (1): 195-212.

[27] Chen M C, Cheng S J, Hwang Y. An empirical investigation of the relationship between intellectual capital and firms' market value and financial performance [J]. Journal of Intellectual Capital, 2005, 6 (2): 159-176.

[28] Chesbrough H W. Open innovation: The new imperative for creating and profiting from technology [M]. Harvard Business Press, 2003.

[29] Chesbrough H. Why companies should have open business models [J]. MIT Sloan Management Review, 2012, 48(2).

[30] Chesbrough, Henry, Wim Vanhaverbeke, and Joel West, eds. Open Innovation: Researching a New Paradigm: Researching a New Paradigm[M]. Oxford university press, 2008.

[31] Choo C W, Bontis N. Knowledge, intellectual capital, and strategy [J]. The Strategic Management of Intellectual Capital and Organizational Knowledge, 2002: 3-19.

［32］Choudhury V. Strategic choices in the development of inter-organizational information systems ［J］. Information Systems Research, 1997, 8(1): 1-24.

［33］Clarysse B, Wright M, Lockett A, et al. Academic spin-offs, formal technology transfer and capital raising ［J］. Industrial and Corporate Change, 2007, 16(4): 609-640.

［34］Cohen W M, Levinthal D A. Absorptive capacity: a new perspective on learning and innovation ［J］. Administrative Science Quarterly, 1990: 128-152.

［35］Cohen W M, Nelson R R, Walsh J P. Links and impacts: the influence of public research on industrial R & D ［J］. Management Science, 2002, 48(1): 1-23.

［36］Cooke P, Clifton N. Social capital and small and medium enterprise performance in the United Kingdom ［J］. Entrepreneurship in the Modern Space-economy: Evolutionary and Policy Perspectives, 2002, 482.

［37］Cooke P. Regionally asymmetric knowledge capabilities and open innovation: Exploring "Globalisation 2"—A new model of industry organization ［J］. Research Policy, 2005, 34(8): 1128-1149.

［38］Covin J G, Slevin D P. A conceptual model of entrepreneurship as firm behavior ［J］. Entrepreneurship Theory and Practice, 1991, 16(1): 7-25.

［39］Covin J G, Slevin D P. A response to Zahra's "critique and extension" of the Covin-Slevin entrepreneurship model ［J］. Entrepreneurship Theory and Practice, 1993, 17: 23-23.

［40］Covin J G, Slevin D P. New venture strategic posture, structure, and performance: an industry life cycle analysis ［J］. Journal of Business Venturing, 1990, 5(2): 123-135.

［41］Covin J G, Slevin D P. Strategic management of small firms in hostile and benign environments ［J］. Strategic Management Journal, 1989, 10(1): 75-87.

［42］Cummings J L, Teng B S. Transferring R & D knowledge: the key factors affecting knowledge transfer success ［J］. Journal of Engineering and Technology Management, 2003, 20(1): 39-68.

［43］Davenport S，Davies J，Grimes C. Collaborative research programs：building trust from difference ［J］. Technovation，1998，19（1）：31-40.

［44］Doutriaux J. University-industry linkages and the development of knowledge clusters in Canada ［J］. Local Economy，2003，18（1）：63-79.

［45］Drucker P F. Knowledge-worker productivity：The biggest challenge ［J］. The Knowledge Management Yearbook 2000-2001，1999.

［46］Edvinsson L，Malone M S. Intellectual Capital：The Proven Way to Establish Your Company's Real Value by Finding Its Hidden Brainpower ［M］. Piatkus，1997.

［47］Edvinsson L，Sullivan P. Developing a model for managing intellectual capital ［J］. European Management Journal，1996，14（4）：356-364.

［48］Eisenhardt K M，Martin J A. Dynamic capabilities：what are they? ［J］. Strategic Management Journal，2000，21(10-11)：1105-1121.

［49］Etzkowitz H. The evolution of the entrepreneurial university ［J］. Journal of Technology and Globalization，2004，1(1)：78-89.

［50］Etzkowitz H. The norms of entrepreneurial science：cognitive effects of the new university-industry linkages ［J］. Research Policy，1998，27(8)：823-833.

［51］Eun J H，Lee K，Wu G. Explaining the "University-run enterprises" in China：A theoretical framework for university-industry relationship in developing countries and its application to China ［J］. Research Policy，2006，35(9)：1329-1346.

［52］Feiwel G R. The intellectual capital of Micha Kalecki：A study in economic theory and policy ［M］. University of Tennessee Press (Knoxville)，1975.

［53］Feldman M，Feller I，Bercovitz J，et al. Equity and the technology transfer strategies of American research universities ［J］. Management Science，2002，48(1)：105-121.

［54］Fiocca R.，Gianola A. Network Analysis of Knowledge-Intensive Services ［C］. IMP Conference，2003.

［55］Fontana R，Geuna A，Matt M. Factors affecting university-industry

R & D projects: The importance of searching, screening and signaling [J]. Research Policy, 2006, 35(2): 309-323.

[56] Friedman R A, Podolny J. Differentiation of boundary spanning roles: Labor negotiations and implications for role conflict [J]. Administrative Science Quarterly, 1992, 37(1): 28-47.

[57] Geisler E, Rubenstein A H. University—Industry Relations: A Review of Major Issues [M]. Cooperative Research and Development: The Industry-University-Government Relationship. Springer Netherlands, 1989: 43-62.

[58] Geisler E. Industry-university technology cooperation: a theory of inter-organizational relationships [J]. Technology Analysis & Strategic Management, 1995, 7(2): 217-229.

[59] Ghoshal S, Korine H, Szulanski G. Interunit communication in multinational corporations [J]. Management Science, 1994, 40(1): 96-110.

[60] Gibbons M, Limoges C, Nowotny H, et al. The new production of knowledge: The dynamics of science and research in contemporary societies [M]. Sage, 1994.

[61] Goes J B, Park S H. Inter-organizational links and innovation: The case of hospital services [J]. Academy of Management Journal, 1997, 40(3): 673-696.

[62] Gooroochurn N, Hanley A. A tale of two literatures: transaction costs and property rights in innovation outsourcing [J]. Research Policy, 2007, 36(10): 1483-1495.

[63] Granovetter M. Economic action and social structure: the problem of embeddedness [J]. American Journal of Sociology, 1985: 481-510.

[64] Grant R M. Toward a knowledge-based theory of the firm [J]. Strategic Management Journal, 1996, 17: 109-122.

[65] Guth W D, Ginsberg A. Guest editors' introduction: Corporate Entrepreneurship [J]. Strategic Management Journal, 1990, 11(summer): 5-15.

[66] Hax A C, Majluf N S. The corporate strategic planning process [J]. Interfaces, 1984, 14(1): 47-60.

[67] Hayton J C. Promoting corporate entrepreneurship through human

resource management practices: A review of empirical research [J]. Human Resource Management Review, 2005, 15(1): 21-41.

[68] He Z L, Wong P K. Exploration vs. exploitation: An empirical test of the ambidexterity hypothesis [J]. Organization Science, 2004, 15 (4): 481-494.

[69] Hicks D. Published papers, tacit competencies and corporate management of the public/private character of knowledge [J]. Industrial and Corporate Change, 1995, 4(2): 401-424.

[70] Howells J. Intermediation and the role of intermediaries in innovation [J]. Research Policy, 2006, 35(5): 715-728.

[71] Huselid M A. The impact of human resource management practices on turnover, productivity, and corporate financial performance [J]. Academy of Management Journal, 1995, 38(3): 635-672.

[72] Ireland R Duane, Kuratko Donald F, Covin Jeffery G. Antecedents, and consequences of corporate entrepreneurship strategy [J]. Academy of Management Best Conference Paper, 2003: 1-6.

[73] Jaffe A B. Real effects of academic research [J]. The American Economic Review, 1989: 957-970.

[74] Johnson W H A. An integrative taxonomy of intellectual capital: measuring the stock and flow of intellectual capital components in the firm [J]. International Journal of Technology Management, 1999, 18(5): 562-575.

[75] Keasey K, Watson R. Financial Distress Prediction Models: A Review of Their Usefulness [J]. British Journal of Management, 1991, 2(2): 89-102.

[76] Kenney M, Patton D. Reconsidering the Bayh-Dole Act and the current university invention ownership model [J]. Research Policy, 2009, 38(9): 1407-1422.

[77] Kim S K. Relational behaviors in marketing channel relationships: Transaction cost implications [J]. Journal of Business Research, 2007, 60(11): 1125-1134.

[78] Kimberly J R, Evanisko M J. Organizational innovation: The influence of individual, organizational, and contextual factors on hospital adoption of technological and administrative innovations [J]. Acade-

my of Management Journal, 1981, 24(4): 689-713.

[79] King A. Cooperation between corporations and environmental groups: A transaction cost perspective [J]. Academy of Management Review, 2007, 32(3): 889-900.

[80] Kodama T. The role of intermediation and absorptive capacity in facilitating university-industry linkages——An empirical study of TAMA in Japan [J]. Research Policy, 2008, 37(8): 1224-1240.

[81] Kor Y Y, Leblebici H. How do interdependencies among human-capital deployment, development, and diversification strategies affect firms' financial performance? [J]. Strategic Management Journal, 2005, 26(10): 967-985.

[82] Koschatzky K. Networking and knowledge transfer between research and industry in transition countries: Empirical evidence from the Slovenian innovation system [J]. The Journal of Technology Transfer, 2002, 27(1): 27-38.

[83] Koskinen K U, Vanharanta H. The role of tacit knowledge in innovation processes of small technology companies [J]. International Journal of Production Economics, 2002, 80(1): 57-64.

[84] Kremic T. Technology transfer: a contextual approach [J]. The Journal of Technology Transfer, 2003, 28(2): 149-158.

[85] Kumar K, Van Dissel H G. Sustainable collaboration: managing conflict and cooperation in inter-organizational systems [J]. MIS Quarterly, 1996: 279-300.

[86] Lang J C. Social context and social capital as enablers of knowledge integration [J]. Journal of Knowledge Management, 2004, 8(3): 89-105.

[87] Lee D H, Richardson J J. A technology transfer model for industry-university-government partnerships [C]//Engineering Management Conference, 1990. Management Through the Year 2000-Gaining the Competitive Advantage, 1990 IEEE International. IEEE, 1990: 352-358.

[88] Lee Y S. The sustainability of university-industry research collaboration: an empirical assessment [J]. The Journal of Technology Transfer, 2000, 25(2): 111-133.

[89] Leydesdorff L. The university-industry knowledge relationship: Analyzing patents and the science base of technologies [J]. Journal of the American Society for Information Science and Technology, 2004, 55(11): 991-1001.

[90] Li Y H, Huang J W, Tsai M T. Entrepreneurial orientation and firm performance: The role of knowledge creation process [J]. Industrial Marketing Management, 2009, 38(4): 440-449.

[91] Liyanage Shantha. Breeding innovation clusters through collaborative research networks [J]. Technovation, 1995, 15(9): 553-567.

[92] Looy B V, Debackere K, Andries P. Policies to stimulate regional innovation capabilities via university-industry collaboration: an analysis and an assessment [J]. R & D Management, 2003, 33(2): 209-229.

[93] López-Martínez R E, Medellin E, Scanlon A P, et al. Motivations and obstacles to university industry cooperation (UIC): a Mexican case [J]. R & D Management, 1994, 24(1): 017-030.

[94] Lumpkin G T, Dess G G. Clarifying the entrepreneurial orientation construct and linking it to performance [J]. Academy of Management Review, 1996, 21(1): 135-172.

[95] Macneil I R. Restatement (second) of contracts and presentations [J]. Virginia Law Review, 1974: 589-610.

[96] Malerba F. Sectoal systems of innovation: A framework for linking innovation to the knowledge base, structure and dynamics of sectors [J]. Economics of Innovation and New Technology, 2005, 14(1-2): 63-82.

[97] Malerba F. Sectoral systems of innovation and production [J]. Research Policy, 2002, 31: 247-264.

[98] Mansfield E. Academic research and industrial innovation: An update of empirical findings [J]. Research Policy, 1998, 26(7): 773-776.

[99] Mansfield E. Academic research and industrial innovation [J]. Research Policy, 1991, 20(1): 1-12.

[100] Mark Dodgson, Roy Rothwell. 创新聚焦——产业创新手册[M]. 陈劲, 译. 北京: 清华大学出版社, 2000.

［101］Masoulas V. Organizational requirements definition for intellectual capital management ［J］. International Journal of Technology Management, 1998, 16(1): 126-143.

［102］Matsuno K, Mentzer J T, Özsomer A. The effects of entrepreneurial proclivity and market orientation on business performance ［J］. The Journal of Marketing, 2002: 18-32.

［103］Meyer-Krahmer F, Schmoch U. Science-based technologies: university-industry interactions in four fields ［J］. Research Policy, 1998, 27(8): 835-851.

［104］Miller A, Camp B. Exploring determinants of success in corporate ventures ［J］. Journal of Business Venturing, 1986, 1(1): 87-105.

［105］Miller D, Friesen P H. Innovation in conservative and entrepreneurial firms: two models of strategic momentum ［J］. Strategic Management Journal, 1982, 3(1): 1-25.

［106］Miller D. The correlates of entrepreneurship in three types of firms ［J］. Management Science, 1983, 29(7): 770-791.

［107］Mowery D C, Nelson R R, Sampat B N, et al. The growth of patenting and licensing by US universities: an assessment of the effects of the Bayh-Dole act of 1980 ［J］. Research Policy, 2001, 30 (1): 99-119.

［108］Mueller P. Exploring the knowledge filter: How entrepreneurship and university-industry relationships drive economic growth ［J］. Research Policy, 2006, 35(10): 1499-1508.

［109］Nahapiet J, Ghoshal S. Social capital, intellectual capital, and the organizational advantage ［J］. Academy of Management Review, 1998, 23(2): 242-266.

［110］Naman J L, Slevin D P. Entrepreneurship and the concept of fit: a model and empirical tests ［J］. Strategic Management Journal, 1993, 14(2): 137-153.

［111］Nelson R R, Winter S G. The Schumpeterian trade-off revisited ［J］. The American Economic Review, 1982, 72(1): 114-132.

［112］Nelson R R. Institutions supporting technical advance in industry ［J］. The American Economic Review, 1986: 186-189.

［113］Oliver C. Determinants of interorganizational relationships: Integration and future directions [J]. Academy of Management Review, 1990, 15(2): 241-265.

[114] Oliver C. Sustainable competitive advantage: Combining institutional and resource-based views [J]. Strategic Management Journal, 1997, 18(9): 697-713.

[115] Peng M W, Luo Y. Managerial ties and firm performance in a transition economy: The nature of a micro-macro link [J]. Academy of Management Journal, 2000, 43(3): 486-501.

[116] Perkmann M, Walsh K. University-industry relationships and open innovation: Towards a research agenda [J]. International Journal of Management Reviews, 2007, 9(4): 259-280.

[117] Petty R, Guthrie J. Intellectual capital literature review: measurement, reporting and management [J]. Journal of Intellectual Capital, 2000, 1(2): 155-176.

[118] Pfeffer J, Salancik G R. The external control of organizations: A resource dependence approach [J]. NY: Harper and Row Publishers, 1978.

[119] Pisano G P. The governance of innovation: vertical integration and collaborative arrangements in the biotechnology industry [J]. Research Policy, 1991, 20(3): 237-249.

[120] Prager D J, Omenn G S. Research, innovation, and university-industry linkages [J]. Science, 1980, 207(4429): 379-384.

[121] Rogers E M, Takegami S, Yin J. Lessons learned about technology transfer [J]. Technovation, 2001, 21(4): 253-261.

[122] Roos J. Exploring the concept of intellectual capital (IC) [J]. Long Range Planning, 1998, 31(1): 150-153.

[123] Rothwell R, Zegveld W. Industrial Innovation and Public Policy: Preparing for the 1980s and the 1990s [M]. London: Frances Pinter, 1981.

[124] Santoro M D, Chakrabarti A K. Firm size and technology centrality in industry-university interactions [J]. Research Policy, 2002, 31(7): 1163-1180.

[125] Santoro M D. Success breeds success: The linkage between relationship intensity and tangible outcomes in industry-university col-

laborative ventures [J]. The Journal of High Technology Management Research, 2000, 11(2): 255-273.

[126] Saxenian A L. Regional advantage: Culture and competition in Silicon Valley and Route 128 [M]. Harvard University Press, 1996.

[127] Schartinger D, Rammer C, Fischer M M, et al. Knowledge interactions between universities and industry in Austria: sectoral patterns and determinants [J]. Research Policy, 2002, 31(3): 303-328.

[128] Senker A. Rationale for Partnerships, building national innovation systems [J]. STI Reviews, 1998, (23): 23-37.

[129] Shavelson R J, Towne L. Scientific Research in Education, Committee on Scientific Principles for Education Research [J]. Center for Education. Division of Behavioral and Social Sciences and Education. National Research Council. Washington, DC: National Academy Press. Retrieved August, 2002, 16: 2003.

[130] Shyu J Z, Chiu Y C, Yuo C C. A cross-national comparative analysis of innovation policy in the integrated circuit industry [J]. Technology in Society, 2001, 23(2): 227-240.

[131] Siegel D S, Waldman D A, Atwater L E, et al. Commercial knowledge transfers from universities to firms: improving the effectiveness of university-industry collaboration [J]. The Journal of High Technology Management Research, 2003, 14(1): 111-133.

[132] Simonin B L, Helleloid D. Do Organizations Learn? An Empirical Test of Organizational Learning in International Strategic Alliances [C]. Academy of Management Proceedings. Academy of Management, 1993, 1993(1): 222-226.

[133] Sobrero M, Roberts E B. Strategic management of supplier-manufacturer relations in new product development [J]. Research Policy, 2002, 31(1): 159-182.

[134] Steffensen M, Rogers E M, Speakman K. Spin-offs from research centers at a research university [J]. Journal of Business Venturing, 2000, 15(1): 93-111.

[135] Sternberg R. Innovation networks and regional development—evidence from the European Regional Innovation Survey (ERIS): theoretical concepts, methodological approach, empirical basis and in-

troduction to the theme issue [J]. European Planning Studies, 2000, 8(4): 389-407.

[136] Stewart T A. Your Company Most Valuable Asset-Intellectual Capital [J]. Fortune, 1994, 130(7): 68-74.

[137] Subramaniam M, Youndt M A. The influence of intellectual capital on the types of innovative capabilities [J]. Academy of Management Journal, 2005, 48(3): 450-463.

[138] Tijssen R J W. Universities and industrially relevant science: Towards measurement models and indicators of entrepreneurial orientation [J]. Research Policy, 2006, 35(10): 1569-1585.

[139] Universities and the global knowledge economy: a triple helix of university-industry-government relations[M]. London: Pinter, 1997.

[140] Veugelers R, Cassiman B. R & D cooperation between firms and universities. Some empirical evidence from Belgian manufacturing [J]. International Journal of Industrial Organization, 2005, 23(5): 355-379.

[141] Von Hippel, E. Leader Users: A Source of Novel Product Concepts [J]. Management Science, 1986, 32(7): 791-805.

[142] Wang C L. Entrepreneurial orientation, learning orientation, and firm performance [J]. Entrepreneurship Theory and Practice, 2008, 32(4): 635-657.

[143] Wiig H, Wood M. What comprises a regional innovation system [J]. Innovation, Networks, and Learning Regions, 1997: 66-100.

[144] Wiklund J, Shepherd D. Entrepreneurial orientation and small business performance: a configurational approach [J]. Journal of Business Venturing, 2005, 20(1): 71-91.

[145] Wiklund J, Shepherd D. Knowledge-based resources, entrepreneurial orientation, and the performance of small and medium-sized businesses [J]. Strategic Management Journal, 2003, 24 (13): 1307-1314.

[146] Williams T. Cooperation by design: structure and cooperation in inter-organizational networks [J]. Journal of Business Research, 2005, 58(2): 223-231.

[147] Wood M S. A process model of academic entrepreneurship [J].

Business Horizons，2011，54(2)：153-161.

[148] Zahra S A，Covin J G. Contextual influences on the corporate entrepreneurship-performance relationship：A longitudinal analysis [J]. Journal of Business Venturing，1995，10(1)：43-58.

[149] Zahra S A. Environment，corporate entrepreneurship，and financial performance：A taxonomic approach [J]. Journal of Business Venturing，1993，8(4)：319-340.

[150] 埃里克·冯·希普尔.民主化创新——用户创新如何提升公司的创新效率[M]. 陈劲，朱朝晖，译.北京:知识产权出版社,2007.

[151] 曹达华,朱桂龙,邓颖翔.吸收能力对校企合作绩效的影响[J].科技进步与对策,2013,30(3):5-9.

[152] 陈宝明.产业技术联盟:性质、作用与政府支持[J].中国科技论坛,2007,(7):34-37.

[153] 陈广胜,许小忠,徐燕椿.区域创新体系的内涵特征与主要类型:文献综述[J].浙江社会科学,2006(3):23-29.

[154] 陈劲,谢洪源,朱朝晖.企业智力资本评价模型和实证研究[J].中国地质大学学报(社会科学版),2004,4(6):27-31.

[155] 陈劲,张学.产业和学科协同发展,构建开放的产学研合作新模式[J].中国高校科技与产业化,2008(7):35-36.

[156] 陈劲,陈钰芬.开放创新体系与企业技术创新资源配置[J].科研管理,2006,27(3):1-8.

[157] 陈劲,阳银娟.协同创新的理论基础与内涵[J].科学学研究,2012,2:161-164.

[158] 陈劲,朱学彦.学术型创业家与企业绩效关系研究[J].中国软科学,2006,(4):124-129.

[159] 陈劲.国家技术发展系统的初探[M].北京:科学出版社,2000:2-14.

[160] 陈劲.国家绿色技术创新系统的构建与分析[J].科学学研究,1999,17(3):37-41.

[161] 陈劲等.科学、技术与创新政策[M].北京:科学出版社,2013.

[162] 陈培樗,屠梅曾.产学研技术联盟合作创新机制研究[J].科技进步与对策,2007,6:37-39.

[163] 陈士俊,柳洲.异质性知识耦合与产学合作的内在机制[C].第三届科技政策与管理学术研讨会暨第二届科教发展战略论坛论文汇

编,2007.

[164] 陈松,冯国安. 三种技术导入模式的技术效果[J]. 科研管理,2003,24(3):58-62.

[165] 陈钰芬,陈劲. 开放式创新促进创新绩效的机理研究[J]. 科研管理,2009(4):1-9.

[166] 陈钰芬,陈劲. 开放式创新:机理与模式[M]. 科学出版社,2008.

[167] 陈钰芬. 开放式创新的机理与动态模式研究[D]. 浙江大学,2007.

[168] 邸强,唐元虎. 组织资本与企业绩效关系的实证研究[J]. 哈尔滨商业大学学报(自然科学版),2005,21(3):374-377.

[169] 丁焕峰. 论区域创新系统[J]. 科研管理,2001,22(6):1-8.

[170] 范柏乃,段忠贤,江蕾. 创新政策研究述评与展望[J]. 软科学,2013,26(11):43-47.

[171] 范旭,方一兵. 区域创新系统中高校与政府和企业互动的五种典型模式[J]. 中国科技论坛,2004,1:66-70.

[172] 高亮华,徐林旗. 在核心能力上竞争——清华同方发展战略探析[J]. 清华大学学报(哲学社会科学版),1999,2:65-69.

[173] 高亮华,章琰. 大学科技成果转化的卵化模式——清华同方带给我们的启示[J]. 中国科技成果,2001,(1):10-12.

[174] 顾佳峰. 基于交易成本的高校产学合作创新管理机制研究[J]. 研究与发展管理,2008,20(4):106-111.

[175] 顾新. 区域创新系统的运行[J]. 中国软科学,2001,(11):104-107.

[176] 郭斌,谢志宇,吴惠芳. 产学合作绩效的影响因素及其实证分析[J]. 科学学研究,2003,(1):140-147.

[177] 郭朝晖,李永周. 产学合作中的知识转移机理与绩效评价研究[J]. 技术经济与管理研究,2013,(6):39-43.

[178] 郝文杰,鞠晓峰. 智力资本对高技术企业绩效影响的实证研究[J]. 北京理工大学学报,2008,28(5):467-470.

[179] 何郁冰. 产学研协同创新的理论模式[J]. 科学学研究,2012,30(2):165-174.

[180] 亨利·埃茨科威兹. 创业型大学与创新的三螺旋模型[J]. 科学学研究,2009,27(4):481-488.

[181] 亨利·埃茨科威兹. 三螺旋——大学·产业·政府三元一体的创新战略[M]. 周春彦,译. 北京:东方出版社,2005.

[182] 亨利·埃兹科维茨. 麻省理工学院与创业学科的兴起[M]. 王孙禹,

袁本涛,译.北京:清华大学出版社,2007.

[183] 胡志坚,金吾伦. 国家创新系统:理论分析与国际比较[M]. 北京:社会科学文献出版社,2000.

[184] 黄衡. 基于开放式创新的智力资本测度及其对创新绩效的影响[D]. 浙江大学,2011.

[185] 黄鲁成. 关于区域创新系统研究内容的探讨[J]. 科研管理,2000,21(2):43-48.

[186] 黄新昌. 美国大学——工业合作的主要推动者——NSF及其产学合作计划[J]. 研究与发展管理,1990,4:73-74.

[187] 贾蔚文,马驰,汤世国. 技术创新:科技与经济一体化发展的道路[M]. 北京:中国经济出版社,1994.

[188] 蒋天颖,王俊江. 智力资本、组织学习与企业创新绩效的关系分析[J]. 科研管理,2009(4):44-50.

[189] 蒋天颖. 企业智力资本的结构与测量[J]. 科学学与科学技术管理,2009(5):170-174.

[190] 焦豪,魏江,崔瑜. 企业动态能力构建路径分析:基于创业导向和组织学习的视角[J]. 管理世界,2008,(4):91-106.

[191] 李成龙,秦泽峰. 产学研合作组织耦合互动对创新绩效影响的研究[J]. 科学管理研究,2011,(2):100-103.

[192] 李丹. 企业组织学习,创业导向与绩效关系研究[D]. 西南交通大学,2007.

[193] 李冬琴. 智力资本与企业绩效的关系研究[D]. 浙江大学,2004.

[194] 李世超,蔺楠. 我国产学研合作政策的变迁分析与思考[J]. 科学学与科学技术管理,2011,32(11):21-26.

[195] 李世超,苏竣,蔺楠. 控制方式、知识转移与产学合作绩效的关系研究[J]. 科学学研究,2011,29(12):1854-1864.

[196] 李雪灵,姚一玮,王利军. 新企业创业导向与创新绩效关系研究:积极型市场导向的中介作用[J]. 中国工业经济,2010,(6):116-125.

[197] 梁巧转,张晶,孟瑶. 创业导向研究综述[J]. 研究与发展管理,2009,21(4):28-36.

[198] 廖宗明. 试论日本高校的"产学合作"[J]. 清华大学教育研究,1994,1:117-122.

[199] 林枫. 基于企业家社会资本视角的企业创业导向及其作用机制研究[D]. 浙江大学,2011.

[200] 林筠,孙晔,何婕. 吸收能力作用下创业导向与企业成长绩效关系研究[J]. 软科学,2009,23(7):135-140.

[201] 刘海建,陈传明. 企业组织资本,战略前瞻性与企业绩效:基于中国企业的实证研究[J]. 管理世界,2007,5:83-93.

[202] 刘衡,李垣,李西垚等. 关系资本、组织间沟通和创新绩效的关系研究[J]. 科学学研究,2010,(12):1912-1919.

[203] 刘磊磊,周亚庆,陈学光. 公司创业导向前提及对组织绩效影响机制[J]. 技术经济,2007,26(5):42-45.

[204] 刘力. 产学研合作的历史考察及本质探讨[J]. 浙江大学学报(人文社会科学版),2002,109-116.

[205] 刘力.学术价值与商业价值的冲突——产学研合作的理念探析[J]. 教育研究,2002,23(4):25-29.

[206] 刘顺忠,官建成. 区域创新系统创新绩效的评价[J]. 中国管理科学,2002,10(1):75-78.

[207] 柳卸林,胡志坚. 中国区域创新能力的分布与成因[J]. 科学学研究,2002,20(5):550-556.

[208] 柳卸林. 国家创新系统:现状与未来[M]. 北京:经济管理出版社,1999:45-63.

[209] 鲁若愚. 企业大学合作创新的机理研究[D].清华大学,2002.

[210] 陆致成,高亮华,徐林旗. 知识经济时代的创新孵化器——清华同方的技术创新模式及其典型案例分析[J]. 清华大学学报(哲学社会科学版),2000,5:47-52.

[211] 陆致成,高亮华. 创新孵化器:清华同方技术创新模式评析[J]. 中国高等教育,2000,21:39-41.

[212] 路甬祥. 建设面向知识经济时代的国家创新体系[J]. 世界科技研究与发展,1998,20(3):70-72.

[213] 罗伯特·K.殷. 案例研究:设计与方法[M]. 重庆:重庆大学出版社,2004.

[214] 罗伟,连燕华,方新. 技术创新与政府政策[M]. 北京:北京大学出版社,1996.

[215] 罗炜,唐元虎. 国内外合作创新研究述评[J]. 科学管理研究,2000,18(4):14-19.

[216] 马天毅,马野青,张二震. 外商直接投资与我国技术创新能力[J]. 世界经济研究,2006,(7):4-8.

[217] 毛基业,张霞. 案例研究方法的规范性及现状评估[J]. 管理世界, 2008,(4):115-121.

[218] 冒澄. 创业型大学研究文献综述[J]. 理工高教研究,2008（1）: 16-20.

[219] 潘德均. 西部地区区域创新系统建设[J]. 科学学与科学技术管理, 2001,(1):38-40.

[220] 潘杰义,赵飞. 基于风险矩阵的产学协作创新风险分析与评估[J]. 科技进步与对策,2013,29(22):143-147.

[221] 裴云龙,蔡虹,向希尧. 产学学术合作对企业创新绩效的影响——桥接科学家的中介作用[J]. 科学学研究,2012,29(12):1914-1920.

[222] 彭灿. 区域创新系统内部知识转换的障碍分析与对策[J]. 科学学研究,2003,21(1):107-111.

[223] 彭绪梅. 创业型大学的兴起与发展研究[D].大连理工大学,2008.

[224] 秦玉萍. 基于开放式创新的日本产学官合作模式研究[D].华中科技大学,2011.

[225] 任俊义. 社会资本视角下企业智力资本形成机理研究[J]. 科研管理,2011,32(2):136-144.

[226] 上官剑,李海萍. "外生性"与"内生性":中西方大学起源之比较[J]. 高等教育研究,2007,28(6):87-91.

[227] 苏敬勤. 产学研合作创新的交易成本及内外部化条件[J]. 科研管理,1999,20(5):68-72.

[228] 童亮. 基于跨组织合作联结的复杂产品系统创新知识管理机制研究[D].浙江大学,2006.

[229] 王晟,陈松. 专业化与交易成本:国家创新体系的经济分析[J]. 科学学研究,2008,26(1):210-214.

[230] 王向华. 基于三螺旋理论的区域智力资本协同创新机制研究[D].天津大学,2012.

[231] 王修猛. 企业关系资本对企业绩效的作用机理研究[D].东北师范大学,2008.

[232] 王雁. 创业型大学:美国研究型大学模式变革的因素[D].浙江大学,2005.

[233] 魏江,戴维奇,林巧. 公司创业研究领域两个关键构念——创业导向与公司创业——的比较[J]. 外国经济与管理,2009,31(1):24-31.

[234] 魏江. 持续竞争优势:制度观、资源观与创新观[J]. 自然辩证法通

讯,1999(2):39-45.

[235] 温成玉,刘志新. 技术并购对高技术上市公司创新绩效的影响[J]. 科研管理,2011,32(5):1-7.

[236] 吴金希,于永达. 浅议管理学中的案例研究方法[J]. 科学学研究, 2004,12:116-120.

[237] 吴晓波,韦影,杜健. 社会资本在企业开展产学研合作中的作用探析 [J]. 科学学研究,2004,22(6):630-633.

[238] 吴殷. 日本高校专利技术转移比较研究[J]. 中国发明与专利,2013, (4):98-103.

[239] 吴玉鸣. 官产学 R & D 合作、知识溢出与区域专利创新产出[J]. 科 学学研究,2009,27(10):1486-1494.

[240] 伍蓓,陈劲,王姗姗. 科学、技术、创新政策的涵义界定与比较研究 [J]. 科学学与科学技术管理,2007,28(10):68-74.

[241] 夏清华. 学术创业:中国研究型大学"第三使命"的认知与实现机制 [M]. 武汉:武汉大学出版社,2013.

[242] 谢志宇. 产学合作绩效影响因素研究[D].浙江大学,2004.

[243] 徐大可,陈劲. 创新政策设计的理念和框架[J]. 国家行政学院学报, 2004,(4):26-29.

[244] 许庆瑞,郭斌,陈劲. 中美澳工程研究中心比较研究[I] 科研管理, 1996,17(3):1-6.

[245] 宣勇,付八军. 创业型大学的文化冲突与融合——基于学术资本转 化的维度[J]. 中国高教研究,2013(9):86-89.

[246] 薛卫,雷家辅,易难. 关系资本、组织学习与研发联盟绩效关系的实 证研究[J]. 中国工业经济,2010,4(4):89-97.

[247] 杨洪涛,吴想.产学协同创新知识转移影响因素实证研究[J].科技进 步与对策, 2012, 29(14):117-121.

[248] 杨怀珍. 大学与企业合作创新中的交易成本分析[J]. 桂林电子工业 学院学报,2002,22(6):76-78.

[249] 杨继平,张翠翠. 智力资本与企业绩效的关系:一个综述[J]. 湖南科 技大学学报(社会科学版),2011,14(1):57-62.

[250] 杨秀芬. 产学合作推动模式与创新绩效关系研究[D]. 吉林大 学,2010.

[251] 杨勇,达庆利. 企业技术创新绩效与其规模、R&D 投资、人力资本投 资之间的关系[J]. 科技进步与对策,2007,24(11):128-131.

[252] 姚威. 产学研合作创新的知识创造过程研究[D]. 浙江大学,2009.

[253] 叶明. 中国大中型企业科技队伍创新能力研究[J]. 科研管理,1995, 1(10):8-14.

[254] 殷辉,陈劲,谢芳. 开放式创新下产学合作的演化博弈分析[J]. 情报杂志,2012,31(9):185-190.

[255] 余雅风,郑晓齐. 基于资源观的大学——企业合作创新研究[J]. 北京航空航天大学学报(社会科学版),2002,15(2):55-58.

[256] 余雅风. U/I合作创新中学习的过程及机制研究[D]. 北京航空航天大学,2002.

[257] 原长弘,田元强,佘健华. 用案例研究方法构建产学研合作理论探析[J]. 科研管理,2013,34(1):140-146.

[258] 约翰·亨利·纽曼. 大学的理念[M]. 高师宁,等译. 贵阳:贵州教育出版社,2006.

[259] 詹·法格博格,戴维·莫利,理查德·纳尔逊. 牛津创新手册[M]. 柳卸林,等译. 北京:知识产权出版社,2008.

[260] 詹·法格博格,戴维·莫利,理查德·纳尔逊著,牛津创新手册(中文版)[M]. 柳卸林,等译. 北京:知识产权出版社,2008.

[261] 张方华,李守芹. FDI技术溢出、智力资本与创新能力的关系研究[J]. 上海经济研究,2013,(2):22-31.

[262] 张钢. 从创新主体到创新政策:一个基于全过程的观点[J]. 自然辩证法通讯,1995,17(6):27-34.

[263] 张钢. 人力资本、组织资本与组织创新[J]. 科学学研究,2000,18(1):67-74.

[264] 张慧. 关系嵌入对跨国子公司创业导向的影响机制研究[D]. 浙江大学,2007.

[265] 张进江,李云峰. 国家创新系统与产学合作机制[J]. 科学技术与辩证法,1996,(5):62-64.

[266] 张力,聂鸣. 产学合作机构知识转移动力模型的实证研究[J]. 软科学,2010,(1):27-31.

[267] 张力,刘新梅. "边界巡视者"依赖还是"信任"和"一体化机制"取胜——来自产学合作机构的证据[J]. 科学学研究,2011,29(5):756-763.

[268] 张力,聂鸣. 促成衍生公司产生的因素:产学合作视角[J]. 科研管理,2009(3):146-153.

[269] 张仁德,段文斌. 公司起源和发展的历史分析与现实结论[J]. 南开经济研究,1999,4:18-26.

[270] 张睿,于渤. 技术联盟知识转移影响因素实证研究[J]. 科学学研究,2008,26(5):1024-1030.

[271] 张万宽. 高新技术领域的产学研技术联盟绩效研究[J]. 科技进步与对策,2008,25(6):13-16.

[272] 张炜,王重鸣. 高技术企业智力资本形成机制的实证研究[J]. 科学学研究,2007,25(4):729-733.

[273] 张映红. 公司创业能力与持续竞争优势[J]. 经济与管理研究,2005,(3):24-28.

[274] 张玉利,杨俊,任兵. 社会资本、先前经验与创业机会——一个交互效应模型及其启示[J]. 管理世界,2008,(7):91-102.

[275] 郑美群. 基于智力资本的高技术企业绩效形成机理研究[D].吉林大学,2006.

[276] 郑馨. 公司创业导向的诠释和研究维度[J]. 科学学与科学技术管理,2007,28(12):59-62.

[277] 周春彦,亨利·埃茨科威兹. 三螺旋创新模式的理论探讨[J]. 东北大学学报(社会科学版),2008,10(4):300-304.

[278] 周亚庆,张方华. 区域创新系统研究[J]. 科技进步与对策,2001,(2):44-45.

[279] 朱朝晖. 基于开放式创新的技术学习协同与机理研究[D].浙江大学,2007.

[280] 朱桂龙,李奎艳. 大学—企业合作创新绩效影响因素分析[J]. 科技管理研究,2008,28(4):90-92.

[281] 邹艳,张雪花. 企业智力资本与技术创新关系的实证研究——以吸收能力为调节变量[J]. 软科学,2009,23(3):71-75.

附　录

调查问卷

关于《创业导向的产学协同创新机理研究》调查问卷

第一部分:企业基本情况

(请在相应的选项上打"√")

1. 企业名称(可不填):

2. 您的职位:

3. 企业性质:□国有独资企业　□国有控股企业　□集体所有制企业　□外资企业　□私营企业　□中外合资企业　□上市企业

4. 所处行业:□电子与通信设备　□生物医药　□化工材料　□软件及 IT 服务　□汽车与交通设备　□建筑工程　□电气与机械制造　□纺织服装　□食品饮料　□钢铁冶金　□能源　□服务业　□其他(　　　)

5. 成立年限:□2 年以下　□2 年～5 年　□5 年～10 年　□10 年～20 年　□20 年以上

6. 企业年销售收入:□200 万以下　□200 万～500 万　□500 万～2000 万　□2000 万～5000 万　□5000 万～1 亿　□1 亿～5 亿　□5 亿～10 亿　□10 亿～50 亿　□50 亿以上

7. 企业研发投入占销售收入的比重:□0.5％以下　□0.5％～1％　□1％～2％　□2％～3％　□3％～4％　□4％～5％　□5％～10％　□10％以上

8. 本科及以上学历员工占企业总人数的比例:□10％以下　□10％～20％　□20％～30％　□30％～40％　□40％～50％　□50％以上

9. 研究生及以上学历员工占企业总人数的比例:

□10％以下 □10％～20％ □20％～30％ □30％～40％ □40％～50％ □50％以上

10. 紧密合作的学科领域(最多可选 3 个):

□经济学 □管理学 □物理学 □化学 □地理学 □生物学 □力学 □机械工程 □光学工程 □仪器科学与技术 □材料科学与工程 □电气电子 □信息与通信工程 □控制科学与工程 □计算机科技 □土木工程 □水利工程 □化学工程与技术 船舶与海洋工程 □农学 □临床医学 □药学 □艺术学 □其他( )

11. 产学合作的模式(可多选):

□联合研发 □委托开发 □人才培训与交流 □技术交易 □咨询服务 □聘用来自大学的兼职人员 □合作成立公司 □共建产学合作机构

12. 您在公司的任职年限:□2 年以下 □2 年～5 年 □5 年～10 年 □10 年以上

第二部分:创业导向的测度

(问卷采用 7 分量表,请根据贵企业的实际情况对表述进行判断,"1"表示完全不符合,"7"表示完全符合,以下指标是与您所了解的同行业水平相比较而言,请在相应分值表格内打"√")

维度	题项	完全不符合—完全符合						
		1	2	3	4	5	6	7
创新性	13.在过去 3 年里,企业上马了很多新产品或服务							
	14.在过去 3 年里,企业对当前产品或服务组合进行了大幅度变更							
	15.企业高度重视研发活动,追求技术或服务领先与创新							
风险承担性	16.企业管理团队更偏好可能获得高回报的高风险项目							
	17.面对不确定性时,企业倾向于采取积极行动来抓住机会而非守旧							
	18.为了实现经营目标,企业更倾向于采取大胆而迅速的行动							

续表

维度	题项	完全不符合—完全符合						
		1	2	3	4	5	6	7
先动性	19.企业会首先发起竞争行动,然后竞争者被迫做出响应							
	20.企业在业内常常率先引入新商业模式、管理技巧和生产技术等							
	21.总体上,企业管理团队非常强调先于竞争者引入新产品或创意							

第三部分:产学协同关系的测度

(问卷采用 7 分量表,请根据贵企业的实际情况对表述进行判断,"1"表示完全不符合,"7"表示完全符合,以下指标是与您所了解的同行业水平相比较而言,请在相应分值表格内打"√")

维度	题项	完全不符合—完全符合						
		1	2	3	4	5	6	7
关联型关系	22. 在过去 3 年里,企业与高校联合实施了很多的研发项目							
	23. 在过去 3 年里,企业委托高校开展了很多的研发项目或咨询服务							
	24. 企业与高校共建了合作机构,并经常性开展合作							
	25. 在过去 3 年里,企业派出很多人员到高校进行培训							
	26. 在过去 3 年里,企业安排了很多大学雇员到企业进行授课或交流							

续表

维度	题项	完全不符合—完全符合						
		1	2	3	4	5	6	7
交易型关系	27.企业中大学雇员持股比例很高							
	28.企业的很多新设项目公司中都有大学雇员参股							
	29.在过去3年里,企业购买了很多大学或大学雇员的技术专利							
	30.在过去3年里,企业向大学或大学雇员支付了很多的技术许可费用							

第四部分:智力资本的测度

(问卷采用7分量表,请根据贵企业的实际情况对表述进行判断,"1"表示完全不符合,"7"表示完全符合,以下指标是与您所了解的同行业水平相比较而言,请在相应分值表格内打"√")

维度	题项	完全不符合—完全符合						
		1	2	3	4	5	6	7
人力资本	31.企业员工对企业高度忠诚							
	32.企业员工有很好的专业技能							
	33.企业员工经常参加业务培训							
	34.员工具有很好的团队合作精神							
	35.企业员工具有丰富的工作经验							
	36.企业高管具有领导企业实现目标的能力							
	37.企业高管能担负领导企业并引导组织变革的能力							
结构资本	38.企业有一整套完善的工作流程和激励机制							
	39.企业有很多的技术诀窍和专利							
	40.企业注重企业创新文化的塑造							
	41.企业建立了供企业员工方便查询的知识库							
	42.企业的研发投入很大							

续表

维度	题项	完全不符合—完全符合						
		1	2	3	4	5	6	7
关系资本	43.企业有很好的社会声誉							
	44.企业与很多顾客保持长期的良好关系							
	45.顾客对企业的产品或服务满意度很高							
	46.企业有很多优秀的供应商							
	47.企业与供应商保持着良好的关系							
	48.企业与政府、银行等合作伙伴保持着良好关系							
	49.企业与投资人保持着良好关系							

第五部分:创新绩效的测度

(该表项测量近三年来,本企业与同行业主要竞争对手相比,表现出来的创新绩效水平如何;问卷采用 7 分量表,"1"表示最低水平,"7"表示最高水平,请在相应分值上打"√")

维度	题项	完全不符合—完全符合						
		1	2	3	4	5	6	7
市场	50. 企业销售收入年均增长率							
	51. 企业年均利润总额							
	52. 企业利润总额年均增长率							
	53. 企业年均总资产收益率							
产品	54. 企业产品品质							
	55. 企业新产品的开发速度							
	56. 企业新产品占总销售额的比例(越高越好)							
	57. 新产品开发成本(越低越好)							
	58. 产品的市场竞争力							

注:"员工对组织的承诺"指员工对企业产生的一种甘愿全身心地参与企业各项工作的感情。

问卷至此结束,再次感谢您的支持与合作!

索　引

致　谢

　　本书在研究与撰写过程中,得到了笔者的博士生导师清华大学经管学院陈劲教授的悉心指导。笔者去了数十家企业实地调研,走访了广东、浙江、山东、江苏、北京等地的开发区、高新区、经信委、科技局等数十个政府部门,积累了丰富的案例素材和实践经验,这些都得益于陈老师的鼓励与支持。在陈老师的安排下,自 2010 年起以战略咨询课题驻场咨询人员的身份进入网新集团,兼职工作了许多年,这增加了自己关于企业管理实践方面的经验,提高了对创新管理现象与问题的观察力。这种理论与实践相结合的学习方式,对于笔者个人的成长与提高,具有非常大的作用。书稿中很多的思想与观点,还得到了邹晓东教授、赵荣祥教授、魏江教授的指点,也汲取了其他老师、同学的意见,抱歉不能一一致谢。本书能够顺利出版,还要特别感谢浙江大学中国科教战略研究院领导和老师的帮助与支持,笔者从这里毕业,又回到这里工作,同事们给予了笔者奋力前行的温暖力量,谢谢大家。成稿实在匆忙,文中有很多不完善甚至是不准确的地方,还请批评指正。